KB261482

異言語間に共通する概念研究

-日・韓・英語の助詞・前置詞を対象とする
認知言語学的アプローチ-

異言語間に共通する概念研究

-日・韓・英語の助詞・前置詞を対象とする認知言語学的アプローチ-

초판 1쇄 발행 2018년 9월 12일

지은이 李 潤玉
펴낸이 박민우
기획팀 송인성, 김선명, 박종인
편집팀 박우진, 김영주, 김정아, 최미라, 전혜련
관리팀 임선희, 정철호, 김성언, 권주련, 이지율,
펴낸곳 (주)도서출판 하우((株)図書出版夏雨)

주소 서울시 중랑구 망우로68길 48(韓国ソウル市中浪区忘憂路68ギル48)
전화 (02)922-7090
팩스 (02)922-7092
홈페이지 http://www.hawoo.co.kr
e-mail hawoo@hawoo.co.kr
등록번호 제475호

값 22,000원
ISBN 979-11-88568-34-5 93700

－日・韓・英語の助詞・前置詞を対象とする認知言語学的アプローチ－

異言語間に共通する概念研究

著者　李潤玉

도서출판　夏雨　株式會社

目次

まえがき

　ソシュールによって扉が開かれた20世紀前半のアメリカ構造主義言語学の時代、そして更には四十年に近い統語理論の隆盛を経て、時代は今まさに、心理学や医学、哲学をも巻き込んだダイナミックな見地から知の研究が行われるようになった。Chomsky(1957)に代表されるように、変形生成文法(transformational generative grammar)においては、人間には本来的に言葉を使用する能力が備わっており、言語活動はこの能力の現れに他ならないという言語の創造性に着目した立場をとる以上、文を生み出す装置としての文法は恣意的なものではなく規則的なものであると考えられることから、繰り返し適用される基本的規則の拡充に注目すれば、文法を普遍的な規則の集合体として体系付けることが可能であるとした。句構造規則(phrase structure rules)の構造的依存関係(structural dependency)に代表されるような構成性の原理(principle of compositionality)に基盤を置く要素主義的な捉え方、ひいては人々が自らの生活の中で実感しているものとは何ら関係を持たない、客観的真実あるいは絶対的真実に基づいた従来の西洋哲学や言語学でいうところの[意味]に重点を置く立場とは異なり、認知科学は言語は経験・顕著性・注意志向という形で捉えられ、全体的な知識の中に入って初めて部分的構成素としての語の意味を位置付けることができる(Gestalt perception)とする人間の認知機構と深く関わりを持つ経験主義的立場をとる。

　このような経験主義を基盤にした知の研究はLakoff and Johnson(1980)によってその扉が開かれ、Lakoff(1987)で確固たる地位を築き上げるに至るが、統語論中心理論が言語解明の鍵は[形式]の側にあるとして論理的な規則の体系(論理的見解(池上(訳)1998))を確立する研究を展開しているのに対し、認知科学の枠組みにおいては言語は単なる記号ではなく、有限の[形式]で無限の[意味]内容を表現し得る大脳活動の心象表示であり、その最たる特徴が概

　異言語間に共通する概念研究

念メタファー(conceptual metaphor)や方向付けのメタファー(orientational metaphor)、存在のメタファー(ontological metaphor)といった「メタファー(metaphor)」理論と「プロトタイプ(prototype)理論」を中心とした「カテゴリー化(categorization)」であると言っても過言ではない。元来、メタファーとは文学や芸術的な言葉の世界においてのみにしか使用されない装飾的な修辞技法の一種と捉えられてきた。しかしながら、ここでいうメタファーとは、そのような限られた世界においてのみ用いられるだけの修辞的な技法ではない。なぜなら、メタファーとは本質的に日常生活の伝達をより効果的にし、新しい創造的な世界を造りあげていくことができる推論活動を指し示すからである。換言すれば、直接手に取って見ることができない抽象的で捉えにくい世界を、関連性・類似性といった連辞的な根拠に基づいて、自分たちの理解の領域に手繰り寄せることができる知的メカニズムであることから、個別の言語形式に制約されない、より広い意味での認識手段として捉えることができる。それゆえ、我々は概念体系の本質であるメタファーを媒介とすることによって初めて、人間の生身の肉体の性質、自身の肉体に基づいた方向性、そして物理的・文化的環境との相互作用といった具象的な根源領域(source domain)から、固有の境界や方向性を持たない物理的物体や明確な輪郭を表わさない抽象的な概念を目標領域として把握することができるのである。このようなメタファーという動機づけ(motivation)による具象から抽象への拡張現象の一例として下記(1)を挙げることができる:

(1) Means Are Paths(手段は経路である)
    Do it *this way*.(この方法でそれをしなさい) She did it *the other way*.(彼女は他の方法でそれをした) Do it *any way* you can.(あなたができる方法でそれをしなさい) However you want to *go about it* is fine with me.(あなたが行いたい方法は何でも私には構わない)
    　　　　　　　　　　- Lakoff and Johnson(1999:191)(日本語訳筆者)

Lakoff and Johnson(1999)では、この"Means Are Paths"という概念メタ
ファーの写像関係は "Purposeful Action Is Self-Propelled Motion To A
Destination"(目的をもった活動は或る目的地への自己推進移動である)という
複合メタファー(complex metaphor)を生む"Purposes Are Destinations"(目的
は目的地である)と"Action Is Self-propelled Motion"(活動は自己推進移動で
ある)という二つの概念メタファーの下位に位置付けられるものであるとされて
いるが、'Means'という抽象物を捉えるためにはやはり、'Paths'という具象物に
基づく必要があるのは依然として変わりはない。つまり、メタファー理論とは
単なる文法理論・原則の域にとどまらず、人間が無意識的意識(unconscious
consciousness)の中で物理的外界や抽象世界を如何に認識し、延いてはその
多様な経験を如何に目標領域(target domain)へ反映させているかを明らかに
する学問であることから、日常の言語や思考に深く浸透しているメタファーや概
念に着目することは我々の大脳で行われている人間の知的メカニズムそのもの
に光を当てることにつながると言える。

　また、言語を使用するのは同じ人間であり、同時に、自身の生身の肉体や知
覚器官を通して繰り返し得た経験こそが「人間の本質の産物」である(Cf. Lakoff
and Johnson(1999: 115-117、'The Efficacious Cognitive Unconscious')とする
ならば、言語(表現)という「容器」そのものは相異なっていても、異言語間に同
じ概念化が存在していても何ら不思議なことではない。事実、次文(2)-(3)

(2) a. ナイフで刺す。
　　b. 칼로 찌르다.
(3) a. この方向で進めば、必ず理論の完成に至る。
　　b. 이 방향으로 가면 반드시 이론을 완성할 것이다.

が示すように、日本語・韓国語各々は英語と異なり、助詞を用いる言語形式で
あるといえども、共に手段の意を表示する「で/로」が方向概念表示語としても

用いられていることから、上記(1)で述べた"Means Are Paths"という概念メタファーの写像関係を見出すことができる。

　しかしながら、韓国語母国語話者である筆者にとってここで或る大きな疑問にぶつかった。それは、日本語母国語話者の知人と食事をする機会があり、次の(4)のような会話がなされた時のことであった:

> **(4)** 筆者：「私、ちょっと電話をかけてくるけど、あなたどうする?」
> 　　知人：「私、ここでいるわ。」

上記(2)-(3)で見た日本語助詞「で」がここでは場所概念表示語として用いられているが、知人がなぜこのコンテキストにおいて「で」を用いたのか、という疑問である。つまり、下文(5)-(6)

> **(5)** 太郎は大阪 $\left\{\begin{array}{c}\text{で}\\\text{に}\end{array}\right\}$ 住んでいる。
>
> **(6)** 太郎は大阪 $\left\{\begin{array}{c}\text{で}\\\text{に}\end{array}\right\}$ 暮している。

で示されるように、「場所」名詞に後続する「で」は一見、「到達点(及び到達後の位置)」概念表示語である助詞「に」と交換可能であるように思われるが、次の(7)

> **(7)** 花子は家 $\left\{\begin{array}{c}\text{に}\\\text{??で}\end{array}\right\}$ 居る。

のように、純粋な位置の意を示す「居る」に「で」を前置させると(或る前提条件を満たさない限り)不自然な表現として判断される。それゆえ、上記(4)においても、「で」と「に」は交換可能なのか、また、もし可能だとしてもそこにはどのような概念的差異が存在しているのか、という疑問が本書のテーマを選択する大き

なきっかけとなった。同時に、下文(8)-(9)

> (8) a. 家の中で/*に走り回る。
> b. 집 안에서/*에 뛰어다닌다.
> (9) a. ナイフで/*に切る。
> b. 칼로/*에 자른다.

で示されるように、日本語・韓国語ともに助詞を使う言語だが、各々の助詞の対応が一致しない場合がある。しかしながら、助詞の体系は一つの有機体として存在しているはずであるから、体系全体としては日本語・韓国語ともに一貫した見解で捉えられるのではないか、という推論も日本語助詞と韓国語助詞を概念的に観察する大きな要因となったのも事実である。換言すれば、従来は文字と文字の対応の研究に主眼が置かれていたが、やはり、文字体系が異なる以上、「概念」を導入した研究が不可欠となるのは明白である。したがって、本書のテーマに「に/에・에게」、「で/에서・로」を選択した理由は、主として次の三つの大要に収束する：

① 例えば、日本語の「東京に行く」、英語の'be killed *by* a burglar'の和訳「強盗に殺される」の「に」が何故同一助詞なのかに興味を持ち続けてきたこと。

② 近年、日本語格助詞の研究が盛んであるが、その中でも、格助詞「で」と「に」は多数の用例において交替可能であるためか、類似した分析が非常に多く見られる。しかし、両格助詞の適切な分析に成功しているようには思われない。その原因は概念的、つまり、意味派生の背景には或る具象(すなわち中核的)概念から抽象概念に拡張する知的メカニズムが存在しているという観点からの分析が為されていないからであると考える。特に、異言語間の助詞の分析には、この概念的な捉え方が必要であると思われる。したがって、筆者はこの概念的な捉え方で日本語、韓国語の助詞の分析を試みてみる。

③ 一般に日本語・韓国語は助詞が機能して意味をとる言語に、英語は語順で意味をとる言語に分類され、前者の助詞の数に比して、後者ははるかに多くの前置詞を有する。しかしながら、筆者は両者には概念的に重なり合う部分が多くあると考え、それらの部分を「に/에・에게」、「で/에서・로」を通して、明らかにしたい。

　本書の出版までに筆者は数多くの方々から様々な形の御恩を受けてきている。この場を借りて深く感謝申し上げたい。

　なお、本書の出版にあたっては、本書の意義に寛大なご理解を頂き、その出版をご快諾くださいました（株）図書出版夏雨の朴民雨代表、同社スタッフの皆様、企画者の宋仁成氏に衷心より感謝申し上げる。

　最後に、筆者の学生時代から公私ともに言葉で言い表せないほどお世話になりました上野義和博士に深く感謝の気持ちを捧げます。大学一年であったときに最初に言語学の手ほどきをしてくださり、研究の道に導いてくださった上野先生との出会いによって、言語学の世界、特に認知言語学の楽しさを知ることができましたのはこの上のない幸運でした。本書を、故上野義和先生に捧げ、先生のご冥福をお祈りいたします。

2018年8月13日

感謝を込めて　李　潤玉

第1章

空間表示の格助詞「で/에서·로」の概念分析

（その1）

1.0. 格助詞「で」の中核概念と拡張のプロセス

1.1. 3つの説に基づいた格助詞「で」の解釈

一般に格助詞「で」の用法は以下のように多岐に渡るとされる：

(1) で《助詞》
① 動作の行われる所・時・場合を示す。…において。
「来年はわが県で行われる」「家の中で遊ぶ」
② 手段・方法・道具・材料を示す。…でもって。
「木と紙でできた家」「ペンで書く」「ラジオのニュースで事件を
知った」
③ 理由・原因を示す。…によって。…なので。
「かぜで休む」「火事で全てを失う」
④ 事を起こした所を示す。
「組合で決めたこと」「君の方で答えてくれ」
⑤ 身分・資格を表す。…として。
(自作)「生涯一捕手で引退する」
⑥ 事情・状態を表す。
「ナントきた八、一文なしで出かけよふ」
「いいかげんな気持ちで言ったのではない」
⑦ 期限・範囲を表す。
「明日で公演は終わりです」「野球は九人で一チームだ」
⑧ 配分の基準を示す。
「1時間で4キロ歩く」

－『広辞苑』(下線筆者)

 異言語間に共通する概念研究

それ故、一瞥しただけでは「で」が包含する中核概念とその拡張のプロセスを見出すことは難しい。このような「で」が表す複数の事象の相関関係について、田中＆松本(1997)、山梨(1997)、中右＆西村(1998)ではそれぞれ1.1.1.-1.1.3.のような説明がなされている[1]。

1.1.1. 先行研究1

(1) 「Xで」の機能は＜Xを領域限定せよ＞という内容のものである、とすべきかもしれない。Xを限定するとは、ある＜事柄＞の領域を限定的に設定(縁取り)するということを意味する。しかし、「Xで」のXの値には、「ペンで小説を書く」「研究で悩む」「親子で遊ぶ」など＜領域(場所)＞だけでなく、広義の＜モノ(THING)＞も含まれる。だとすると「Xで」の働きは＜Xを領域・モノ限定せよ＞と記述するのがより妥当と思われる。この記述を更に一般化すれば、＜Xを対象限定せよ＞となり、対象限定の仕方に＜領域限定＞と＜モノ限定＞の2つがあるということになる。…＜領域限定《Xにて》＞の場合には、限定領域内での＜動作＞あるいは＜事柄＞が予期され、＜モノ限定《Xでもって》＞の場合にはXに関連した＜動作＞が予期される。…確たる証拠はないが、＜場所を限定し、その場所内で(にて)何かが起こる＞というのが「で」 の基本操作で、＜モノを限定し、それで(もって)何かが起こる＞というのは、この基本操作の転用のように思われる。

  －田中＆松本(1997: 44-50)(下線筆者)

---

1) 筆者が目を通した文献は以下に挙げるものであるが、これらの多くは統語研究であり、生ずる格助詞の意味概念的研究ではないこと、及び、本書の意味概念の観点から助詞、前置詞をみるという目的に合致することを第一に、他に見るべき目新しさ、問題点の提起などにおいてこの3つを先行研究の柱とする。

つまり、(1)は、「で」が「領域限定」と「モノ限定」の2つの中核的役割を包含しているとしながらも、その概念的基盤は「場所を限定し、その場所内で(にて)何かが起こる」ということであり、その「場所」を限定する事象が「モノを限定し、それで(もって)何かが起こる」という事象に拡張された結果、「手段」などの意が発生すると想定されている。確かに、格助詞「で」の多彩な用法の相互間のつながりを明確にするためには概念拡張の視点から捉えなければならないことは確かであるが、田中＆松本自身が書いているように、格助詞「で」が本当に「領域（場所）限定」から「モノ限定」の事象拡張のプロセスを包含しているかどうかの確固たる証拠はここでは何も挙げられていない。

1.1.2. 先行研究2

(2) 例えば、1の下線部の表現は、いずれも具格の解釈が可能であるが、バーナー、火、熱の指示対象の抽象度のちがいからして、具格性の度合いは異なり、aからc にいくにしたがって、具格性は低くなる。

  1. a. バーナーで　ローソクを溶かす。
    b. 火で　ローソクを溶かす。
    c. 熱で　ローソクを溶かす。

これらの表現は、2の例に見られるように、その背景的な文脈（ないしはメトニミー的な文脈）からして、「バーナー」、「バーナーの火」、「バーナーの火の熱」のように、問題の言語表現の指示対象（「バーナー」）と場所・空間的に包摂関係にある対象（「火」、「熱」）が具体的に言語化されるにつれて、具格から原因格の解釈が相対的に強くなる。

2. **a.** <u>バーナーの火で</u>　ローソクを溶かす。

　　b. <u>火の熱で</u>　ローソクを溶かす。

　　c. <u>バーナーの火の熱で</u>　ローソクを溶かす。

　たしかに、格助詞、前置詞等の格標識は、格の解釈の形式的な手がかりとして重要な役割をになっている。しかし、問題の表現にどのような格役割がかかわっているかは、問題の言語表現と格標識それ自体から一律に予測できるとはかぎらない。

－山梨(1997: 44-46)

　(2)は、話題となる名詞とそれをマークする格助詞の関係について、メトニミー的な意味関係に基づいた、補完的に拡張する認知プロセスを考慮して初めて、格役割の適切な解釈が得られる事例も存在すると述べている。また、「で」が示す表層の格役割を明らかにするためにはそれが共起する名詞との意味の補完性に着目しなければならないのも確かである。けれども、文脈に基づいた意味の補完性と格の揺らぎだけでは格助詞「で」そのものが内包する中核概念を明らかにすることにはつながらないことも又、確かである。

1.1.3. 先行研究3

(3) 英語には日本語の位置格の「に」と「で」に対応する語彙的区別はない。しかし、だからといって、英語話者には「に」と「で」が表す概念的区別がないというわけではない。これを合図する文法的手段は、せいぜいのところ、語順である。そして場所の前置詞句の分布を入念に調べてみると、ある種の構文型でこの概念的区別が有意味に働いているとみる証拠がある。まず、はじめに、英語でも単一節内に2つの位置表現が共起する例がある。

(25) **a.** Many people drink in pubs in London.

b. *Many people drink in London in pubs.

c. In London , many people drink in pubs.

d. *In pubs, many people drink in London.

　日本語でいえば、「ロンドン<u>で</u>はパブ<u>で</u>酒を飲む人が多い」などと、どちらも「で」格で表現するほかない。しかし、だからといって、日本語をそのまま英語に当てはめることはできない。英語では動詞に近い方が「に」格相当の位置、また動詞から遠い方が「で」格相当の位置として理解される。第2に、時間副詞など付加語がどの位置に生じうるかによって、2つの位置表現の違いを際立たせることができる。

(26) **a.** She had her fiance beside her, yesterday, in the back of the car.

b. *She had her fiance, yesterday, beside her in the back of the car.

　「車の後部座席<u>で</u>昨日、彼女のそば<u>に</u>フィアンセが寄り添っていた」という趣旨だが、beside herはhaveの「小節」構文内の前置詞句なのに対し、in the back of the carはhaveと何の文法的関係も結ばない付加語である。第3に、次のような疑問文もまた同じ論点を例証している(M.C. Baker, *Incorporation* (1988:244)からの例)。

(27) **a.** I slept in my bed in New York.

b. Which bed did you sleep in Ø in New York?

c. ?*Which city did you sleep in your bed in Ø?

　要するに、前置詞を元の位置に残したまま、位置表現を疑問化できるのは、内項のものだけである。in my bedが sleepの文法項かどうかは別にして、日本語の「ベッドに寝る」といえることからも、位置は位置でも動作と密着した関係が含意されるので、たとえ前置詞の項が前置詞句と切り離されていてもその意味関係は容易に復元できるのだと察

　異言語間に共通する概念研究

せられる。第4に、文末主語構文がある。

(28) a. To our left lay the Mississippi River.

b. Among the guests {are/sat} John and his family.

c. Down the street rolled the baby carriage.

d. Out of the bush jumped a rabbit.

e. Into the river was thrown an innocent bystander.

(28a)のlieと(28b)のbe/sitは状態述語で、義務的に＜位置＞の項をとり、それが前置されている。これは日本語の「に」格に当たる例である。これらの場所の項はいずれも動詞の義務的な項である。どうやら、文末主語構文で前置できるのは、義務的な場所の項だけであるといえそうである。

－中右(1998:23-25)

中右(1998)では、格助詞「に」・「で」のそれぞれの役割として、「固体の位置」・「状況の位置」を挙げ、前者が基本述語動詞に内在的な項(argument)を表示するのに対して、後者は随意的な付加語(adjunct)を表示すると規定している。このような「内在項」・「付加語」の対立は英語の語順にも見られ、英語話者も日本語話者と同じ空間概念の仕方を共有するとしているが、(3)で列挙された(25)、(28)が表す事象に関しては、「内在的」・「随意的」な位置表現の観点から説明するよりもむしろ、次の(2)の概念体系に基づいた「意味解釈の順序」という立場から、

(2)

動詞の意味素性 ＋ 場所名詞に後続する助詞 ＋ 場所名詞に後続する助詞		
[－移動]	Aで	Bの/で（＝に在る）
[＋移動]	Aに	Bで

※A・Bともに場所名詞を示す。

また、(27)-(28)に関しては、「空間利用」の概念（詳しくは1.3.、第2章.、参照）から捉えたほうが、より詳細な一般化を計ることができると思われる。なぜなら、まず(25)に関して、英語においては、各名詞の指示物の「大きさ」に重点が置かれ、(3)の順序、すなわち、[BがAを内包する]という「所有」の概念で意味解釈が行われることが挙げられるためである。

(3)　A（小）← B（大）　A＜B：　「所有」概念〜[BがAを内在する]
　　　*A（小）→ B（大）　　　　　　　　※→は意味解釈の順序を示す。

例えば、まず、上例(25a)が表す事象を見てみると、(4a)が示すように、

(4)(=25) a. Many people drink [in pubs in London].
　　　　　　　　　　　　　　　　　　　 LM2　　　 LM1

'in London'（大）から'in pubs'（小）の順序で意味解釈が行われるわけであるが、このような「大」から「小」への認識は、(5)の物理移動を基盤にしたイメージ・スキーマに拠っている。

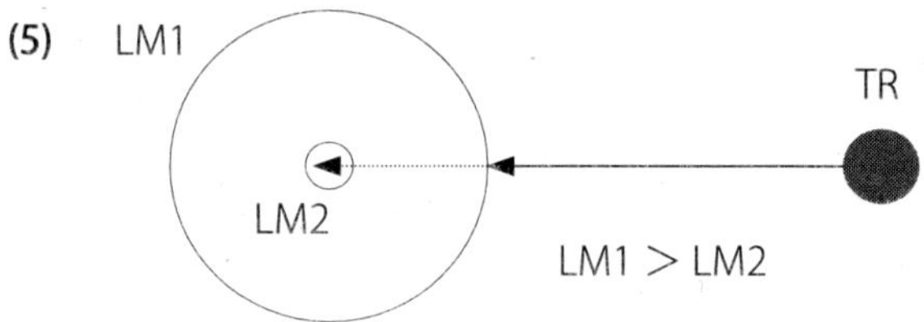

　つまり、実際にLM2を着点としてそこに到達するためには、先にLM1に到達する必要があることから、たとえ、(4a)のように物理移動が存在しない事象であっても、それを捉える英語話者の無意識的意識ではLM1からLM2への心的走査が行われると考えられる。それ故、(3)の概念体系に従えば、(4a)が示す事

象は(6)として表されるため、

(6) 多くの人々はロンドンの (=に在る) パブでお酒を飲む。

「小」から「大」への解釈が行われる(25b)(＝(7))、(25d)(＝(9))は非文として判断されるのである (ただし、パブの中にあるロンドンという場所という解釈は除外)。

(7) *Many people drink in London in pubs.
(8) In London, many people drink in pubs.
(9) *In pubs, many people drink in London.

　次に、(26)-(27)に関して、確かに、動詞'have'、'sleep'はそれぞれ、前置詞句'beside her'、'in my bed'と密接な結びつきを果たしているが、(26b)、(27c)が各々、(10)-(11)のように示されるのであれば正文と判断されることから、

(10)　She had her fiance, yesterday, just beside her in the back of the car.
(11)　Which city did you sleep in your home bed in Ø?

中右(1998)が言う「内在項」・「付加語」各々の観点によって日本語の格助詞「に」・「で」とそれらに対応する英語前置詞を比較検証するのではなく、もっと人間の根源的認識に関わる概念的な捉え方によって両者を詳察する必要があるのではないかという考えが生じる。具体的に言うならば、'beside her'、'in my bed'などの空間利用を表す事象の前提としては、必ず、主体がある位置に存在する事象が必要であるため、'beside'、'in'などの前提には「主体の無指定の位置変化」を表す'at[AT]'が存在していることに着目しなければならない。

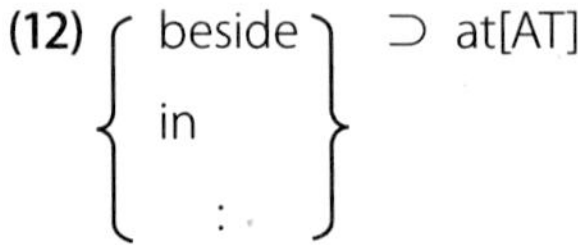

$$(12) \quad \left\{ \begin{array}{c} \text{beside} \\ \text{in} \\ : \end{array} \right\} \supset \text{at[AT]}$$

例えば、(13)が表す事象に関して、

(13) The bird jumped up and down *on* the roof.

その前提にはやはり、'the roof'の指示物と「接触した場所」に主体である'the bird'が存在している事象が挙げられる。そのため、(13)が示す事象に至るためには、例えば(14)のような事象が要求される。

(14) The bird flew $\left\{ \begin{array}{c} \text{up} \\ \text{down} \end{array} \right\}$ on *to* the roof (and was there(= on the roof)).

これに対し(15)は、主体と'the roof'の指示物が「接触」する事象は示されても、(16)で示されるような移動に関わる「方向性」までは表されない。

(15) The bird flew [up] on the roof.

(16)

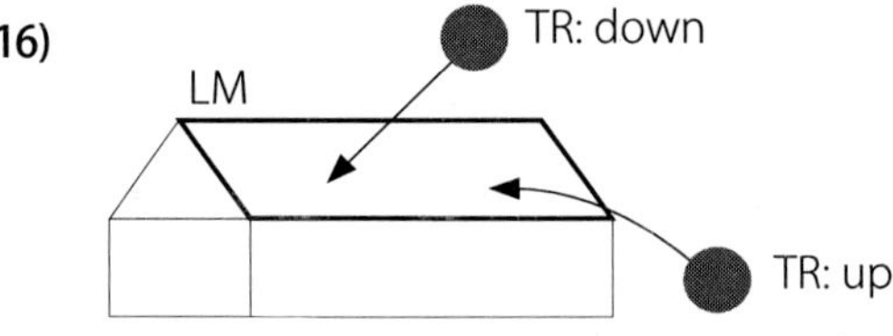

つまり、(14)が示す事象は下記(15)'の「空間関係付け(spatial relations)」を基盤にしていることから、

(15)' 方向(up/down)+到達点(onto)

(15)′の「到達点」は'on'が内包する[AT]が具現化したものであることが理解できる。

(17) on[AT] → onto
　　　└──────▲
　　　　　具現化

それ故、英語においては、(18)が示すように、ある位置に存在する事象を表す'at[AT]'が空間利用を表す'on'の前提となるため、(18)が必要である。

(18) on ⊃ at[AT] ： 前提

必然的に、同じ空間利用を表す上出'in'、'beside'の前提も(19)で示される。

(19) in/beside ⊃ at[AT] ： 前提

同様に日本語助詞「に」・「で」に関しても類似した前提関係を見出すことができる。なぜなら、次の(20)

(20) 太郎は屋根の上で逆立ちしている。

が表す事象の前提には「に」を用いた下記(21)で示されるような事象が必要条件となるからである。

(21) 太郎が屋根の上に居る。そしてそこで逆立ちをしている。

詰まるところ、「空間利用 ⊃ 位置変化」の前提関係が人間の認識に存在するからこそ、この(18)-(19)に見られるような「位置変化」と「空間利用」の概念対立がそれぞれ、日本語の助詞「に」・「で」と並行すると考えられるのである（「空間利用」概念に関しては1.3.、また、下記(22)の包含関係は1.3.、5.2.2.3.、5.2.3.2.にて詳述する）。

(22) 「で」(空間利用) ⊃ 「に」(位置変化)：前提

　このように、1.1.1.-1.1.3.の先行研究では、格助詞「に」・「で」の中心的な役割に関して、ひいては助詞言語ではない英語と比較して、その中核的な概念を解明しようとする様々な試みが行われていることが認識できる。そこで、本書では、一見、色彩豊かな様相を呈するこの格助詞「で」の根源的中核概念を日本語の「で」に相当する韓国語格助詞「에서·로」と対照・比較させながら解明し、その概念が、共起する指示物との関係に基づきどのような概念拡張のプロセスを通して様々な意を表層的に発生させているのかという、我々の無意識的意識(unconscious consciousness)に存在する認知メカニズムを明らかにしたい。

1.2. 日・韓の格助詞「で/에서・로[2]」、「に/에・에게[3]」に見られる意味の相違と概念構造

　1.1.1.では、田中＆松本の仮説に基づき、格助詞「で」は「モノ限定」と「領域限定」の2つの役割を持っており、「領域(場所)限定」から「モノ限定」の事象拡張があるのではないかという類推を紹介した。けれども、その拡張のプロセスが真かどうかの確たる根拠は何も提示されず、ひいては、本当に日本語の格助詞「で」と韓国語の格助詞「에서・로」が「領域(場所)」をその概念基盤にしているのかどうかは早急に判断を下せない。そこで、本セクションでは日本語格助詞「で」と韓国語格助詞「에서・로」が名詞句・動詞句と共起して表す「場所」(1.2.1.)と「時間」(1.2.2.)の概念に着目し、更には特殊な動詞に前置される日本語の「に」と韓国語の「에」の概念(1.2.3.)を検証することによって、「で/에서・로」が表す空間表示のメカニズムの一端に触れていきたい。

1.2.1. 「で/에서・로」と「に/에・에게」の「場所」に関する意味素性

　場所名詞に後続する日本語の「で」、韓国語の「에서・로」と日本語の「に」、韓国語の「에」が動詞句との結びつきによって如何なる意味素性を包含するかを明らかにするために、(1)-(3)に表れる事象に着目する。

----

2) 'ㄹ'終声以外の終声のある名詞には語幹と語尾の間で声を整える音節である'으'が付いて'으로'になる。本書では例文以外の表記では便宜上「로」を「으로」と「로」両者の代表形に用いることにする。また、日本語/韓国語助詞の標準的対応関係の一例は4.1.にて記載。

3) 日本語の「に」に相当する韓国語の助詞には「에」、「에게」、「께」がある。「에」と「에게」の違いは、前者は「無生物」、後者は「生物」を表す名詞に後続する点にある。しかし、「께」は尊敬の意を表すことになるので本書では扱わないことにする。

$$(1)\ \begin{cases} 太郎は\ 東京に住んでいる。 \\ 타로는\ 도쿄에\ 살고\ 있다. \end{cases}$$

$$(2)\ \begin{cases} 花子は大阪で暮らしている。 \\ 하나코는\ 오사카에서\ 지내고\ 있다. \end{cases}$$

$$(3)\ \begin{cases} 次郎は \\ 지로는 \end{cases} \begin{cases} ここへバスで来た。 \\ 여기에\ 버스로\ 왔다. \\ スコップで穴を掘った。 \\ 삽으로\ 구덩이를\ 팠다. \end{cases}$$

　上例(1)-(3)で表されている事象はそれぞれ、通常、英語で(1)′ -(3)′ のように示されることからも分かるとおり、

(1)′ Taro lives *at* Tokyo.[4]

(2)′ Hanako is making a living *in* Osaka.

(3)′ Jiro came here *by* bus.[5]

----

4) (1)'にatを、(2)'にinを用いた理由は後に詳述するが、究極的には、atは「単なる存在位置」の概念を、inは「内部空間」の概念を表す、という点に求められることになる。

5) 「バスで（来た）」は英語では、「by＋無冠詞単数名詞」以外に、限定詞と共起させて 'in a/ the bus"on a/the bus'とも言えるが、'in'を伴う前者は「バス（の中）に乗って」、'on'を伴う後者は「バス（の床の上）に乗って」のように、乗り物という全体の中の一部分と主体との関わり方を示すという点で 'by bus'とは概念的に異なる（なお、byの根源的概念とその拡張についてはLee(1999)を参照）。また、「*次郎はここへバスに来た。/*Jiro came here at bus.」とは言えないことから、(1)(＝東京に住んでいる/도쿄에 살고 있다)、(2)(＝大阪で暮らしている/오사카에서 지내고 있다)の「に/에・で/에서＋場所名詞」において、一見交換可能のように思える「に/에」と「で/에서」が相異なる概念を持つことが予測されうる。さらに、この「by＋乗物名詞」は他言語では「同伴」概念表示語で示されるのが普通のようである。

　(1)（ドイツ語）*mit* dem Bleistift(＝ *with* the pencil)、*mit* dem Wagen(＝ *with* the car)
　(2)（インドネシア語）*dengan* pensil(＝ *with* a pencil)、*dengan* bus(＝ *with* a bus)

しかしながら、一見異なるこれらの前置詞(by、mit、dengan)は「主体」と「道具/乗物」とが「近接関係」にあることを示すという点では類似概念という見方ができる。より詳述は、Lee(1999)参照。

　異言語間に共通する概念研究

「場所」から「手段」へと、その概念を拡張させていることが理解できる。また、(1)の格助詞日本語の「に」と韓国語の「에」について、次のような観察が可能である。

(4)
車を店の駐車場 { から[6] / *に } 自宅の車庫に移動させたので、 「到達点」(Goal)

今現在車はその車庫にある。 「到達点における位置」 (Goal position)

차를 가게 주차장 { 으로부터 / *에 } 우리집 차고에 옮겼기 때문에 「到達点」(Goal)

차는 지금 우리집 차고에 있다. 「到達点における位置」 (Goal position)

(5) 格助詞「から」：出発する位置を示す。

− 『岩波国語辞典』

　(4)の格助詞「から/로부터」の代わりに「に/에」を用いて「出発点」の概念を示すことができないことから、「に/에」は「到達点」もしくは「到達点における位置」という概念を包含していることが把握できる。そして、この日本語の「から」・「に」と韓国語の「로부터」・「에게」がそれぞれ、(6)-(7)のように用いられるとき、

(6)
私は社長から金一封を手渡された。
나는 사장님으로부터 금일봉을 건네받았다.

(7)
私は社長に金一封を手渡された。
나는 사장님에게 금일봉을 건네받았다.

---

6) 日本語の「から」に相当する韓国語の助詞は「에서、로부터」があるが、ここでは論旨の便宜上、「로부터」を使って表現する。

前者は(6)′ として表されることから、

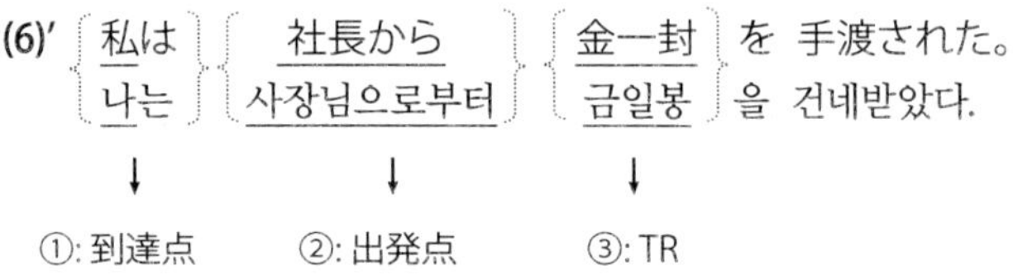

(6)′ と表される。

①: 到達点　　②: 出発点　　③: TR

(8)の移動のスキーマ(The Source-Path-Goal Schema)として捉えられる。

(8) source ── TR ──→ goal

－Lakoff and Johnson(1999: 32-33)

つまり、「から/로부터」は(9)のように「経路」と「到達点」の概念を含意しているのであるから、(6)′ は(6)″ のように言い換えが可能となる。

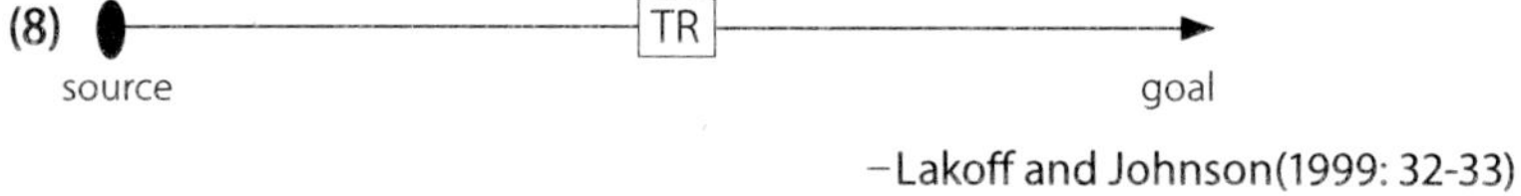

(9) 「から/로부터」:「出発点」 ⊂ 「経路」・「到達点」
　　　　　　　　　　　　　　　含意

(6)″ ┌ 私は社長から　　　　　　　[副社長を経由して] 金一封を手渡された。
　　　└ 나는 사장님으로부터 [부사장님을 거쳐]　　금일봉을 건네받았다.
　　　　　　　　　　　　　経路

それに対し、(7)が表す事象も(8)の移動のスキーマで捉えられるにせよ、到達点以外の概念は何も含意しないことは次の(7)′ が非文であることから明らかになる。

(7)′ ┌ *私は社長に 副社長を経由して金一封を手渡された。
　　　└ *나는 사장님에게 부사장님을 거쳐 금일봉을 건네받았다.

したがって、(7)は次の(7)″で示されるような、「直接」的に「金一封」の指示物を話者が受け取った事象を示している。

(7)″ { 私は社長に { 直接 / *間接的に } 金一封を手渡された。

나는 사장님에게 { 직접 / *간접적으로 } 금일봉을 건네받았다.

つまり、この格助詞「に/에게」は「社長が居るところ」を指し示すことから、広い意味で「私」と「社長」が「近接」しているような物理的「場所」を表していると言える。このような概念を包含する「に/에게」を基盤にして、先に挙げた格助詞「で/에서」を比較考察するならば、以下のようにその正体が明らかになってくる。まず、次の(10)、(11)を見てみよう。

(10) { 太郎は東京 { に / *で } 住んでいる。

타로는 도쿄 { 에 / *에서 } 살고 있다.

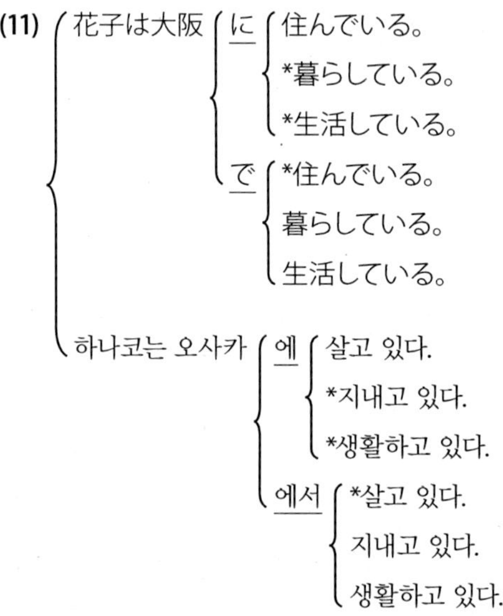

　(10)-(11)が示すように、格助詞「に/에」はあくまでも単なる「存在場所」という概念しか表さないのに対し、格助詞「で/에서」は「場所」の概念以外に、その場所でどのように暮らすかという、「方法・手段」という概念を包含しているように思われる。次に、(11)にある種の副詞句を添加した(11)′を見てみよう。

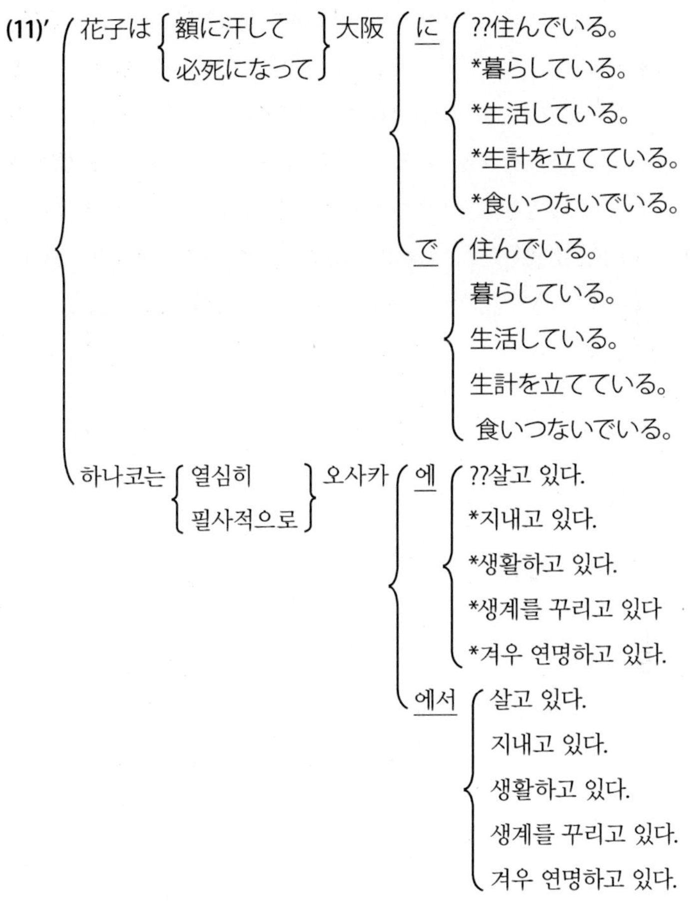

(11)′ が表す事象から、格助詞「に/에」・「で/에서」はそれぞれ、(12)-(13)の概念を指し示す力があるように思われる：

(12) 格助詞「に/에」：　[＋場所]、[−方法・手段]

(13) 格助詞「で/에서」：　[＋場所]、[＋方法・手段]

(11)′ の「住んでいる/살고 있다」という動詞は「に/에」・「で/에서」と共起し

た場合、前者が花子の単なる「居住場所」に言及するのに対して、後者は、単に
「方法・手段」というよりも、「暮らしている/지내고 있다」・「生活している/생활
하고 있다」・「生計を立てている/생계를 꾸리고 있다」・「食いつないでいる/겨우
연명하고 있다」などが共有する「住み方/生活方法」という生計様態概念を表し
ているという見方もできる（この見方は後述する「文全体からの解釈」につなが
る）。しかし、(13)で定義した、この格助詞「で/에서」が持つ[＋場所]の意味素性
は、格助詞「に/에」が包含しているそれと比較するならば、副次的な素性であ
るとも言える。つまり、(14)において、

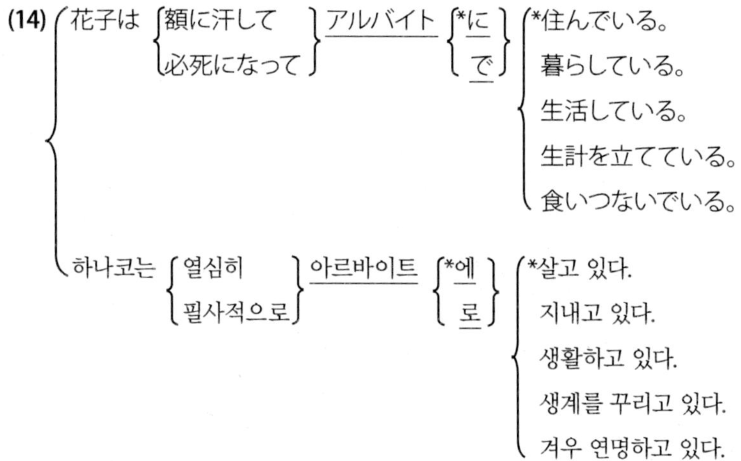

今まで用いてきた場所名詞を物理的場所を示さない「アルバイト/아르바이트」に
置き換えると、「に/에」を用いた場合は非文と判断されることから、「で」が包
含しているのではないかと想定されてきた[＋場所]の意味はそれと共起する場
所名詞から受け継いだ属性であると捉えられていることが判明する。ここで韓
国語の場合は、明確な場所名詞を伴わない場合は「方法・手段」の概念に関わ
る「로」が現れることからも明らかである。このような場所属性の転移は、「住

む」の本義が「居住場所」を述べるための動詞[7]であることを併せて考えるなら
ば、より一層明確になる。

$$(15) \begin{cases} \text{太郎は東京に住んでいる。} \\ \text{타로는 도쿄에 살고 있다.} \end{cases}$$

$$(15)' \begin{cases} \text{太郎の(住んでいる)家は東京にある。} \\ \text{타로의(가 살고 있는) 집은 도쿄에 있다.} \end{cases}$$

　すなわち、格助詞「で/로」は「方法・手段」という意味を主たる概念として包含
するようにも捉えられるが[8]、「大阪」などの場所名詞と共起した場合には、場所そ

----

7) この「すむ」に関しては、『広辞苑』では(1)として記載されている。

　　(1)すむ[住む・棲む・栖む]
　　　「巣」と同源か)生物が巣と定めたところで生活を営む意。

　　　　①巣にいる。
　　　　②すまう。　　　　　　　　　　　　　　　　　　　　－『広辞苑』

　　また、日本語の「すむ」に相当する韓国語の「살다」は(1)'として記載されている。

　　(1)'　살다:② 어느 곳에 거주하거나 거처하다.(＝ある場所に居住する。)
　　　　　　　　　　　　　　　　　　　　－『標準国語大辞典』(訳筆者)

8) この格助詞「で」の「方法・手段」概念は、「＋意図的」の要素にも少なからず関わってくる。

　　(1)(意図的に)ナイフで刺す。
　　(2)(意図的に)バスで来る。
　　(3)(??意図的に)風邪で寝込む。

(1)に関しては、「ナイフ」そのものの本来的な役割もあって、「手段」の意がより一層強くな
るのに対し、(2)では「バス」が物理的3次元空間を持つことから、手段の意が(1)に比べて
弱くなるにせよ、「バス」が持つ運搬という機能を「(移動)手段」として捉えることができる。
(3)に至っては、「風邪(をひいている)」という事象と「寝込む」という事象が因果の近接関
係で結ばれるため、「手段」というよりも「原因」として解釈する方が自然となる。けれども、
本来は不自然である「意図的に」と「風邪」の結合でも(4)のように、

　　(4) 俺の(強烈な)この風邪で絶対にあいつを寝込ませてやるぞ。

「意図的」に「風邪」を使う場合「手段」として解する状況の設定も可能であることか
ら、「手段」の意と「＋意図的」は密接に関係付けられていることが理解できる。このような
「＋手段」(＝「－原因」)と「＋意図的」、「－手段」(＝「＋原因」)と「－意図的」の関係はそ
れぞれ、(5)、(6)からも立証される。

　　(5) 鋭いはさみで意図的に/*ひとりでに紐を切った。

のものを手段と捉えるよりは、その「場所」属性が転移したものと考えることができる。その結果、前出(11)′で「で/에서」と共起している「大阪/오사카」は単に、「大阪に/오사카에」における「に/에」が持っている「場所」を指すのではなく、「大阪に住む/오사카에 살다」ことを「手段」とすることを示すこと、言い換えると「大阪で暮らす/오사카에서 지내다」・「生活する/생활하다」・「生計を立てる/생계를 꾸리다」「食いつなぐ/겨우 연명하다」の「で/에서」は「大阪の中に存在する空間」をどのように利用しているかという概念を表している助詞と捉えることができる。

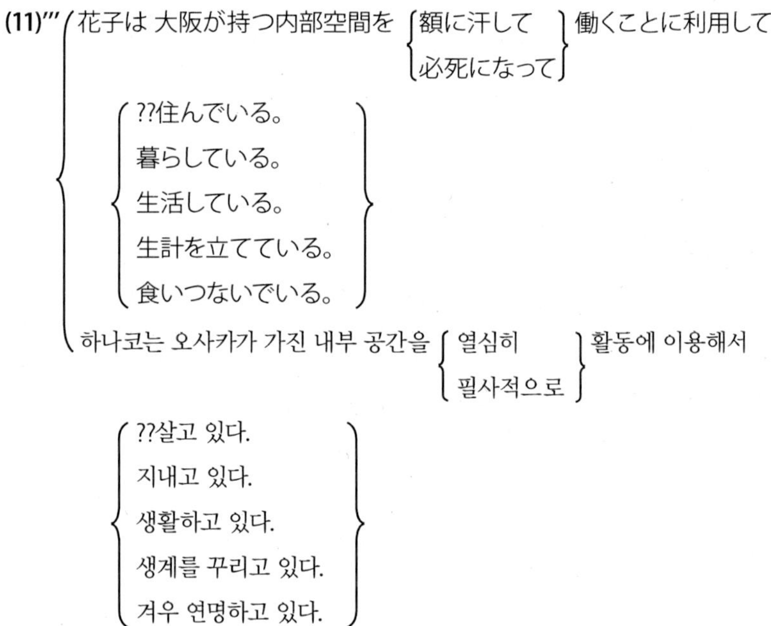

----

(6) 鋭いはさみで*意図的に/ひとりでに紐が切れた。

したがって、次の(7)に至っては、「電線」という主体が「-意図的」の要素を包含するため、「手段」として解釈されにくく、表層的には「原因」という格の揺れを起こすのである。

(7) *意図的に/ひとりでに強風で電線が切れた。

このような「手段」と「主体の意図」との必要共起関係は格文法の研究において、よく指摘される(例えば、新しいものでは北林(2001:53))。ただし、「手段」には「道具格」、「主体」には「動作主格」の用語をあてる)。

その結果、(16)-(17)においても、

(16) $\begin{cases} おばあさんは川の水で洗濯をした。 \\ 할머니는 강물로 빨래했다. \end{cases}$

(17) $\begin{cases} お爺さんは川の水で水浴びをした。 \\ 할아버지는 강물로 미역감았다. \end{cases}$

一見、「手段」の概念を表すように思われる「で/로」であるが、「の水」を削除した次の(16)′-(17)′になると同じ「で/로」が、

(16)′ $\begin{cases} おばあさんは川で洗濯をした。 \\ 할머니는 강에서 빨래했다. \end{cases}$

(17)′ $\begin{cases} お爺さんは川で水浴びをした。 \\ 할아버지는 강에서 미역감았다. \end{cases}$

韓国語では「場所」に言及する「에서」が使われることになる。その理由は、(16)′-(17)′の「에서/で」は各々次の(16)″-(17)″

(16)″ $\begin{cases} おばあさんは川の水の中で洗濯をした。 \\ 할머니는 강 물 안에서 빨래했다. \end{cases}$

(17)″ $\begin{cases} お爺さんは川の水の中で水浴びをした。 \\ 할아버지는 강 물 안에서 미역감았다. \end{cases}$

における「中/안」の概念を受け継いだものであるからと考えられる。このような、文の表層に現れない場所名詞の属性転移は(18)からも支持される。

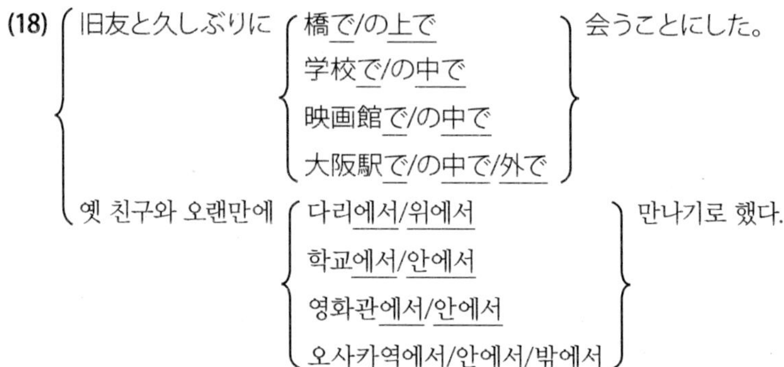

　詰まるところ、場所名詞と共起する「で/에서」には、場所限定に伴う「場所空間利用」の概念が包含されており、表層的に「場所」として感じられる格助詞「で/에서」は、省略された場所名詞の属性を受け持つことによって、その「場所」の意を伝達する働きをしていると考えられるのである。

1.2.2. 「で/에서」と「に/에」の「時間」に関する意味素性

　1.2.1.では格助詞「で/에서」は格助詞「に/에」には存在しない「場所空間」の概念を包含し、表層的に感じられる「場所」の意は実は、それと共起する名詞の指示物からその属性が転移した結果であることを主張した。しかしながら、このような格助詞「で/에서」と格助詞「に/에」がそっくりそのまま「時間」概念に当てはまるわけではない。前者の「で/에서」は、「時間」表示においては、その主たる様態を「で/로」にゆずることになる。ただし、「に/에」はそのまま移行する。

(1) 私は9時 { ?で / に } 家に着きました。

　　　나는 9시 { *로 / 에 } 집에 도착했습니다.

　ただし、動詞句が意味的にあいまいな(ambiguous)場合、両助詞とも生ずることがある：

(2) 私は9時 { で / に } おいとましました。

　　　나는 9시 { 로 / 에 } 작별했습니다.

(2)′ 私は9時 { で(＝限りで)会合を打ち切った。 / に帰宅した。 }

　　　나는 9시 { 로 (＝한계로) 회동을 중지했다. / 에 귀가했다. }

この「着く」/「おいとまする」に関してはそれぞれ、(3)-(4)として記載されていることから、

(3) つく[着く]
　　③ あるものが他のところまで及びいたる。
　　　① 到着する。

－『広辞苑』

(4) いとま[暇・遑]
　　⑥ 別れ去ること。離別。

－*ibid*

前者は「家に着いた時の時刻という一点」にのみ焦点があてられているのに対

して、後者は「別れるまで相手と同伴していた」という事象が前提となることが
理解できる。つまり、(1)は(2)と対比して、ある状態が「継続」していることが前
提とはならないことから、格助詞「で/로」と「に/에」にはそれぞれ、(5)-(6)のよう
な前提条件の存在が見出せる。

> (5) 格助詞「で/로」： [＋継続]
>
> (6) 格助詞「に/에」： [－継続]

また、(7)では、

$$(7)\begin{cases}(ずっと続いてきた)この公演は明日\begin{Bmatrix}で\\ ??に\end{Bmatrix}\begin{Bmatrix}限度\\ 最終\\ 打ち切り\end{Bmatrix}となっています^{9)}。\\[2em](계속 이어져 온) 이 공연은 내일\begin{Bmatrix}로\\ *에\end{Bmatrix}\begin{cases}한계에 와 있습니다.\\ 마지막이 됩니다.\\ 중지합니다.\end{cases}\end{cases}$$

継続（期間/状態）の「限度」の言及に「で/로」が生起し、「に/에」に正非の揺
れが生じることから、(5)-(6)各々には(8)-(9)として、更なる意味素性が付加され
る。

> (8) 格助詞「で/로」： [＋継続]、[＋限度・限界・最終]
>
> (9) 格助詞「に/에」： [－継続]、[－限度・限界・最終]

---

9) この「で」は「が」にも通じる。三上(1999)参照。また、前出(2)の「私は9時でおいとましまし
　た」は「新しい行為であるその場を立ち去る行為が9時に始まった」という始動相（又は起動
　相）を含むが、(2)はあくまでも「その場に9時まで存在していた」という継続状態の「打ち切
　り」を表すものとして捉え、この(7)も同様とすることも考えられる。しかし、「打ち切り」という
　概念では物体を道具・手段として表示する際にも「で/로」が生ずる現象は説明できない。こ
　のような理由から、あえて(8)のような示し方を探ることにする。

　異言語間に共通する概念研究

　すなわち、(10)のように、名詞と共起して格助詞「で/로」が時間概念表示助詞として機能するには、つまり、時間軸上においてある事象が継続した結果、ある時点を限界点として完了する場合の表示には、継続する事象の終端部分がプロファイルされるイメージ・スキーマが必要である。

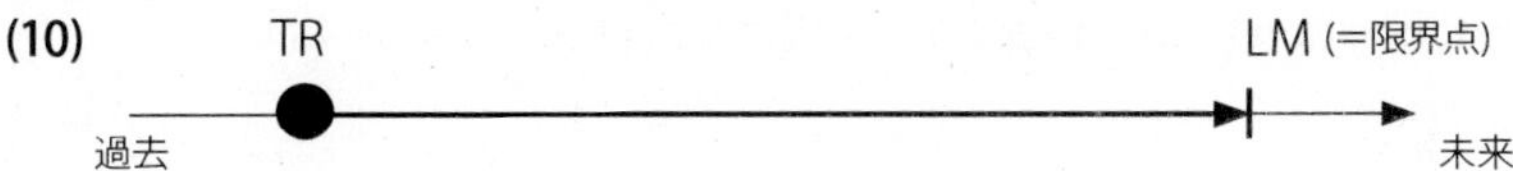

　したがって、下の(11)においては、(10)のスキーマを表す事象として解釈される場合には格助詞「で/로」が、また、単にある事象が抽象的な一点で起きることを表す事象として解釈される場合には格助詞「に/에」が選択されるのである。

(11)
(今6時で7時に(は)帰っていなければならないから)
{ちょうど／必ず}{1時間{で／*に}／7時10分前{*で／に}}帰って来ています。

(지금 6시, 7시에(는) 돌아와 있어야 하니까)
{꼭／반드시}{1시간{으로／*에}／7시 10분 전{*으로／에}} 돌아와 있겠습니다.

　(11)でこの格助詞「で/로」が選択された場合、「帰る/돌아오다」という事象が1時間経った時点を「限界点」として生じることが表されることは、(12)-(13)の英語の用例からも立証される。

(12) I'll be back *at* 7 o'clock.

(13) I'll sure be back *in* an hour.

　(12)は統語上は単文構造であるが、意味的には(12)′ のような複文構造と捉えると、(14)のように、時刻が '7 o'clock'(='goal')に達した抽象的な「一点」(= 'goal position')で'be back'という事象が行われることを表す。

(12)′ [I be back] will occur *at* 7 o'clock.

(14) 過去 ————————————————|————▶ 未来

　　　　　　　　　　　　　　　　　　　7 o'clock

それに対し、(13)は(15)-(17)が表す事象から説明可能と考えられる[10]。

(15) I'll stay there *for* a week.[11]

(16) I learned English *in* a week.

(17) I'll arrive there *in* a week.

　つまり、(15)は「1週間」を捉える話者の心的走査の違いと焦点化の対象を別にすれば、(15)は(15)′ と意味が等価であると見なせることから、

(15)′ I'll stay there *from* the first *to* the seventh.

上出(10)の移動のスキーマに基づいた次の(18)の「出発点」・「経路」・「到達点」を包含した抽象的な「全行程」として表される。

----

10) (15)、(16)の 'a week'を便宜上「一日から七日まで」とする。

11) (15)のfor、(16)、(17)のinに関して*LDOCE* (1978:563, in *prep*)に次の記載がある。
　　12a during not more than the space of it: *He learnt English in 3 weeks* (and then he knew it…)
　　b after; at the end of: *It's 2 o'clock; I'll come in an hour*(= at 3 o'clock… *for an hour*(= from 2 to 3)

　異言語間に共通する概念研究

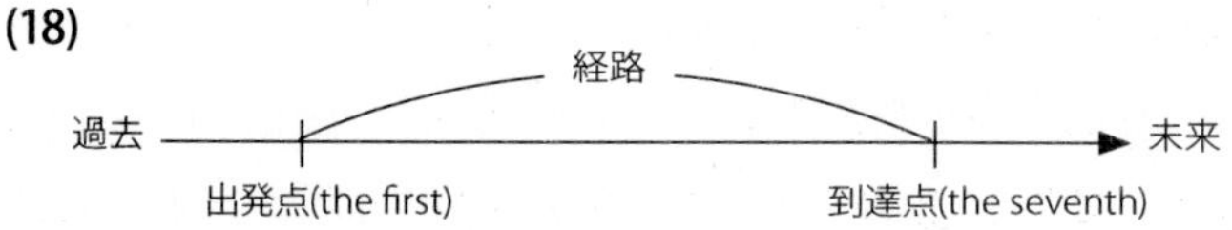

それに比べ、(16)-(17)は各々(19)-(20)のように、(18)の「経路」・「到達点」を前景化(Figure)した事象を述べている。

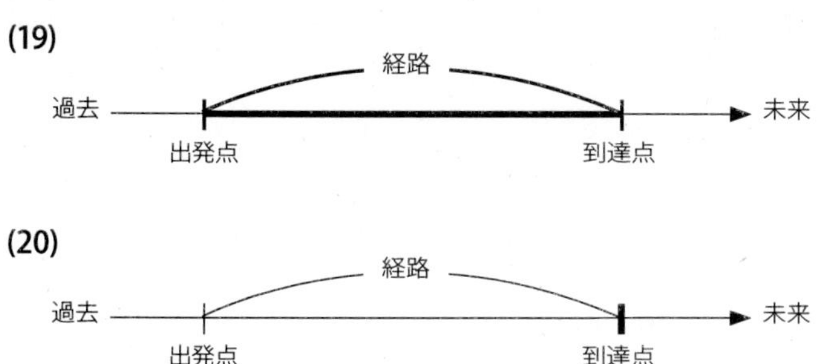

すなわち、(11)の格助詞「に/에」はある事象が行われる抽象的な「一点」を示す 'at' に相当するのに対し、格助詞「で/로」はある事象の「継続」と「限度」という概念を包含しているため、(13)、(17)で表される 'in' に対応すると言える。けれども、時間名詞と共起する(11)の「で/로」、(13)、(17)の 'in' の抽象概念は、次の(21)-(22)の「で/에서」・'in' が表す物理概念をその基盤としていると考えられる（ただし、韓国語では明白な場所概念表示には、「로」ではなく「에서」が使われる）。

(21) ｛ 私は家の中で遊ぶつもりだ。
　　　 나는 집 안에서 놀려고 한다.

(22) I'll have a good time *in* the house.[12]

---

12) inは within、insideでもよく似た意味を表せるが、前者は3次元、後者は状況により2次元（＝面）、1次元（＝線）のいずれの概念も示す。これら三語が時間表示名詞と共起するとき、inのみが(17)の用法を持つのは、この次元の違いが原因する。

　しかしながら、(21)-(22)が表す事象に「継続」・「限度」という概念が包含されないのは、(11)、(13)が表す事象に「時間の流れ」の存在が関係することに起因しているからである。他方、(21)-(22)が表す物理空間は「流れる」ことがないため、「連続性」という概念を包含し得ないが、時間名詞と共起する「で/로/in」の背景には必ず、切れ目のない「時の移動」が前提となることから、そこに時間の流れという「継続」とその範囲の「限度」という概念が包含されるのである。それ故、次の(23)は、

(23)　(今6時で、7時に(は)帰っていなければならないから)
「必ず1時間以内 $\left\{\begin{array}{c}\underline{に}\\\underline{で}\end{array}\right\}$ 帰ってきます。」

(지금 6시, 7시에(는)) 돌아와 있어야 하니까)
「반드시 1시간 이내 $\left\{\begin{array}{c}\underline{에}\\\underline{로}\end{array}\right\}$ 돌아오겠습니다.」

次の、(23)′ を意味することから、

(23)′　(今6時で、7時に(は)帰っていなければならないから)
「必ず1時間以内の<u>ある時点</u> $\left\{\begin{array}{c}\underline{に}\\\underline{で}\end{array}\right\}$ 帰ってきます。」

(지금 6시, 7시에(는)) 돌아와 있어야 하니까)
「반드시 1시간 이내의 <u>어떤 시점</u> $\left\{\begin{array}{c}\underline{에}\\\underline{으로}\end{array}\right\}$ 돌아오겠습니다.」

「帰ってくる/돌아오다」という事象が6時から7時までの内部空間であればどの「一点」で実現してもよいため、格助詞「に/에」が選択される。そして、格助詞「で/로」が選ばれる場合には、そこには「限度」の概念が想起される必要がある。

(23)″
- (今6時で、7時に(は)帰っていなければならないから)
- 「必ず1時間以内で(＝1時間以内を限度に)帰ってきます。」
- (지금 6시, 7시에(는) 돌아와 있어야 하니까)
- 「반드시 1시간 이내로(=1시간 이내를 한계로) 돌아오겠습니다.」

　このように、格助詞「で/로」は時間名詞と共起して「継続」・「限度」の概念を表すことから、それに後続する動詞に関しては、継続相は排除され、ある事象が完了(perfection)することを表す完了/終了/起動などの相の動詞が選択されるのである[13]。

(24)
- 1時間 { で / *に } この仕事を起動させた。(起動相)
- 1시간 { 으로 / *에 } 이 일을 가동시켰다.

(25)
- 1時間 { で / *に } 駅に到着していなければならない。(完了・終了相)
- 1시간 { 으로 / *에 } 역에 도착하지 않으면 안 된다.

---

13) 完了相か非完了相か判断できない場合もある。

(1) I'll vanish this egg in a { *moment* / *minute* }. 一瞬 { で(＝経って) / の内に } -「限度」 -「内部」

このような「(継続)限度」の概念が1.1.1.の田中＆松本の「限定」に通ずると思われる。なお、Begin Verbs、Complete Verbsが示す相(aspect)に関しては、Levin (1993:274-275) 参照。

1.2.3. 特定な動詞に前置される「で」と「に」に関する意味素性

　古語では格助詞「で」の代わりに、(1)のように、「に」が使われることもあった。

　　　(1) 鎌倉に遊ぶ。

この「に」に関して、中右(1998: 32)では(2)のように述べられている：

　　　(2) 通例なら「公園で遊ぶ」と同じく「鎌倉で遊ぶ」となる。しかしこれ
　　　　　では文字通り「遊ぶ」という行為の偶然的な場所に過ぎない。それが
　　　　　「鎌倉に遊ぶ」となれば、「鎌倉」はただ単に物理的空間の意味を超
　　　　　えて、心理的空間の意味合いを帯びる。いってみれば、鎌倉の歴史
　　　　　的・文化的風土に身を浸して精神的に「遊ぶ」のである。

　　　　　　　　　　　　　　　　　　　　　　　　　　　　　　－中右 (1998: 32)

また、(1)の「に」格表示の効果に関して、(3)-(4)(＝(36a)-(36b))を挙げ、

　　　(3) 福沢諭吉は下級武士の家に生まれた。
　　　(4) 福沢諭吉は下級武士の家で生まれた。

　　　　　　　　　　　　　　　　　　　　　　　　　　　　　　－ibid(1998: 30)

(5)の説明が記載されている：

　　　(5) まとめて言えば、「で」格の実体は当該事態にとっては＜偶然的な＞
　　　　　(accidental)位置空間を指し示すのに対し、「に」格の実体は当該事体
　　　　　に内在化された＜不可欠な＞(essential)位置空間を指し示すのだとい
　　　　　える。これを文法的にみると、「生まれる」という動詞は過程述語であ
　　　　　る。過程述語ならば、＜位置＞は義務的な項ではない。それが共起す

るとしたら、付加語としてであり、それゆえ「で」格表示になる。とすれば、(36a)(＝(3))の「に」格は「で」格からの組み替えの結果であるという見立てになる。位置空間が当該事体に不可欠な直接参加者として把握されるとき、そしてそのときにかぎり、この比喩的認知転換が起こっている。もとは付随的な物理的空間を基本状況内に取り込み、全体で一つの厳密一体化した新しい状況を作り出すという＜状況内在化＞の認知過程が働いているのである。

－ibid(1998: 31)

確かに、(2)で述べられているように、格助詞「に」がある種の「場所」と「遊ぶ」などの特殊な動詞と共起した場合、そこに心理的な意味合いが帯びることは「直感的」には感じられる。けれども、(3)-(4)が表す各々の「家」を対等に扱い、格助詞「で」と「に」、そして動詞句「生まれる」との結びつきにより比喩的転用が行われているとする主張は幾分、早急な結論であるように思われる。なぜなら、たとえば、(3)-(4)が示すそれぞれの事象は英語では(3)′-(4)′として表され、

(3)′ Yukichi Fukuzawa was born a lower-ranked samurai family's son.
  = When he was born, he was a lower-ranked samurai family's son.
(4)′ Yukichi Fukuzawa was born somewhere *in(side)/outside* the
  samurai family's house.

さらに、(3)-(3)′ が表す事象はそれぞれ、(6)-(6)′ が示す事象と因果関係を結ぶためである：

(6) (したがって) 福沢諭吉は下級武士の家の<u>出</u>(身)であった。
(6)′ Yukichi Fukuzawa came *from* a lower-ranked samurai family.

つまり、中右(1998: 30)も認めているように、

(7) (36a)(＝(3))の「家」は家系という抽象的意味なのに対し、(36b)(＝(4))の
「家」は具象的実体としての建物である。…「家」が「で」で表示され
ると字義通り建物を示すのに、「に」で表示されると家柄という抽象
的意味に解される…

−ibid(1998: 30)(下線筆者)

(3)の「家」は「家柄」を、また、(4)の「家」は物理的場所としての「家屋」を指
示するため、いくら比喩的転用がなされると言っても、格助詞「に」・「で」に前
置される名詞の指示物に関して同例の実体を比較検証しなければ、それぞれに
包含される意味概念を見誤る可能性があると思われる。そこで、ここでは、中右
(1998)が言う精神的に「遊ぶ」ということはどのような意味合いであるのかを
種々の言語現象の観察を通して眺め、さらには何故特定の動詞と共起した格助
詞「に」が物理的空間の意味を超えて心理的な意味合いを帯びるのか、その概
念的な検証を韓国語格助詞「에」と対照させながら行うことを目的とする。

　まず、最初に、(8)に着目すると、

(8)　鎌倉 { に / *を } 遊ぶ。

　　　카마쿠라 { *에 / 를[14] } 유람하다.

この「遊ぶ」という動詞句は、(9)として記載されている。

---

14) 日本語の格助詞「を」に相当する韓国語の格助詞で、終声のない体言には「를」、終声のあ
る 体言には「을」が付く。本書では例文以外の表記では便宜上「를」を代表形に用いること
にする。

　異言語間に共通する概念研究

(9) あそ・ぶ[遊ぶ]

 ③ 狩をする。また、野山などを気楽に歩きまわる。遠出をして<u>風景な</u>
 <u>ど</u>を楽しむ。

  「曾遊の地に遊ぶ」

 ⑤ 他の土地に行き<u>風景などを楽しむ</u>。また、他郷に出て学問をする。

  「ともに<u>洞庭に遊びて</u>の詩なり」

－『広辞苑』(下線筆者)

 ⑤ 《「…にあそぶ」の꼴로》<u>구경이나 공부를 위하여</u> 다른 지방으로 가다.

  <u>유람하다</u>. 유학하다. 鎌倉 (かまくら) に〜 鎌倉를 <u>유람하다</u>.

－『DONG-A'S Prime』(下線筆者)

このことから、この語が「遊び心」や「趣」といった心の動きを中心概念とし
て持っている行為動詞であることは、そのような概念を持たない行為動詞、例え
ば、(10)の「訪ねる」は、

$$(10) \quad \begin{cases} 鎌倉 \begin{Bmatrix} *に \\ \underline{を} \end{Bmatrix} 訪ねる。 \\ 카마쿠라 \begin{Bmatrix} *에 \\ \underline{를} \end{Bmatrix} 찾다. \end{cases}$$

(11)のような「遊び心・趣」といった心理的要素を包含せず、単に「場所」名詞と
共起するだけの動詞であることからも理解できる。つまり、ここから、(1)-(2)でそ
のような「心の動き」を包含する「遊ぶ」に前置され、「訪ねる」とは共起しない
格助詞「に」は、(11)のように「物理的場所」そのものを要求しない性格を持っ
ているのではないかという類推が成り立つ。

(11) 格助詞「に/에」： [-単なる具体的な場所]

このような(11)の概念は(12)-(13)が表す事象からも立証される。

(12) イギリス {を / で} 旅する。
영국 {을 / 에서} 여행한다.

(13) イギリスに旅する。
영국에 여행한다.

なぜなら、(12)の「を/을」は「内部空間場所」を要求し、かつ、「で/에서」も1.2.1.で観察したように、下文(14)として、

(14) イギリス(の中)で旅する。
영국 (안) 에서 여행한다.

「中/안」という省略された場所名詞の「三次元空間」属性を受け持つことにより、物理的場所を要求するのに対し、(13)の「に/에」に関しては、「で/에서」が包含する「内部空間」という単なる場所属性を要求するのではなく、「遊び心・趣」などを満たすような旅を意味するためである。

(15)[15] 格助詞「に/에」：[−内部空間]・[＋「遊び心・趣」などを満たす場所]
格助詞「で/에서」：[＋内部空間]・[−「遊び心・趣」などを満たす場所]
格助詞「を/를」： [＋内部空間]・[−「遊び心・趣」などを満たす場所]

それ故、(16)においては、

---

15) これだけの表記では「で」と「を」の区別の表示はできないが、「で」については1.3.で詳述する。

(16)
$$\left\{ \begin{array}{l} \left\{ \begin{array}{l} \text{生まれたばかりの赤ちゃんが両親に連れられて} \\ \text{私の愛犬が一人で} \end{array} \right\}、 \\ \text{京都} \left\{ \begin{array}{l} \text{を} \\ \text{?に} \end{array} \right\} \text{旅した。} \\ \left\{ \begin{array}{l} \text{갓 태어난 아기가 부모에게 안겨서} \\ \text{우리 강아지가 혼자서} \end{array} \right\} \text{교토} \left\{ \begin{array}{l} \text{를} \\ \text{?에} \end{array} \right\} \text{여행했다.} \end{array} \right.$$

(15)の「に/에」が示す[＋「遊び心・趣」などを満たす場所]がそれぞれ、「赤ちゃんが旅する/아기가 여행하다」、「愛犬が旅する/애견이 여행하다」事象と意味的に整合しない。また、(17)においては、

(17)
$$\left\{ \begin{array}{l} \left\{ \begin{array}{l} \text{学校} \\ \text{公園} \\ \text{空き地} \end{array} \right\} \left\{ \begin{array}{l} \text{で} \\ \text{*に} \end{array} \right\} \text{遊ぶ。} \\ \left\{ \begin{array}{l} \text{학교} \\ \text{공원} \\ \text{공터} \end{array} \right\} \left\{ \begin{array}{l} \text{에서} \\ \text{*에} \end{array} \right\} \text{놀다.} \end{array} \right.$$

「学校/학교」・「公園/공원」・「空き地/공터」が[-「遊び心・趣」などを満たす場所]であることから、格助詞「で/에서」が共起すると考えられる。そして、このような(15)の認知回路は抽象世界においても機能する。まず、(18)が表す事象に目を向ける。

(18)
$$\left\{ \begin{array}{l} \text{恋人と夢想} \left\{ \begin{array}{l} \text{に} \\ \text{?で} \end{array} \right\} \text{遊ぶ。} \\ \text{연인과 몽상} \left\{ \begin{array}{l} \text{에} \\ \text{*에서} \end{array} \right\} \text{빠진다.} \end{array} \right.$$

ここでは、「夢想/몽상」各々に「に/에」が後続するのが自然な表現であると

見なされる。それに対し、(19)で「で/에서」各々が「夢/꿈」と共起するのは、

(19) 夢で恋人と遊ぶ。
꿈에서 연인과 논다.

(20)で示されるように、格助詞「で/에서」が[＋内部空間]を要求するからである。

(20) 夢の中で恋人と遊ぶ。
꿈 속에서 연인과 논다.

　つまり、(19)の「夢/꿈」は「三次元空間」という明確な構造を示しうるのに対し、(18)の「夢想/몽상」のような行為名詞はそのような構造を持たないため、「で/에서」と共起すると正否の揺れが生じるのである。逆に、その「夢想/몽상」が格助詞「に/에」と共起できるのは、偏に、「に/에」が、(15)で示したように、[-内部空間] (つまり、(11)) を要求し、根源的には「到達点」・「到達点における位置」という抽象的な「一点」の概念を包含していることに起因している。その結果、「夢想/몽상」は内部空間という場所概念を包含しないことから、格助詞「に/에」が共起した(18)の事象は(21)と意味的に等価であると言えるのである。

(20) 恋人と夢想 (すること) を楽しむ。
연인과 몽상(하는 것) 을 즐긴다.

　このような格助詞「に/에」の[＋「遊び心・趣」などを満たす場合]という素性と「到達点」・「到達点における位置」との相関関係は(22)-(23)からも観察される。

(22)　趣を求めて鎌倉 ｛ に/を旅する。
　　　　　　　　　　　 に/*を遊ぶ。
　　　　정취를 찾아 카마쿠라 ｛ 에/를 여행한다.
　　　　　　　　　　　　　　　　　에/*를 빠진다.

(23)　趣を求めて鎌倉 ｛ に 旅行に行く。
　　　　　　　　　　　 *を 遊びに行く。
　　　　정취를 찾아 카마쿠라 ｛ 에 여행간다.
　　　　　　　　　　　　　　　　　*를 놀러간다.

(22)においては、「趣を求めて/정취를 찾아」という心的態度が表層上に現れているため、[＋「遊び心・趣」などを満たす場所]を要求する「に/에」だけでなく、[-「遊び心・趣」などを満たす場所]を要求する「を/를」も用いることができる。けれども、「到達点」が含意される「旅行に行く/여행가다」・「遊びに行く/놀러가다」という移動動詞で表される(23)の事象には「を/를」が用いられないことから、ここでの「に/에」は、「鎌倉」を[＋「遊び心・趣」などを満たす場所]としながらも、「到達点」として捉えられていることが把握できる。つまり、(22)の「を/를」は「出発点」・「到達点」が存在しない英語の'in'に対応し、(22)-(23)の「に/에」はそれぞれ、「到達点における位置」・「到達点」をプロファイルすることから、各々英語の'at'・'to'に相当すると言える。それ故、(24)においては、

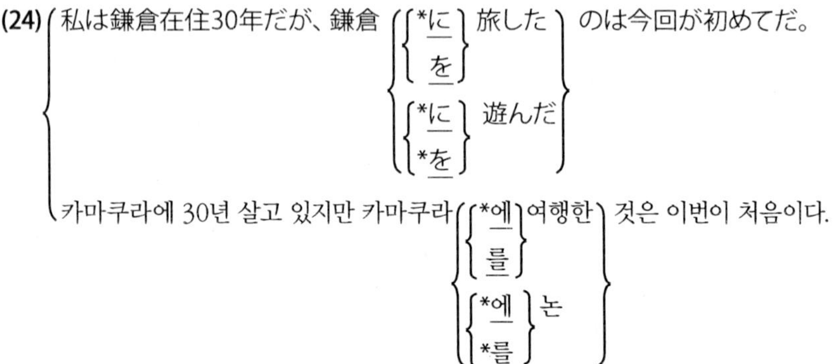

「到達点」という概念が「鎌倉在住」という事象と矛盾するため、格助詞「に/え」は選択されないのである。したがって格助詞「に/え」は、格助詞「で/え서」が[＋内部空間]・[－「遊び心・趣」などを満たす場所]を要求するのに対し、[－単なる内部空間]・[＋「遊び心・趣」などを満たす場所]と「到達点」・「到達点における位置」という抽象的な「一点」の根源的な概念を包含する。その結果、(1)が表す事象は(9)の「他郷に出て」という記載からもわかるとおり、鎌倉在住以外の人が主体となる(25)として解され、

(25) 鎌倉に行って、そこで遊び/趣を楽しむ。
카마쿠라에 가서 거기서 유람/정취를 즐긴다.

「心理的な意味合い」を帯びる最大の理由は助詞「に/え」の使用にあることが理解できる。

1.3. 格助詞「で/에서・로」の中核概念と外界認識

　1.1.の山梨(1997)では、メトニミー的な意味の補完性に重点を置いた格助詞「で」の格の揺れについて記載されていたが、偏にテキストに応じた格の揺れと言っても、その背後に存在する格助詞「で」の中核的な役割が理解できなければ、各種文脈に何故、格助詞「で」が選ばれ、意味の拡張を引き起こすのかが明らかにならないのは言うまでもない。換言するならば、「場所」・「手段」・「様態」・「原因」などの格の揺れの背景には必ず、格助詞「で」が包含する中核的機能が働いているからこそ、それらの格の共通項に沿わない他の格助詞は選択されないと考えられる。そこで、まず、1.3.1.では、『広辞苑』の記載内容・用例に焦点を当て、その種々の格の揺れを引き起こす原因となる格助詞「で/에서・로」の中核概念を明らかにすることにより、共起する名詞の指示物と動詞が示す相との関係に基づいて様々な意味を派生させる「で/에서・로」の表層的拡張プロセスを検証していく。また、1.2.で導き出された格助詞「で/에서・로」が包含するように見える「方法、手段」・「限度」の意味概念がその中核的意味概念と如何なる関係を築いているのかを考察する。その後、1.3.2.では、場所表示名詞に後続する格助詞「で/에서」に焦点を絞り、格助詞「に/에」・「を/를」と比較検証して、1.3.1.で見出される「で/에서・로」の中核概念には如何なる我々の外界認識が反映されているのかという、日常経験に基盤を置いた人間の脳や心の動き（Cf. 経験的見解（池上　1998））の一端を再確認することを、ここでのテーマとする。

1.3.1. 格助詞「で/에서・로」の表層的拡張のプロセスと 概念的深層構造

1.1.で記載した『広辞苑』からの引用をここに再度掲載する。

(1) で《助詞》
① 動作の行われる所・時・場合を示す。…において。
「来年はわが県で行われる」「家の中で遊ぶ」
② 手段・方法・道具・材料を示す。…でもって。
「木と紙でできた家」「ペンで書く」「ラジオのニュースで事件を
知った」
③ 理由・原因を示す。…によって。…なので。
「かぜで休む」「火事で全てを失う」
④ 事を起こした所を示す。
「組合で決めたこと」「君の方で答えてくれ」
⑤ 身分・資格を表す。…として。
(自作)「生涯一捕手で引退する」
⑥ 事情・状態を表す。
「ナントきた八、一文なしで出かけよふ」
「いいかげんな気持ちで言ったのではない」
⑦ 期限・範囲を表す。
「明日で公演は終わりです」「野球は九人で一チームだ」
⑧ 配分の基準を示す。
「1時間で4キロ歩く」

－『広辞苑』(下線筆者)

1.1.2.で前述したが、山梨(1997)では名詞と共起した格助詞「で」をメトニミー的な意味の補完性に重点を置いて分析している。けれども、(2)のように、

$$(2) \begin{cases} 木と紙\underline{で} \\ 나무와 종이\underline{로} \end{cases} \begin{cases} 箱\underline{を}作った。(材料) \\ 상자를 \underline{만들었다}. \\ 相手\underline{を}たたいた。(手段) \\ 상대를 \underline{때렸다}. \\ 壁の隙間\underline{を}ふさいだ。(手段/材料) \\ 벽의 틈을 \underline{막았다}. \end{cases}$$

[名詞＋「で/로」]の観点だけでは格助詞「で/로」の働きを特定化することができないことから、やはり、「で/로」が如何なる中核概念を包含し、その概念が共起する名詞の指示物との関係に基づいて、どのように種々の表層的な意味を派生させているのかを解明するためには、従来の[名詞＋「で/로」]だけではなく、[「で/로」＋動詞句]にも焦点を当てて考察する、「概念的な見方」が必要であると思われる[16]。

---

16) 格助詞の分析は、従来、それと共起する名詞句との結合に焦点が当てられていたが、格助詞を概念的に捉えるならば、それと共起する動詞句との関係、つまり命題が記述する事態にも注目する必要があると思われる。なぜなら、(1)のように空のフレームを含む構造において、

　(1) [　]\underline{で}遊ぶ。

[　]にどの名詞句を選択するかによって、次の(2)、(3)のように格助詞「で」の表層的な役割が異なるためである。

　(2) \underline{家の中で}遊ぶ。　　[場所]
　(3) \underline{おもちゃで}遊ぶ。　　[物体]

つまり、(3)においては、「おもちゃという物体を行為者がどのように扱うか」という状況・意味を補完する必要がある。このような言語表現とそれが内包する意味(もしくは情報量)の関係について、Reddyが主張する"CONDUIT METAPHOR"(導管メタファー)に基づけば、ある情報量を聞き手に伝えるためには、それにふさわしい、言葉という「容器」が必要であると言える。

　(4) For example, the CONDUIT metaphor defines a spatial relationship between form and content: LINGUISTIC EXPRESSIONS ARE CONTAINERS, and their meanings are the <u>content</u> of those containers.

　　(導管メタファーは言語形式とその内容との空間関係を定義する。つまり、「言語表現は容器である」というメタファーに基づいて、言語表現が表す意味はその容器の<u>内容物</u>として捉えられるのである。)

　　　　　　　　　　　　　　　　　　　　　　　－Lakoff and Johnson (1980: 127)(筆者訳)

　そこで、最初に、(1)の⑦が表す事象に着目し、共起する名詞・動詞との関係を観察する。

　まず、⑦の2番目の例を(3)として引用する。

(3) { 野球は九人で一チームだ。
　　 야구는 9명으로 한 팀이다.

　この格助詞「で/로」は「全体(＝一チーム)対構成部分(＝九人)」の関係を表していることが理解できる。つまり、(3)は(3)′と同じような意味を表しうると考えれば、

そのため、(4)の言語表現では、

　(5) ?タンポポで体調を崩した。

そこに含有される聞き手へ伝達する情報量が不十分であるため、更なる状況説明を入れる容器が必要となる。

　(6) タンポポで腹を下した。
　(7) タンポポが原因で腹を下した。
　(8) タンポポを食べたことが原因で腹を下した。

つまり、ここでは、状況全体が「原因」となり、「タンポポを食べるという食用形態/形式」が「腹を下す」という事象につながることが理解できる。また、次の(9)の[　]にどのような種類の事象に言及する表現を入れるかを考えた場合、

　(9) 風邪で[　]。

その中に、(10)のように「学校を休んだ」などが入りやすく、

　(10) 風邪で学校/会社/仕事/勤務を休んだ。

(11)のような事象を入れることは少ないのではないかと想起されることから、

　(11) ?風邪で車を乗り回した/勉強をした/早起きをした/熱が下がった。

ここでは、「風邪」が

　(12) 風邪: 望ましくない状態との関連性が高い。

(12)として判断されていることが理解できる。それ故、格助詞の分析には、単に名詞句との共起関係だけではなく、動詞句が表す事象、ひいては、各文化・社会との相互作用によって形作られる、一種の'Frame'も重要視する必要があると考えられる。

　異言語間に共通する概念研究

$(3)'$
$$\begin{cases} \text{野球は九人}\underline{形式/形態をとって}\text{一チームだ。} \\ \text{야구는 9명 }\underline{형식/형태를 취해}\text{ 한 팀이다.} \end{cases}$$

格助詞「で/로」が「形式・形態」概念を包含しうる可能性が導き出される。この「全体＝構成部分の集合体」という「形式・形態」に関わる概念等式は(4)-(4)′によって支持され、

(4) a.
$$\begin{cases} \text{バレーボールには九}\underline{人で}\text{一チームと六}\underline{人で}\text{一チームの二種類がある。} \\ \text{배구에는 9명}\underline{으로}\text{ 한 팀인 것과 6명}\underline{으로}\text{ 한 팀인 두 종류가 있다.} \end{cases}$$

b.
$$\begin{cases} \text{鉛筆は12}\underline{本で}\text{一ダースだ。} \\ \text{연필은 12자루}\underline{로}\text{ 한 다스이다.} \end{cases}$$

$(4)'$ a.
$$\begin{cases} \text{バレーボールには一チーム九人と一チーム六人の二つの}\underline{形式/} \\ \underline{形態}\text{がある。} \\ \text{배구에는 한 팀이 9명, 한 팀이 6명인 두 개의 }\underline{형식/형태}\text{가 있다.} \end{cases}$$

b.
$$\begin{cases} \text{鉛筆は12}\underline{本形式/形態をとって}\text{一ダースだ。} \\ \text{연필은 12자루 }\underline{형식/형태를 취해서}\text{ 한 다스이다.} \end{cases}$$

かつ、表層的には「材料」の意に感じられる(5)においても、

(5)
$$\begin{cases} \text{このタンクは100}\underline{リットルで}\text{満タンだ。} \\ \text{이 탱크는 100}\underline{리터로}\text{ 가득이다.} \end{cases}$$

深層的には、「タンクの中の物理空間の埋め方」という「形式/形態」概念に包括される。

$(5)'$
$$\begin{cases} \text{このタンクは容量が100リットル詰まった}\underline{形式/形態}\text{をとると満タンだ。} \\ \text{이 탱크는 용량이 100리터 가득 찬 }\underline{형식/형태}\text{를 취하면 가득이다.} \end{cases}$$

そして、⑥が表す状態の事象も、(6)′ として言い換えられ、

(6)′ {
ナントきた八、一文なしという形式/形態をとって出かけよふ。
남도의 키타하치, 무일푼이라는 형식/형태를 취해 집을 나섰다.
}

また、(7)のように「一人」であっても、何人旅であるかという、

(7) {
一人で旅をする。
한 명으로[17] 여행을 한다.
}

旅の形式・形態に言及する(7)′ として言い換え可能であることから、

(7)′ {
一人という形式/形態をとって旅をする。
한 명이라는 형식/형태를 취해 여행을 한다.
}

この「形式・形態」という概念は格助詞「で/에서・로」の中核概念ではないかという推測が成り立つ。この推測は、②・④・⑤にも適用可能である。

(8) {
木と紙でできた家。
나무와 종이로 지어진 집.
}

(8)′ {
木と紙という形式/形態をとって作られた家。
나무와 종이라는 형식/형태를 취해 만들어진 집.
}

(9) {
組合で決めたこと。
조합에서 결정한 일.
}

(9)′ {
組合という形式/形態をとって決めたこと。(⇒組合決定という形式/形態)
조합이라는 형식/형태를 취해 결정한 일.
}

---

17) 口語では「한 명으로(＝一人で)」の代りに、副詞「혼자」を使うのが自然であるが、論旨の便宜上あえて助詞を使って表現する。

(10) 〔生涯一捕手<u>で</u>引退する。
　　〔생애 한 사람의 포수<u>로</u> 은퇴한다.

(10)′〔生涯一捕手の<u>形</u>をとって引退する。(⇒生涯一捕手引退という形式/形態)
　　〔생애 한 사람의 포수라는 <u>형태</u>를 취해 은퇴한다.

　また、③の「かぜで休む」の「かぜをひいている」という状態も同様に、「形式・形態」の概念で表される。

(11) 〔かぜ<u>で</u>休む。
　　〔감기<u>로</u> 쉰다.

(11)′〔かぜをひいているという<u>形態</u>で休む。(⇒風邪ひき休みという形式/形態)
　　〔감기에 걸려있는 <u>형태</u>로 쉰다.

　このような「形式・形態」概念の観点に立てば、③が表す事象も明らかになる。

(12) 〔家の中<u>で</u>遊ぶ。
　　〔집 안<u>에서</u> 논다.

　(12)が示す「で/에서」に関して、1.2.1.では、「場所」概念は「で/에서」の中核的な意味ではなく、「中/안」という場所属性が「で/에서」に転移すると述べたが、この「場所」の意も「形式・形態」概念で表すことが可能である。

(12)′〔家の中に存在する空間の利用という<u>形態</u>/形式で遊ぶ。
　　　　　　　　　　　　　(⇒家の中の空間利用という遊びの形式/形態)
　　〔집 안에 존재하는 공간을 이용하는 <u>형식</u>/형태로 논다.

　さらに、格助詞「で/에서」がこのように「形式・形態」概念を包含しているのは(13)からも立証可能である。

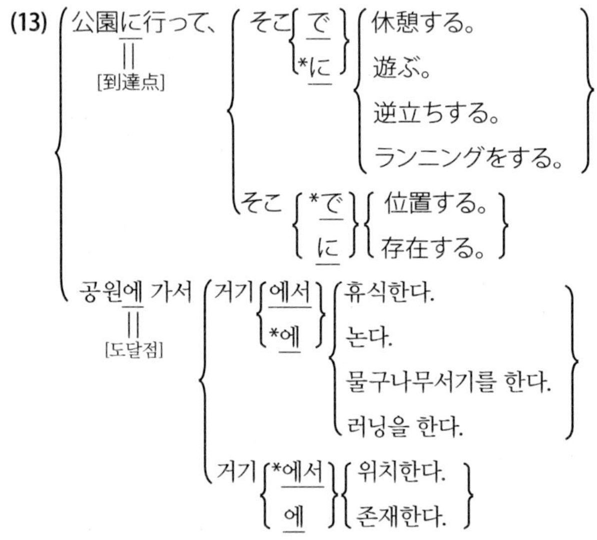

　格助詞「に/에」は1.2.1.(4)で述べたように、「到達点(=Goal)」・「到達点における位置(=Goal position)」という根源的な概念を包含していると考えられるが、(13)では「休憩する/휴식하다」・「遊ぶ/놀다」・「逆立ちする/물구나무서기를 하다」・「ランニングをする/러닝을 하다」に前置されない。逆に、格助詞「で/에서」はそれらと共起することができるが、「位置する/위치하다」・「存在する/존재하다」という動詞句とは結びつかない。ここから、格助詞「に/에」は「位置する/위치하다」・「存在する/존재하다」という動詞句と結びつくため、「到達点における状態表示」、つまり、単なる「位置表示」の概念しか包含していないと考えられるが、他方、格助詞「で/에서」に関しては、「休憩する/휴식하다」・「遊ぶ/놀다」・「逆立ちする/물구나무서기를 하다」・「ランニングをする/러닝을 하다」などの動詞句に前置することからわかるように、やはり、「公園/공원」という「場所

　異言語間に共通する概念研究

空間」をどのように使うかという「形式・形態」の概念を包含していることが認識可能となる。だからこそ、次の(14)のような例が表す事象においては、

(14) ハワイ {で / *に} 飛行機を乗り換える。
     하와이 {에서 / *에} 비행기를 환승한다.

単なる「位置表示」の格助詞「に/에」ではなく、飛行機を乗り換えるための空間利用を表すために格助詞「で/에서」が選択されると考えられる。加えて、格助詞「に/에」と格助詞「で/에서・로」のそれぞれの概念は、(15)-(17)が表す事象からも見出される。

(15) 地球 {で / に} 森を見る。
     지구 {에서 / 에} 숲을 본다.

(16) 車 {で / *に} 飛ばす。
     차 {로 / *에} 달린다.

(17) 車 {で / に} 移動する。
     차 {로 / 에} 이동한다.

なぜなら、(15)に関して、「で/에서」が用いられた場合、「地球 (の) 上」という場所限定による視覚認識という「形態・形式」が示されるのに対し、「に/에」が

用いられた場合は、行為者が飛行機やロケットなどの乗り物に乗って地球を到達点として「視線」を移動させている事象が表されるためである。また、(16)-(17)に関しては、「車/차」が場所名詞ではなく、また、「飛ばす/달리다」という行為が「到達点」を想起させず、移動の「形式・形態」を表すことから、(16)では格助詞「で/로」が選択され、(17)に至っては、「移動する/이동하다」が「到達点」を想起させる「移動」行為そのものであると同時に、(「走行/走行移動」などではなく)「車両乗車移動」という移動形式・形態を表しうることから、格助詞「で/로」と「に/에」の双方が共起可能となるのである。このような「形式・形態」概念を基盤にすれば、実は、1.2.1.で観察した「手段」の概念が格助詞「で/에서・로」の中核概念ではなく、「形式・形態」概念が名詞・動詞との共起関係によって「具現化」した意味の一つであることになる。このように考えると、従来「手段」として考えられてきた(18)も、

(18) 鉛筆で手紙を書く。
     연필로 편지를 쓴다.

(18)′のように、「形式・形態」概念で捉えることが可能である。

(18)′ 鉛筆書きという形式/形態の手紙。
       연필로 쓰는 형식/형태의 편지.

　また、(19)においても、

(19) 自転車で旅行する。
     자전거로 여행한다.

自転車が通常、輸送手段として認識されているため、「で/로」が「手段」概念に言及しているように感じられるが、「自転車を利用・使用した旅行の仕方」という「形式・形態」概念として捉えることが可能である（このことは前出(7) (＝一人

で旅をする)、(7)′ にもつながる)。

(19)′ ⎰ 自転車に乗るという<u>形式/形態</u>をとって旅行する。
　　　　（⇒自転車旅行という形式・形態）
　　　　自転거를 타는 <u>형식/형태</u>를 취해서 여행하다.
⎱　　（⇒자전거 여행이라는 형식·형태）

　このような観点に立てば、次の(20)-(24)における格助詞「で/로」がその基盤を一義的に「手段」として捉えられてしまう背景には、英語の'with'と１対１の関係で結び付けてしまおうとする意識が存在しているからではないかと思われる。なぜなら、従来の研究(例えば、山梨(1997: 153, 161))では、以下のように、

(20) はさみ<u>で</u>新聞を切る。　　　　　　（具格的）
　　　　가위<u>로</u> 신문을 자른다.

(21) 片手<u>で</u>綱を引っぱる。
　　　　한 손<u>으로</u> 그물을 잡아당긴다.

(22) クーラー<u>で</u>書斎を冷やす。
　　　　에어컨<u>으로</u> 서재를 시원하게 한다.

(23) 雰囲気<u>で</u>観客を圧倒する。
　　　　분위기<u>로</u> 관객을 압도한다.

(24) 頭痛<u>で</u>学校を休む。
　　　　두통<u>으로</u> 학교를 쉰다.

（原因格的）　　　── 韓国語の例文は筆者挿入

(25) The man broke it *with* a hammer.　　　　　<具格>

(26) The boys walked *with* bare feet.　　　　　　：

(27) They were fighting *with* courage.　　　　　：

(28) John solved the problem *with* ease.　　　　<様態格>

(29) Our boss said *with* a frown.　　　　　　　：

(30) The lady flushed *with* wine.　　　　　　　：

(31) Bill was almost dying *with* hunger.　　　　<原因格>

－ 山梨(1997: 153, 161)(イタリック筆者)

'with'の意味役割に関するプロトタイプを「手段」として捉え、テキストに応じて段階的にその格解釈がなされていることが挙げられるためである[18]。確かに、この考えに従えば、(32)-(34)が表す事象に関しても、一見、「手段」から「様態」への格のゆれが生じているように思われ、

(32) 金で済むなら金で済ませたい。
　　　돈으로 해결할 수 있다면 돈으로 해결하고 싶다.

---

18) 山梨(1997)では、具格から様態格への拡張段階に(1)を挙げているが、

　(1) The boys walked *with* bare feet

－ 山梨(1997: 161)

様態格を表すために必ずしも、'with'が用いられるわけではないと考えられる。なぜなら、(1)は(1)'と意味的に極めて近い関係にあるが、むしろ、

　(1)' The boys walked *with* their feet bare.

secondary predicate（第2述詞）を用いて、次のような言い方が自然である（母国語話者による）。

　(1)" The boys walked *barefoot*.

また、「何も身に付けていない状態で」と言う場合も同様である。

　(2) The boys walked *with* a naked body.　　　　　高
　(2)' The boys walked *with* their body naked.　　　↕　自然な表現
　(2)" The boys walked naked.　　　　　　　　　　　低

(33) $\begin{cases} 夕食をラーメン\underline{で}済ませた。 \\ 저녁을 라면\underline{으로} 해결했다. \end{cases}$

(34) $\begin{cases} 三日間、米 (なし) \underline{で}暮らした。 \\ 사흘 동안 밥 (없이 다른 것)\underline{으로} 지냈다. \end{cases}$

また、(32)-(34)をそれぞれ 'with' を用いた(35)-(37)に対応させることができるからである。

(35) If it can be settled *with* money, I will pay.

(36) I made do *with* Chinese noodles for supper.

(37) I made do *with(out)* rice for three days.

しかし、このような意味の拡張はあくまでも表層的なものであり、外界とそれを知覚する人間との根源的なつながりに触れているわけではないという考え方もできる。なぜなら、次の(38)と言われるように、

(38) Mod E.のwithは中心義として「同伴」、副義として「対抗、対立」を持つ二重義語として機能している。…Withの中心義の「同伴」は様々な概念変化を生んでいる。その原因は、私たちが毎日の日常生活を送っている最中に色々なものを同伴する状況が生じるからである。

－*SELL*(2001, 18号)

深層的には 'with' が「同伴」の概念を包含していることからこそ、具象物・抽象物に関わらず、対象物と主体が「同伴」していると認識され、それを土台にして(20)-(37)は「手段」・「様態」・「原因」などの意が派生するのである。そして、上出の(32)-(34)が示す事象に関しては次の(32)′-(34)′のようにパラフレーズしても意味的には等価と見なしうることから、

(32)′ { 金で間に合うなら金で間に合わせたい。
　　　 돈으로 때울 수 있다면 돈으로 때우고 싶다.

(33)′ { 夕食をラーメンで間に合わせた。
　　　 저녁을 라면으로 때웠다.

(34)′ { 三日間、米 (なし) で間に合わせた。
　　　 사흘 동안 밥 (없이 다른 것)으로 때웠다.

かつ、「間に合わせる/때우다」が本来、(39)-(40)のように、

(39) { 杭を均等に打っていたが、途中杭が足りなかったため、スコップで間に合わせた。
　　　 말뚝을 균등하게 쳤으나 도중에 말뚝이 부족하여 삽으로 때웠다.

(40)

2つのものの間の「物理空間を如何に利用するか」という意を持つことから、抽象的な空間に関わる「利用形式・形態」を表していることが導き出される。つまり、(35)-(37)で用いられた'with'は「同伴」という近接関係の「位置」概念、つまり、間接的ではあるが「場所」概念で捉えられる[19]からこそ、日本語の「で」と韓国語の「로」と概念的並行性を呈するのである。この「近接した位置」概念において並行する「で/로」と'with'が表層的な意で扱われるべきでないことは、(41)-

----

[19] Leech(1969: 164ff), Lyons(1977: 693)には

　(1) Where are my keys?　They are with your wallet.

(1)の問答文に続き、次の(2)

　(2) They are in/at the place in/at which your wallet is.

の言い換えがある。しかし、この問答が成立するためには、予めwalletの存在場所が(少なくとも発話者には)わかっていなければならないことから、ここではwithを間接的場所表示語と呼ぶ。

(43)が示す事象からも立証される。

(41) { カード<u>で</u>(支)払う。
    { 카드<u>로</u> 지불한다.

(42) { 小切手<u>で</u>(支)払う。
    { 수표<u>로</u> 지불한다.

(43) { 現金<u>で</u>(支)払う。
    { 현금<u>으로</u> 지불한다.

　一見、表層的には「で/로」に「手段」の意が感じられ、(41)-(43)の「カード/카드」・「小切手/수표」の文法格が一律に与格であるように見えるが、(43)の「現金/현금」のみ対格目的語になりうる。

(41)′ { *カード<u>を</u>(支)払う。
     { *카드<u>를</u> 지불한다.

(42)′ { *小切手<u>を</u>(支)払う。
     { *수표<u>를</u> 지불한다.

(43)′ { 現金<u>を</u>(支)払う。
     { 현금<u>을</u> 지불한다.

　すなわち、(41)、(42)の「カード/카드」・「小切手/수표」はあくまでも希望する商品を購入する媒介、つまり、お金の「代用品」であるのに対し、(43)の「現金/현금」は支払われる対象物のお金そのものであるため、英語においては、(41)-(43)が示す事象は各々(44)-(46)として表される。

(44) pay *with* a credit card.

(45) pay *with* a check.

(46) pay cash.

さらに(46)のみ(47)との言い換えが可能である[20]：

    (47) pay *in* cash. (Cf.*pay in(a) card/check)

この(47)の 'in' に相当する用例に関して、*KCLEJ*では(48)が記載されているが[21]、

    (48) in ⑦ …の形で

        a novel *in* four parts　4部から成る小説

        words *in* alphabetical order　アルファベット順に並んでいる語

        women shopping *in* groups　グループで買い物をしている婦人たち

        The girls were dancing *in* a ring　少女たちは輪になって踊っていた

–KCLEJ(イタリック・下線筆者)

この(48)の各々も(49)-(52)として考えられる[22]。

---

20) card、check、cashを同例に捉えたpay by card/ check/ cashという言い方もある。これは、支払う主体者とcard、check、cashの各指示物を近接関係の概念で捉えているためである。

21) このような'in the form of'を表す'in'の他の用例には、(1)-(3)が挙げられる。
    (1) *in* a circle　（円の形で）
    (2) *in* single/Indian file　（一列縦隊の形で）
    (3) *in* union　（声を合わせる形で）

22) 「形式・形態」と「手段」との密接な関係は、概念的に捉えれば、(1)-(2)でも観察される。
    (1) 彼はステッキを振り回しながら入ってきた。
    (2) 彼は銃を乱射しながら包囲をとっばした。
「形式・形態」と「手段」とは概念的に相通じる部分があることは、次の(3)が
    (3)　Sam joked his way into the meeting.
      a. Sam got into the meeting by joking. (means)
      b. Sam went into the meeting (while) joking. (manner)
aの(marginalではあるが)「手段」読みとbの「様態」読みの二種類の読みを生む'V one's way PP'構文にも観察される(Cf. Goldberg(1995), Levin & Rappaport(1988), Jackendoff(1990,1992). etc.)。

(49) a novel *in the form of* four parts

  4部の形式/形態をとった小説

(50) words *in the form of* alphabetical order

  アルファベット順という形式/形態をとって並んでいる語

(51) women shopping *in the form of* groups

  グループの形式/形態をとって買い物をしている婦人たち

(52) The girls were dancing *in the form of* a ring

  少女たちは輪の形式/形態をとって踊っていた

同様に、上記の(47)も次の(47)′ のように、'in' の目的語の 'cash' を文字通りの「形式・形態」として捉えられていることが見出せる。

(47)′ pay *in the form of* cash.

　それ故、(44)-(46)においては、確かに 'with' は 'credit card'、'check' を「同伴」する意で、また、'in' は「形式・形態」の意で用いられているが、(44)-(46)の事象に相当する(41)-(43)の表層的な「手段」の意も、「同伴」という「形式・形態」の中核概念で捉えられていることが明らかになる。だからこそ、1.2.1.で観察した「手段」読みがされる場所名詞と共起した「で/에서」に関して、「大阪」という「空間」を生計のために使っている(53)(=1.2.1.(11))も同様に、

(53) ⎰ 花子は大阪で生活している。
　　　⎱ 하나코는 오사카에서 생활하고 있다.

(53)′ のように、生計を立てる「形式・形態」として捉えることが可能になる。

(53)′ ⎰ 大阪の中という場所空間は花子の生活形式/形態の場である。
　　　⎱ 오사카 안이라는 장소의 공간은 하나코의 생활 형식/형태의 장이다.

　また、このような「生活形式・形態」は、例えば(54)のような文からも支持される。

(54) { 日本人は米食で生活している。(≒米食は日本人の生活形式/形態である。)
{ 일본 사람은 쌀을 주식으로 생활하고 있다.

　次に、ではなぜ、格助詞「に/에」ではなく、格助詞「で/에서・로」が英語の 'in the form of' に相当する「形式・形態」概念を示しうることができるのかを考えてみる。その理由としては、(55)-(57)で示されているように、

(55) { ビルとビルとの間 { で／*に } 走り回る。
{ 빌딩과 빌딩 사이 { 에서／*에 } 뛰어다닌다.

(56) { ベッド { [の上/中]で／*に } 眠る。
{ 침대 { [위/안]에서／*에 } 잔다.

(57) { ボールを手の平 { [の上]で／*に } もてあそぶ。
{ 공을 손바닥 { [위]에서／*에 } 가지고 논다.

「で/에서」が英語の 'in' のような、「空間的な広がり」を示しうることが挙げられる。(55)においては、ビルとビルの間の「空間/공간」を存分に使って走る事象に「抽象的一点」の概念を包含する「に/에」は意味的に整合しないのに対し、(56)、(57)においては、前者が「ベッド/침대」全体を、後者が「手の平/손바닥」全体を用いる事象を示すことから、ある一定の広がり・空間全体の支配を表す事

象には「で/에서」が整合している。しかし、このように物理的空間全体を占拠するかしないかは単に、主体と利用する空間との現実の大小関係の結果に過ぎないと考えられ、格助詞「で/에서」の根源的な役割はやはり、ある空間をどのようにして利用するかという「形式・形態」概念に遡及すると言える。

　次に、1.2.2.で論じた、時間名詞と共起する「で/에서・로」の「継続」・「限度」の概念((1)の⑦参照)も、根源的には「形式・形態」の中核概念で捉えられるかどうかを観察する。結果から言えば、やはり、終端部分（＝限度点）がプロファイルされる「継続」の抽象概念も空間的な広がりを基盤とした「形式・形態」の概念によって具現化された意味の一つであると言える。なぜなら、次の(58)

(58) ｛ 明日<u>で</u>公演は終わりだ。
　　　 내일<u>로</u> 공연은 마지막이다.

が表す事象も命題が記述する事態に注目すれば、概念的には次の(59)

(59) ｛ 明日を利用するという形式/形態をとって公演が終了する。
　　　 내일을 이용한다는 형식/형태를 가지고 공연이 끝난다.

として考えられ、時間という抽象的な空間の中での継続事象が消滅形態をとるという概念を表していると捉えることができるからである。結局のところ、格助詞「で/에서・로」は根源的に「形式・形態」という中核概念を示しうるからこそ、それと共起する名詞句・動詞句との意味関係によってその「形式・形態」概念が具現化し、更には特定の状況で様々な表層的な意味が規定されることが理解できるのではないかと思われる。

1.3.2. 格助詞「で/에서」の「形式・形態」概念に見られる人間の 空間認識

　助詞「で/에서・로」が場所表示名詞に後続するとき、そこには「上/위」や「中/안」の概念が存在することは1.2.1.で概出した。ここではその整理を兼ねて、まず「に/에」との比較(1.3.2.1.)、次に上出1.3.1.(54)(＝日本人は米食<u>で</u>生活している。/일본 사람은 쌀을 주식<u>으로</u> 생활하고 있다.)を通して英語との概念的つながり(1.3.2.2.)を考えてみたい。

1.3.2.1. 格助詞「で/에서」と「上/위」・「中/안」との概念的つながり

　「に/에」は[＋到達点]概念を、「で/에서」は[-到達点]概念を表す：

$$
(1) \begin{cases} 鳥が屋根\underline{に} \begin{cases} 飛び上がった。 \\ 飛び下りた^{23)}。 \end{cases} \\ 새가 지붕\underline{에} \begin{cases} 날아올랐다. \\ 내려앉았다. \end{cases} \end{cases}
$$

$$
(1)' \ A\ bird\ flew \begin{cases} up\ on\textit{to} \\ down\ on\textit{to} \end{cases} the\ roof.
$$

$$
(2) \begin{cases} 鳥が屋根\underline{で} \begin{cases} (ピョンピョン)飛び上がった。 \\ *飛び下りた。 \end{cases} \\ 새가 지붕\underline{에서} \begin{cases} (팔짝팔짝) 뛰어올랐다. \\ *뛰어내렸다. \end{cases} \end{cases}
$$

----

23) この「おりる」に関しては、『広辞苑』の(1)のように、

　(1) お・りる[下りる・降りる]

上から下への移動を示すが、到達点に焦点をおく点で「下がる」と異なり、目的・意図のある作用を示す点で「おちる」と異なる。

－『広辞苑』(下線筆者)

「降りる」もあるが、ここでは「上がる」に合わせて「下りる」を使う。

(1)-(2)の「屋根に/지붕에」、「屋根で/지붕에서」はそれぞれ、(1)″、(2)′と同義であり、(3)で示されるように、行為の場所が「上/위」概念で表されるものであることが確認される。

$$(1)'' \left\{ \begin{array}{l} 鳥が屋根の上に \left\{ \begin{array}{l} 飛び上がった。\\ 飛び下りた。 \end{array} \right. \\ 새가 지붕 위에 \left\{ \begin{array}{l} 날아올랐다。\\ 내려앉았다。 \end{array} \right. \end{array} \right.$$

$$(2)' \left\{ \begin{array}{l} 鳥が屋根の上で \left\{ \begin{array}{l} (ピョンピョン)飛び上がった。\\ *飛び下りた。 \end{array} \right. \\ 새가 지붕 위에서 \left\{ \begin{array}{l} (팔짝팔짝) 뛰어올랐다。\\ *뛰어내렸다。 \end{array} \right. \end{array} \right.$$

$$(3) \left\{ \begin{array}{l} 屋根の上に/で → 屋根の上に接触するように/上の空間の中で\\ 지붕 위에/에서 → 지붕 위에 접촉하는 것처럼/위의 공간 안에서 \end{array} \right.$$

また、(1)、(2)の文法性の違いから、(4)が導かれる。

(4) 「で/에서」：同一空間領域表示助詞

更に、次の(5)では「に/에」、「で/에서」のいずれも「単なる存在位置」を表すように思われるが、

$$(5) \left\{ \begin{array}{l} 太郎が屋根の上 \left\{ \begin{array}{l} で\\ に \end{array} \right\} \left\{ \begin{array}{l} 座っている。\\ 立っている。\\ 寝転がっている。 \end{array} \right. \\ 타로가 지붕 위 \left\{ \begin{array}{l} 에서\\ 에 \end{array} \right\} \left\{ \begin{array}{l} 앉아 있다。\\ 서 있다。\\ 드러누워 있다。 \end{array} \right. \end{array} \right.$$

座、立の姿勢表現動詞を(6)のように変えると、たちまち「で/에서」の正体が浮か
び上がってくる。

(6) 太郎が屋根の上 { で / *に } { 逆立ちを / 日光浴を } している。
타로가 지붕 위 { 에서 / *에 } { 물구나무서기를 / 일광욕을 } 하고 있다.

つまり、「座る/앉다」、「立つ/서다」、「寝転がる/드러눕다」は、その根源的意
味の動詞「存在する/존재하다」、「位置する/위치하다」に準ずる姿勢動詞である
ため、「存在位置」概念動詞「に/에」と共起するのに対して、それらの動詞が表
しえない、「で/에서」と共起する「逆立ちする/물구나무서기를 하다」、「日光浴す
る/일광욕을 하다」の関係は、(4)と合わせて(7)と表示される。

(7) 「で/에서」：同一空間領域の利用/使用の形式・形態

それ故、純粋な存在動詞が用いられた(8)では、「に/에」が選択され、

(8) 太郎はどこ { に / *で } 居るの?
타로는 어디 { 에 / *에서 } 있니?

逆に、主体の「空間利用」に関わる(9)の事象には「で/에서」が選ばれる。

(9) 太郎はどこ { に / *で } 行って、そこ { *に / で } 何をしているの?
타로는 어디 { 에 / *에서 } 가서 거기 { *에 / 에서 } 뭘 하고 있니?

　結果、[＋到達点]の概念を包含する「に/에」が用いられた(10)においては、「形式・形態」概念に関わらない「主体の到達点への移動」という事象が表されるのである。

(10) | 太郎は部屋<u>に</u>何をし<u>に行った</u>の?
　　 | 타로는 방<u>에</u> 뭘 하러 <u>갔니</u>?

　このような格助詞「で/에서」の概念は移動動詞や運動動詞の場合にも適用可能である。

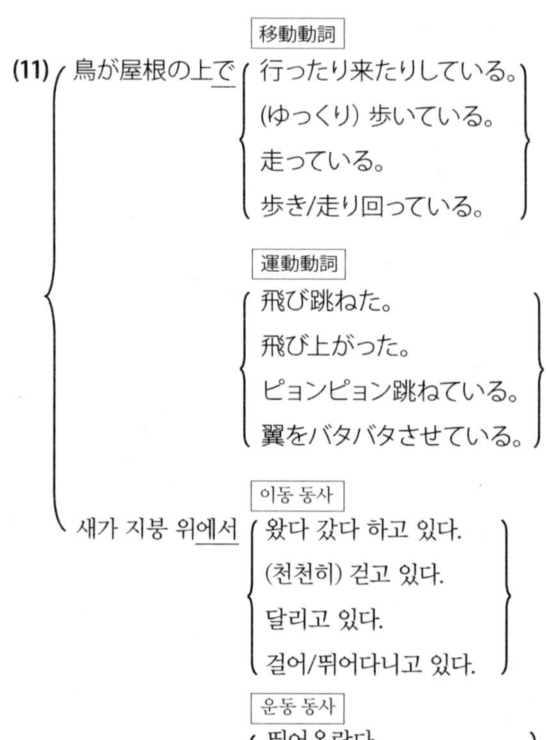

(11)の移動動詞が示す移動の軌跡は(12)の概念図で示される。

(12)

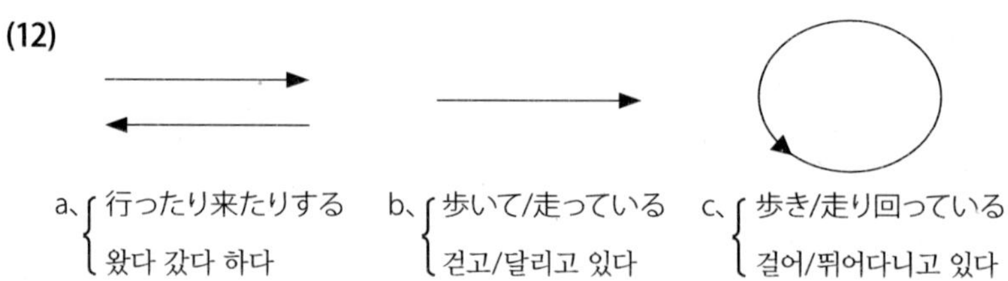

他方、(11)の運動動詞が示す運動の軌跡は(13)の概念図で示される。

(13)

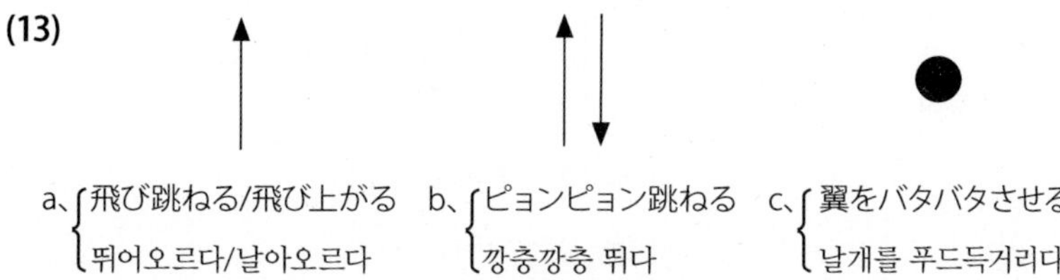

a、{ 飛び跳ねる/飛び上がる b、{ ピョンピョン跳ねる c、{ 翼をバタバタさせる
   { 뛰어오르다/날아오르다   { 깡충깡충 뛰다   { 날개를 푸드득거리다

「で/에서」とよく似た分布を示すのが「を/를」である。まず、移動動詞とは「で/에서」、「を/를」のいずれも共起する：

(14)

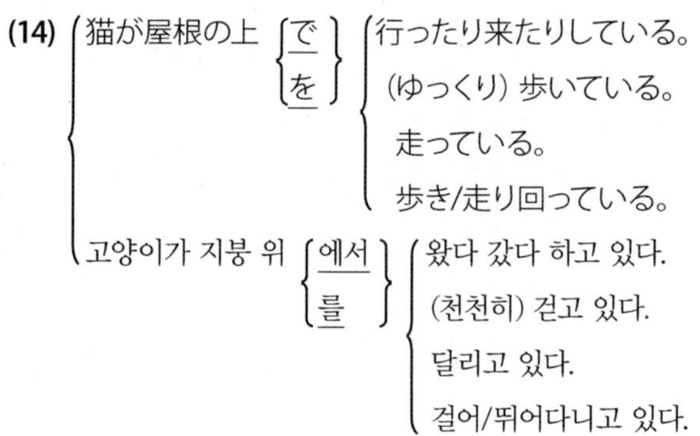

猫が屋根の上 { で / を } { 行ったり来たりしている。
                        (ゆっくり) 歩いている。
                        走っている。
                        歩き/走り回っている。

고양이가 지붕 위 { 에서 / 를 } { 왔다 갔다 하고 있다.
                            (천천히) 걷고 있다.
                            달리고 있다.
                            걸어/뛰어다니고 있다.

次に、運動動詞の場合はどうかと言えば、

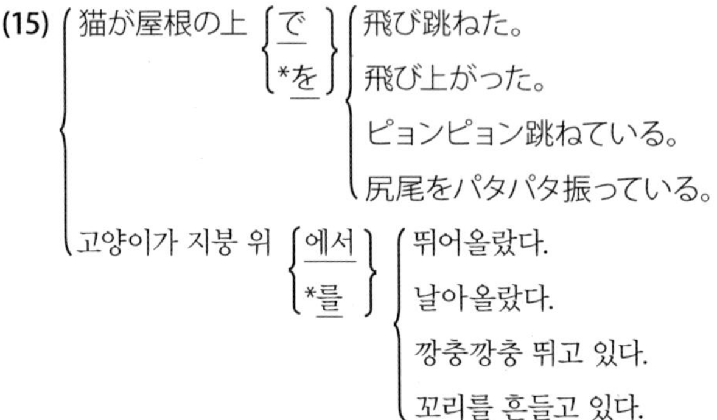

同一場所での運動の概念を「を／를」は表わせない。「を／를」が共起するのは、(14)が示す同一場所内の移動のみならず、次の(16)のように、

移動する空間をその全行程として表示する力を持っている[24]。つまり、(14)、(16)から次の(17)が得られる。

(17)　「を／를」：空間全体を移動するという概念表示の助詞

更に、場所が時間に転用された時に「を／를」の移動概念が姿を現わす。

---

[24] この「移動の全行程の表示力」という概念を格助詞「を／를」が包含しているからこそ、動詞が示す動作の影響を直接受ける対象物を対格目的助詞「を／를」が表示することができるのである。

(18)
$$\left\{\begin{array}{l}\text{*5時を} \\ \text{5時を過ぎて} \\ \text{5時半を回って}\end{array}\right\} \text{父は帰ってきた。}$$

$$\left\{\begin{array}{l}\text{*5시를} \\ \text{5시를 넘어서} \\ \text{5시 반을 지나서}\end{array}\right\} \text{아버지는 돌아오셨다.}$$

(18)は次の(19)の下線部の省略と考えることができる。

(19)
$$\left\{\begin{array}{l}\text{時計の針} \\ \text{시계 바늘} \\ \text{時 (間)} \\ \text{시간}\end{array}\right\} \begin{array}{l}\text{が} \\ \\ \text{이}\end{array} \left\{\begin{array}{l}\text{5時を過ぎて} \\ \text{5시를 넘어서} \\ \text{5時半を回って} \\ \text{5시 반을 지나서}\end{array}\right\} \begin{array}{l}\text{父は帰ってきた。} \\ \text{아버지는 돌아오셨다.}\end{array}$$

　つまり、「時計の針/시계 바늘・時 (間) /시간」が((14)、(16)の相当する)移動の主体となる。以上のことから、「を/를」とは異なり、「で/에서」は「同一空間領域の利用形式・形態」であることが再確認されることになる。加えて、「中/안」と「で/에서」の結合体が次の(20)のように移動動詞、運動動詞のいずれとも共起し、

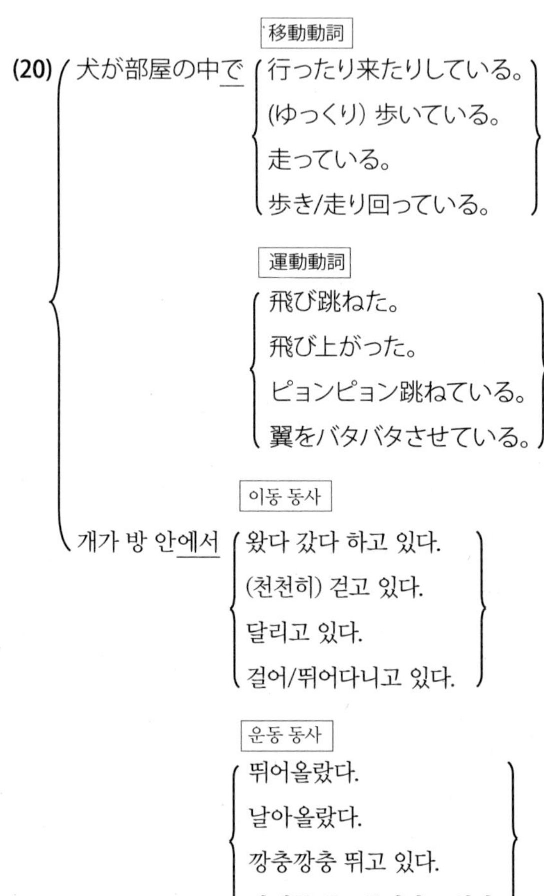

かつ、(21)で観察されるように「同一空間領域の利用形式・形態」を表わさない事象では用いられないことから、

(21) 犬が部屋の中 {*で / を} {通って行った。/ 逃げて行った/来た。/ 走って行った/来た。}

개가 방 안 {*에서 / 을} {지나갔다. / 도망 갔다/왔다. / 달려갔다/왔다.}

「上/위」概念と「で/에서」の中核概念とのつながりは、「中/안」概念と「で/에서」の中核概念のつながりと互いに並行する。

1.3.2.2. 格助詞「で/에서・로」と英語の前置詞との概念的つながりから見た概念的認知プロセスのメカニズム

次に、1.3.2.1.で「上/위」概念との結びつきによって導き出された格助詞「で/에서」が包含する「同一空間領域の利用形式・形態」概念とそれに関わる認知プロセスのメカニズムを明らかにするために、まず、上出1.3.1.(54)(= 日本人は米食で生活している/일본 사람은 쌀을 주식으로 생활하고 있다) を通して英語との概念的つながりを検証する。1.3.1.(54)を(1)として引用する。

(1) 日本人は米食で生活している。
일본 사람은 쌀을 주식으로 생활하고 있다.

(1)が示す事象は、例えば、英語では(2)で表されることからもわかるように、

(2) Japanese live *on* rice.

「上/위」概念、つまり、「米食/쌀을 주식으로」を「基盤」(LM)として、その上に「日本人/일본 사람」(TR)が「接触」した(3)、つまりTR（=日本人）がLM（=米食）に下から接触して支えられているというメタファー的結果として(3)のイメー

ジ・スキーマで捉えられていることが見出せる。

(3)
```
          ●TR
 ┌──────────┐
 │          │ LM
 └──────────┘
```

　そして、(1)の事象から抽出された、(3)の概念図に関しては、(4)-(5)が表す事象にも適用される。

(4) 私たちはこのような条件でその事業を始めることにした。
　　　 우리는 이런 조건에서 그 사업을 시작하기로 했다.

(5) 花子はわずかな収入/年金で生計を立てている。
　　　 하나코는 약간의 수입/연금으로 생계를 꾸리고 있다.

　なぜなら、(4)-(5)は各々(4)′-(5)′ のようにパラフレーズが可能であり、

(4)′ 私たちはこのような条件の上に立って/をもとにその事業を始めることにした。
　　　　우리는 이런 조건 위에 서서/을 기반으로 그 사업을 시작하기로 했다.

(5)′ 花子はわずかな収入/年金をもとに/基盤にして生計を立てている。
　　　　하나코는 약간의 수입/연금을 바탕으로/기반으로 생계를 꾸리고 있다.

かつ、それぞれ、(6)-(7)が示す意味に相当するためである。

(6) We decided to start our business *on* this condition.

(7) Hanako lives *on* her small income/pension.

　(5)-(5)′、(7)が示す参照となる実体の「上」に主体が「接触」する概念化による生活形式・形態は、近接概念を用いて(7)′ のようにも表される。

(7)′
 | Hanako lives *by* novels/the pen.
 | (花子は自分の小説/執筆活動で生計を立てている。)
 | (하나코는 자신의 소설/집필 활동으로 생계를 꾸리고 있다.)

この(7)′ に現れる「近接」概念は次の(8)から感じられるように、

(8)
 | 銃/剣で生きるものは銃/剣で死ぬ。
 | 총/검으로 사는 사람은 총/검으로 죽는다.

上下概念では表せない手段概念が強くなるため、英語では 'on' ではなく 'by' が選択される：

(8)′ The person who lives *by* the gun/sword dies *by* it.

確かに、1.3.2.1.で論じた「上/위」の空間関係付け(spatial relations)は格助詞「で/에서」において想起されるプロトタイプ的概念の一つであり、一見、それは「で/에서」と共起する名詞の指示物の機能面に拠っているように見える。例えば(9)が示すように、

(9)
 | 机で勉強する。
 | 책상에서 공부한다.

その意味は(9)′ である。

(9)′
 | 机の上/?下/?横/?そば/?中で勉強する。
 | 책상 위/?아래/?옆/?근처/?안에서 공부한다.

けれども、(10)の意味は、

$(10)\begin{cases} 洗濯機の\underline{上}で勉強する。\\ 세탁기 \underline{위에서} 공부한다. \end{cases}$

次の(10)′ にはならない。

$(10)′\begin{cases} *洗濯機\underline{で}勉強する。\\ *세탁기\underline{에서} 공부한다. \end{cases}$

次の例は例外的に見えるが、

$(11)\begin{cases} ベッド/寝床\underline{で}読書する。\\ 침대/잠자리\underline{에서} 독서한다. \end{cases}$

ベッド/침대や寝床/잠자리はしばしば読書を中心とした知的活動に使われる場所空間であるため、(9)と同様にあえて(11)′ という必要はない。

$(11)′\begin{cases} ベッド/寝床の上/中\underline{で}読書する。\\ 침대/잠자리 위/안\underline{에서} 독서한다. \end{cases}$

　つまり、ある行為が行われるための適切な場所である場合、空間関係付けに関する表現は表層には現れず、逆に、そうでない場合は、明示的に言語化されなければならない。すなわち、格助詞「で/에서」に前置される名詞の指示する場所は、言語表現として表層に明示化された場合、上の(11)′ や次の(12)が示すように、必ずしも前出(3)の概念図で表される「接触」概念のみに頼る必要はない（事実(11)′ では「中/안」の読みもある）。そして、前出(1)（＝日本人は米食\underline{で}生活している/일본 사람은 쌀을 주식\underline{으로} 생활하고 있다）は、次のように英語では近接概念を通しても言い換えが可能である。

(1)′ Japanese live *by* eating rice.

次例も同様である。

(12) a. ┤ 図書館でけんかがあった。
      │ 도서관에서 싸움이 있었다.

    b. ┤ 図書館の中/外で喧嘩があった。
      │ 도서관 안/밖에서 싸움이 있었다.

(13) a. ┤ ガソリンスタンドでタバコを吸わないで下さい。
      │ 주유소에서 담배를 피우지 마세요.

    b. ┤ ガソリンスタンドの中/そばでタバコを吸わないで下さい。
      │ 주유소 안/근처에서 담배를 피우지 마세요.

以上のことから、格助詞「で/에서」は(14)のように広い意味での主体と場所の「近接概念」表示語であることが見出される。

(14) 「で/에서」:主体と場所の近接表示助詞

その結果、主体と物体が「近接」して「非対等同伴」の関係を結ぶ場合、日本語の格助詞「で」韓国語の格助詞「로」には、一見、手段概念そのものと捉えられるような事象が発生する。ここで同じ助詞言語でありながら韓国語の場合は、「手段」概念が強く感じられるときには、「에서」ではなく「로」が選択されるのである。

(15) ┤ 彼はスプーンでスープをかきまぜた。
     │ 그는 스푼으로 스프를 저었다.

(15)' He stirred soup *with* a spoon.

また、英語において「手段」概念表示語の代表の一つとされる 'by' の根源概念も「近接場所」であり、歴史上に上記の手段概念を包含する形で概念転移を遂げた(Cf. Lee(1999))。次例参照。

(16) ⎧ John was left *by* the railroad.

⎨ ジョンは鉄道の<u>そば</u>に置き去りにされた。

⎩ 존은 철도 <u>근처에</u> 내버려졌다.

(17) ⎧ John was loved *by* his mother.

⎨ ジョンは母の<u>そばで/に</u>愛された。

⎩ 존은 어머니 <u>곁에서/에게</u> 사랑을 받았다.

　上述してきたことは、次の(18)として図示される。

(18) 格助詞「で/에서・로」の概念的認知プロセス

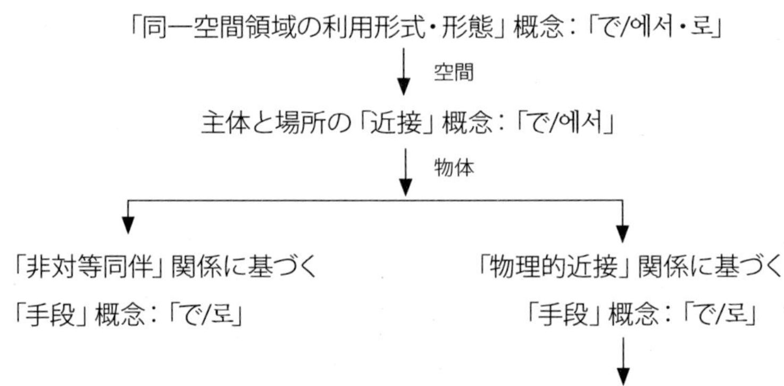

　格助詞「で/에서・로」は「同一空間領域の利用形式・形態」を中核概念とするため、主体と場所の「近接」関係を表示し、更にはその「近接」したある物体をどのようにして主体が「使用・利用」するかという「非対等同伴」関係に基づいた「手段」の意を発生させる、ある種、意味変化と言うべき概念的な認知プロセスのメカニズムを以上の論述から導き出すことができる。

1.3.2.3. 日本語助詞「で」と韓国語助詞「에서·로」の概念的並行性

　1.3.2.1.-1.3.2.2.では各々、格助詞「で/에서·로」が「同一空間領域の利用形式・形態」という概念を内包し、その主体と場所の近接概念に関わる認知プロセスが「で/에서·로」によって表されることを明らかにした。そこで、ここではまず、格助詞「で」の表層的な各種役割に着目し、その意味的分類を行うことによって、「で」と「에서·로」の概念的並行性を考察したい。最初に、1.3.1.に記載した『広辞苑』からの引用を再度掲載する。

　(1) で《助詞》
　　　① 動作の行われる所・時・場合を示す。…において。
　　　　「来年はわが県で行われる」「家の中で遊ぶ」
　　　② 手段・方法・道具・材料を示す。…でもって。
　　　　　「木と紙でできた家」「ペンで書く」
　　　　　「ラジオのニュースで事件を知った」
　　　③ 理由・原因を示す。…によって。…なので。
　　　　「かぜで休む」「火事で全てを失う」
　　　④ 事を起こした所を示す。
　　　　「組合で決めたこと」「君の方で答えてくれ」
　　　⑤ 身分・資格を表す。…として。
　　　　(自作)「生涯一捕手で引退する」
　　　⑥ 事情・状態を表す。
　　　　「ナントきた八、一文なしで出かけよふ」
　　　　「いいかげんな気持ちで言ったのではない」
　　　⑦ 期限・範囲を表す。
　　　　「明日で公演は終わりです」「野球は九人で一チームだ」

⑧　配分の基準を示す。

「1時間で4キロ歩く」

－『広辞苑』(下線筆者)

『広辞苑』に記載された上記の8つの表層的役割は、これまでの検証から、主として、次の3つに意味分類される:

(2)　Ⅰ.「場所・方向」を示す場合

　　　Ⅱ.「で」が名詞のプロトタイプ的道具、もしくは、それに準ずるものを示す場合

　　　Ⅲ.　文全体で「で」の役割が解釈される場合[25]

そして、この中では、(2)のⅠ、つまり、(1)でいう①・④の用例には、

(3)　①　動作の行われる所・時・場合を示す。…において。

　　　a.⎰「来年はわが県で行われる」
　　　　⎱「내년에는 우리 도에서 열린다」

　　　b.⎰「家の中で遊ぶ」
　　　　⎱「집 안에서 논다」

----

[25] このⅢに含まれる意味分類の一つとして『広辞苑』の⑧の用例が具体例として挙げられる。

　(1) 1時間で4キロ歩く

なぜなら、(1)の用例の「1時間で」に「帰る」という動詞句を共起させた(2)では、

　(2) 1時間で帰る。

「配分の基準」が表わされないためである。すなわち、(1)が表す事象は、(3)の図式で考えられてこそ、

　(3) 時間の経過(1時間):移動の距離(4キロ) ＝ 1:4

「配分の基準」が表さるため、文全体で解釈される必要があるのである。

　異言語間に共通する概念研究

④ 事を起こした所を示す。

    c. $\left\{\begin{array}{l}\text{「組合で決めたこと」}\\[2pt]\text{「조합에서 결정한 일」}\end{array}\right.$

    d. $\left\{\begin{array}{l}\text{「君の方で答えてくれ」}\\[2pt]\text{「네 쪽에서 대답해 줘」}\end{array}\right.$

韓国語「에서」が、また、それ以外のⅡ-Ⅲの用例には、「로」が用いられる。なぜ、韓国語では、このような助詞の使い分けが行われるかを明らかにするために、次に(4)-(6)が表す事象に着目する。

    (4) $\left\{\begin{array}{l}\text{太郎は今不安な状態にいる。}\\[2pt]\text{타로는 지금 불안한 상태에 있다.}\end{array}\right.$

    (5) $\left\{\begin{array}{l}\text{太郎は先程不安な状態で出かけた。}\\[2pt]\text{타로는 좀 전에 불안한 상태로 외출했다.}\end{array}\right.$

    (6) $\left\{\begin{array}{l}\text{太郎は今不安な状態でスピーチをしている。}\\[2pt]\text{타로는 지금 불안한 상태에서 스피치를 하고 있다.}\end{array}\right.$

　格助詞「で」に前置される名詞が同一である日本語の例(4)-(6)に関して、[名詞＋「で」]の結合体のみに注目すれば、一見、同じ事象に思われる用例であっても、下線部の日本語助詞は、韓国語ではそれぞれ、「에」、「로」、「에서」と異なる助詞で示される:

    (7) (4)「に」:「에」

        (5)「で」:「로」

        (6)「で」:「에서」

その最たる理由として、(4)-(5)は各々、「太郎が「不安な状態」という「一点」に存在する事象」、「太郎が「不安な状態」と「同伴」する事象」を、また、(6)は「太郎が「不安な状態」の「内部」でスピーチをする事象」を表すことから、

(6)′ $\left\{\begin{array}{l}\text{太郎は今不安な状態の}\underline{\text{中}}\text{でスピーチをしている。} \\ \text{타로는 지금 불안한 상태 }\underline{\text{안에서}}\text{ 스피치를 하고 있다.}\end{array}\right.$

(4)-(6)それぞれの事象は、次の(8)-(10)のような概念図で示されることが挙げられる。

(8) TRが「一点(='at')」のLMに存在する事象：TR 

LM

(9) TRがLMと「同伴(='with')」する事象：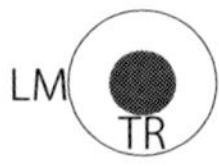
TR　LM

(10) TRがLMの「内部(='in')」という「場所空間」を利用する事象：

LM　TR

それ故、(4)-(6)はそれぞれ、英語の 'at'、'with'、'in' 各々で表示される「一点」概念、「同伴」概念、「内部」場所概念を表すことから、(4)の「無指定の場所」を表す「に/에」は(6)の「同一空間領域の利用形式・形態」を表す「で/에서」に包含される。

(11) 「で/에서」＞「に/에」

その結果、上出(2)の意味分類は(12)のような韓国語との対応関係を持つことから、

(12)　Ⅰ. 「場所・方向」を示す場合：「에서」

　　　Ⅱ. 「で」が名詞のプロトタイプ的道具、もしくは、それに準ずるものを示す場合：「로」

　　　Ⅲ. 文全体で「で」の役割が解釈される場合：「로」

日本語格助詞「で」と韓国語格助詞「에서・로」との概念的並行性を導き出すことができる。このような(12)で表示された日本語・韓国語における概念的な包含関係は、次の(13)が正文として、また、(14)が非文として判断されることからも立証される。

(13) 太郎はどこに｛行って／居て｝、そして、そこで何をしているのか？
타로는 어디에 ｛가서／있고｝ 그리고 거기에서 무엇을 하고 있니?

(14) *太郎はどこで｛行って／居て｝、そして、そこで何をしているのか？
*타로는 어디에서 ｛가서／있고｝ 그리고 거기에서 무엇을 하고 있니?

　つまり、「同一空間領域の限定利用」を行うためには、前提として、その場所に主体が「到達」、もしくは、「存在」していなければならないことから、(11)で示されるように、「で/에서」は「に/에」を含意すると言える。だからこそ、(15)が表す事象は、

(15) 太郎はロンドンで何をしているの？
타로는 런던에서 무엇을 하고 있니?

(16)の主体の「存在」に関わる事象を前提として含意しているため、

(16) 太郎はロンドンに居る。
타로는 런던에 있다.

(17)のような「空間利用」に関わる事象には「に/에」が用いられないのである。

(17) $\begin{cases} \text{*太郎は\underline{ロンドン}に何をしているの?} \\ \text{*타로는 \underline{런던}에 뭘 하고 있니?} \end{cases}$

　このような「で」と「に」の包含関係を考慮した上で韓国語に着目すれば、上記②の「ラジオのニュース\underline{で}事件を知った/라디오 뉴스\underline{로} 사건을 알았다」では「で＝로」であるが、②を言い換えた「ラジオのニュースの中\underline{で}事件を知った/라디오 뉴스 안\underline{에서} 사건을 알았다」では「로」ではなく「에서」が現われることから、「에서」は場所概念表示力を極めて強く持つ助詞であることがうかがわれる。と同時に、「の中で」が単に「で」に姿を変えるとたちまち「로」が現われる現象は、韓国語母国語話者の無意識的意識の中には「場所(＝에서」概念と「同伴(＝로)」概念とがスムーズに入れ替わりうる認知メカニズムが存在することを物語っている。それ故、場所概念と同伴概念は近接関係にあると考えられるわけであるから、この二つがどのようにつながりを持っているのかを明らかにしなければならない。加えて、この同伴概念に関わる「で/로」に関しては、「階層的な」捉え方をする必要があるとも思われる。1.3.1.の注(1)で触れた「風邪\underline{で}会社を休む/감기\underline{로} 회사를 쉰다」を例にとれば、「で/로」が用いられた(18)に関して、

(18) $\begin{cases} \text{風邪\underline{で}会社を休んだ。} \\ \text{감기\underline{로} 회사를 쉬었다.} \end{cases}$

その前提には、風邪によって引き起こされる「寝込む・体調を崩す」などの「状態」が省略されていることから、(19)が表す事象は

(19) $\begin{cases} \text{風邪\underline{で}} \begin{cases} \text{寝込んだ。} \\ \text{体調を崩した。} \end{cases} \\ \text{감기\underline{로}} \begin{cases} \text{몸져 누웠다.} \\ \text{컨디션을 해쳤다.} \end{cases} \end{cases}$

(18)が表す事象を含意する。つまり、「風邪」を同伴する直接的な状態の表示
が、まず、存在する。したがって、「風邪」と「会社を休む」は、言わば論理的には
間接的な結合をなしていると考えれば、日本語「で」、韓国語「로」が共通して、
同伴概念を示しうる現象を適切に捉えることができるのではないかと思われ
る。これらのことを図で表せば、次の(20)になる。

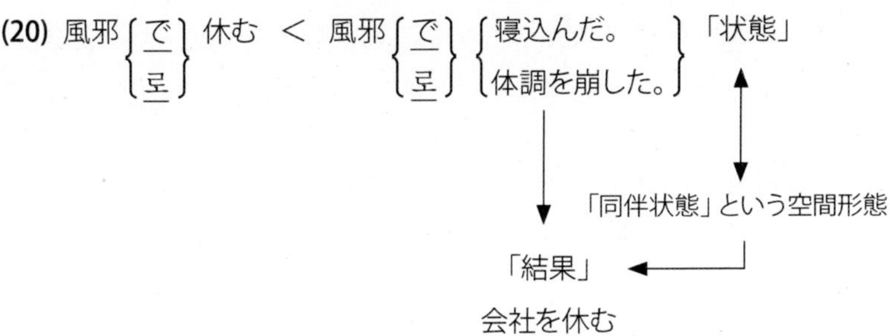

　この章でこれまで扱ってきた助詞「に/에・에게」、「で/에서・로」には続章でさ
らに緻密な観察が必要と思われる。更には、『広辞苑』(1998)の次の記載に見
られる、

　　「で」：平安時代以後用いられ、室町時代「にて」にとって代った。
　　「にて」：格助詞ニに、接続助詞テの付いた文語の格助詞。口語の
　　　　　　　「で」に当たる。多く散文で用いた。

昔の「にて」が今日の「で」と概念的に等価であったのかどうかも確認するよう
な通時的な考察を行う。

　また、日本語と韓国語の助詞に関する課題として以下のものを挙げる。

①「に/에」と「へ/로」の対立

(1) ｛ 太郎は東京に/へ行った。
　　　타로는 도쿄에/로 갔다.

　上の(1)がいずれも正文であるため、「に/에」と「へ/로」は交換可能、つまり「「に/에」＝「へ/로」」の等式が成立するとするならば、次の(2)

(2) ｛ 太郎は東京に行って、いま東京にいる。
　　　타로는 도쿄에 가서 지금 도쿄에 있다.

は(3)と書き換え可能になるはずである。

(3) ｛ *太郎は東京へ行って、いま東京へいる。
　　　*타로는 도쿄로 가서 지금 도쿄로 있다.

　しかしながら、結果は異なり、「*東京へいる/*도쿄로 있다」は許されない。統語的に見れば、確かに以下の無生物主語を用いた(4)、(5)では、

(4) ｛ 郵便局はあの角を曲がったところにある。
　　　우체국은 저 모퉁이를 돈 곳에 있다.

(5) ｛ *郵便局はあの角を曲がったところへある。
　　　*우체국은 저 모퉁이를 돈 곳으로 있다.

「へ/로」は容認不可能な表現として見なされるが、(3)の「太郎」は無生物ではなく、移動する有生物であることから、単に主格項に無生物/有生物どちらの指示名詞が選ばれるのかという観点では、「へ」の概念を明らかにすることができない。つまり、形(form)が異なれば意味(meaning)も異なるという考えに立て

ば、形が異なる両助詞はその意味内容に相違が生じている筈である。そこで、この問題を概念的な観点から観察する。

② 日本語「に」（＝에）と韓国語「를」（＝を）の対立

(1) ⎰ 太郎はタクシーに/*を乗った。
　　⎱ 타로는 택시*에/를 탔다.

(2) ⎰ 太郎は友人に/*を会った。
　　⎱ 타로는 친구*에/를 만났다.

(3) ⎰ 花子は姑に/*をよく仕えている。
　　⎱ 하나코는 시어머니*에/를 잘 섬긴다.

(4) ⎰ 花子は姉に/*をよく似ている。
　　⎱ 하나코는 언니*에/를 많이 닮았다.

数としては少ないが、(1)-(4)における「타다（＝乗る）」、「만나다（＝会う）」、「섬기다（＝仕える）」、「닮았다（＝似ている）」などが常に「를（＝を）」を要求するのは偶発的な条件ではなく、その背景に必然的な知的からくりが存在すると思われる。そこで、これらの課題を明らかにすることを、以下の章で試みる。

第2章

日本語格助詞「で」と韓国語格助詞「에서·로」の概念分析

（その2）

2.0. 日本語「で」と韓国語「로」における「手段」と「場所」の 概念的結びつき

　第1章では、空間表示の日本語格助詞「で」と韓国語格助詞「에서・로」に光を当て、同じ格助詞である「に/에・에게」・「を/를」を比較考察した。そして、「同一空間領域の利用形式・形態」概念を「で/에서・로」が包含し、その中核概念に基づいて表層的な意味が派生する概念的な認知プロセスが存在していることを述べた。このような概念を包含する「で」に対して、同じ空間表示語である格助詞「へ」は、(1)-(2)の記載からもわかるように、

(1) え(へ)《助詞》(格助詞)
　　① 移動性の動作・作用の<u>目標地点</u>・<u>方向</u>を示す。…の方に。…に向かって。(古くは話し手から離れた方のみを指した)

－『広辞苑』(下線筆者)

(2)「(X)へ」の操作子機能は＜Xを移動動作の<u>方向(先)</u>として捉えよ＞という内容のものであり、＜方向＞という具体的意味を「へ」に付与することが可能である。

－ 田中＆松本(1997: 40)(下線筆者)

一般的には、「方向」概念を包含していると考えられている。しかしながら、次の日本語の用例(3)-(4)が表す事象については、それぞれ、

(3) 太郎はペン<u>で</u>生計を立てている。
(4) 太郎は東京<u>へ</u>向かった。

別個の概念体系で捉えられている日本語格助詞「で」と「へ」がそれぞれ用いられるのに対し、韓国語では、次の(3)′-(4)′ で示されるように、

　異言語間に共通する概念研究

(3)′ 타로는 펜으로[1] 생계를 꾸리고 있다.

(4)′ 타로는 도쿄로[2]향했다.

一律的に「로」を用いて各々上例(3)-(4)と同じ事象を表す。つまり、第1章では、通常、プロトタイプ的な「手段・道具」名詞に後続する「로」は、「同一空間領域の利用形式・形態」概念を包含する日本語格助詞「で」と密接な概念的つながりがあり、共起する名詞の指示物が[＋場所]の意味合いを帯びるときには「에서」が、また、[-場所]を示す場合には「로」がその姿を現わすことが見出された。しかしながら、上例(3)′-(4)′が表す異なる事象に、「로」という同一の「容器」(Cf. CONDUIT metaphor(Lakoff and Johnson(1980: 127))が用いられていることから、たとえ、「で」が「同一空間領域の利用形式・形態」として、また、「へ」が「方向」として、各々別領域の事象に区分されることがあっても、従来、別個のカテゴリーとして捉えられてきた「で」と「へ」が部分的に重なり合うような何らかの概念的な結びつきが導き出されるのではないかと想定される。そこで、以下では、まず、第1章で検証してきた空間表示の日本語格助詞「で」と韓国語格助詞「로」が包含する「手段」概念に焦点を当て、「認知言語学的立場から見た場所理論(Cf. Localistic Theory (Anderson(1971)))」の観点から「手段・道具」概念を検証する(2.1.)。そして、導き出された概念メカニズムに基づいて、「で」の概念変化のプロセスとそれに関わる、更なる中核概念を解明し(2.2.)、その後、「手段・道具」概念が如何に「方向」概念と密接な関係を築いているのかを考察することによって(2.3.)、異言語間における更なる概念的並行性を明らかにしたい。

----

1) 韓国語の格助詞「로」は終声のない体言には「로」、'ㄹ'以外の終声のある体言には「으로」が付くが、例文以外の表記では便宜上「로」を代表形に用いることにする。

2) 生物を表す名詞に後続するときには「에게로・한테로」のように格助詞「에게・한테」が付加される。同意で異形態である「에게」と「한테」との間には、前者が文語的で後者はやや口語的という文体上の違いがあるにすぎない。

2.1. 認知言語学的立場から見たLocalistic Theory

2.1.1.「直接道具手段・間接道具手段」と「場所」概念

Anderson(1971: 170-173)では、次の(1)-(3)の用例を挙げ、

  (1) John traveled (from Edinburgh) (to Glasgow) { via / by way of } Stirling.

  (2) John went through Stirling (in order) to travel from Edinburgh to Glasgow.

  (3) John traveled from Edinburgh to Glasgow by going through Stirling.

それぞれが表す事象は、(4)-(6)が表す事象と意味的並行性があることを述べている。

  (4) John stabbed Seymour with a knife.

  (5) John used a knife to stab Seymour.

  (6) John stabbed Seymour by using a knife.

ここで最も重要なことは、(4)が示す「手段・道具」格(＝with a knife)が表す事象は、(1)が示すような「場所」概念(＝via/by way of Stirling)で捉えられる、とする主張である。つまり、(4)-(6)における「主体」/「手段・道具」/「対象物」の関係はそれぞれ、(1)-(3)における「主体」/「経由地」/「目的地」との関係に並行すると考えられることから、Langacker(1991: 217)の 'action chain' (物体が相互にエネルギー伝達を行うことで形成されるネットワークの中で、特に一方的なエネルギーの流れを示す、事態認知に関わるモデル)に従えば、(4)が表す事象は、(1)の物理移動に関わる下図(7)のイメージ・スキーマに基づいた、(8)のようなビリ

ヤード・モデルで描くことができる。

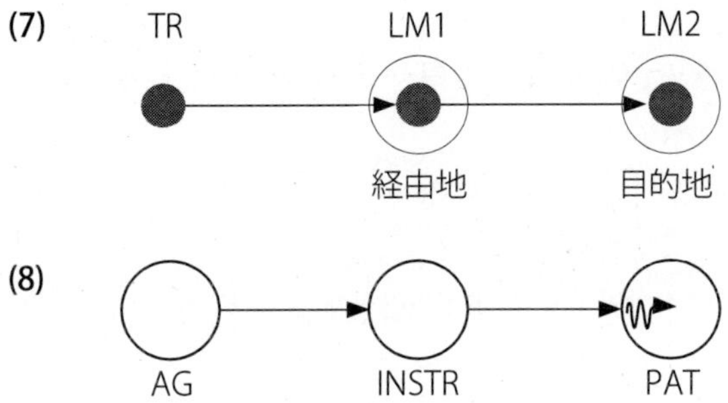

　上図(7)-(8)が示すTR/エネルギー移動の観点に立てば、(4)の 'with a knife' などによって示される「手段・道具」格は、「間接的な場所」の概念で捉えられる。すなわち、「手段・道具」を媒介とした目的遂行概念は、(7)が示す移動概念と重ね合せて考えるならば、次図(9)が示すように、主体から発せられたエネルギーが「道具」を「通り抜けて」対象物に達する、「貫通(THROUGH)」概念で捉えることができる。

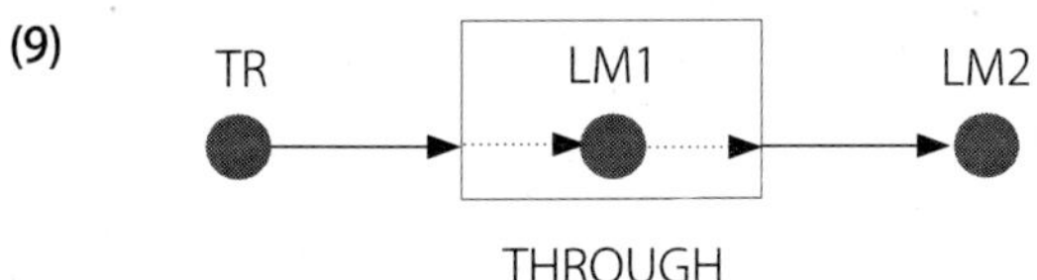

　つまり、この上図(9)の概念図に従えば、上出(4)のような目的遂行概念を表すためには、主体から発せられたエネルギーが「手段」という「抽象的な場所」を「移動通過」する必要があるということ、そして、その結果、「手段・道具」は主体が対象物に影響を与えるための一種の「抽象的経由地」として捉えることができるのである。つまり、次の物理的な経由地を表す次の(10)が、

(10) 　本便は北極経由でフィンランドに向かいます。
　　　이 비행기는 북극 경유로 핀란드에 갑니다.

下例(10)′と意味的に極めて似かよった事象を示すことからも判るように、

(10)′　本便は北極の $\left\{\begin{array}{c}方\\そば\end{array}\right\}$ を通ってフィンランドに向かいます。
　　　이 비행기는 북극 $\left\{\begin{array}{c}방면\\옆\end{array}\right\}$ 을 지나서 핀란드에 갑니다.

「物理的経由地」が主体と「近接」する必要があるのと同様、「抽象的経由地」である「手段・道具」も主体と「近接」する必要がある。したがって、典型的な物理的経由地が'*by* way of'として示されるのに並行して、'knife'を用いた「手段・道具」格は'*by* means of'として表現されることから、双方共、近接概念表示語である'by'がその力を発揮するのである。このような「場所」概念と「道具・手段」概念の密接な関係はLee(1999)に詳しいが、これまで述べてきたことは、次の(11)-(14)′が示すように、それぞれの動詞活用語尾とそれに連続する（助詞の）「て」形、または、動詞派生名詞に後続する助詞が並行することからも支持されるように思われる。

(11) Xを $\left\{\begin{array}{c}経由して\\使用して\end{array}\right\}$ 　　(11)′ X를 $\left\{\begin{array}{c}경유해서\\사용해서\end{array}\right\}$

(12) Xを $\left\{\begin{array}{c}通って\\使って\end{array}\right\}$ 　　(12)′ X를 $\left\{\begin{array}{c}통해서\\써서\end{array}\right\}$

(13) Xを $\left\{\begin{array}{c}経て\\用いて\end{array}\right\}$ 　　(13)′ X를 $\left\{\begin{array}{c}지나서\\이용해서\end{array}\right\}$

(14) X $\left\{\begin{array}{c}経由で\\使用で\end{array}\right\}$ 　　(14)′ X $\left\{\begin{array}{c}경유로\\사용으로\end{array}\right\}$

　異言語間に共通する概念研究

　しかしながら、この場所理論に基づいたAndersonの「手段・道具」概念の分析においては、個々の道具に対しての細部に渡る人間の認識に関する説明が不十分であるように思われる。その理由として、「手段・道具」格に関わる次の日本語、韓国語の例(15)-(16)に関して、

(15)　太郎はきゃたつ｛の上で／を用いて｝シャンデリアをきれいにした[3]。
　　　타로는 접사다리 ｛위에서／를 이용해서｝ 샹들리에를 깨끗하게 했다.

(16)　太郎は言葉｛で／を用いて｝自身の考えを表現した。
　　　타로는 언어 ｛로／를 이용해서｝ 자신의 생각을 표현했다.

それぞれの事象を表すためには、英語では下例(17)-(18)のように表現されることが挙げられる。

(17)　a. Taro cleaned the chandelier (*up*)*on* the stepladder.

　　　b. Taro *used* a stepladder (in order) to clean the chandelier.

　　　c. Taro cleaned the chandelier *by using* [the space (up)on] the stepladder.

(18)　a. Taro expressed his thought *in* language.

　　　b. Taro *used* language (in order) to express his thought.

　　　c. Taro expressed his thought *by using* language.

確かに、「手段・道具」が主体と非同伴関係にある場合、上出(4)(以下(19)とし

----

3) シャンデリアが部屋の天井に設置されている状況設定とする。また、道具格をめぐる諸問題については北林(2001: 51ff)に詳しい。

て再掲載)が示すように、

   (19) John stabbed Seymour *with* a knife.

プロトタイプ的な「手段・道具」格には 'with' が用いられるのは事実である。けれども、上例(17a)、(18a)が示すように、対象となる「道具・手段」が異なれば、それらに関わる人間の認識もさまざまな様相を呈することも、また、事実である。つまり、一言で「手段・道具」と言っても、'with' 以外の前置詞句によって表現される事象も存在するのである。具体的に言えば、前者の(17a)はきゃたつの「上(に接触して)」という場所空間の利用形式・形態が、また、後者の(18a)に関しては、次の(18a′)として表されることから、

   (18) a′. Taro expressed his thought *in the code of* language.
   (太郎は言語という記号体系の中で自分の考えを表現した。)
   (타로는 언어라는 기호체계 안에서 자신의 생각을 표현했다.)

言語を使うということは言語の「記号体系/기호체계」の「中/안」という場所空間の利用形式・形態が示されていることに通じることが見出される。換言すれば、「(手に持って)直接的に目的を遂行する」ような「手段・道具」には 'with' が、逆に、補助的に利用して「間接的に目的を遂行する」ような「手段・道具」には、その他の前置詞句が用いられているということである。その結果、目的遂行のための「手段・道具」に関しては「直接的な道具手段」と「間接的な道具手段」[4]というレベルが存在するにも関わらず、上出(5)-(6)が示す「道具・手段」格(以下(19)-(20)として再掲載、イタリック体筆者)は、

---

[4] 間接的な手段・道具」格は「場所」格と言い換えてもよいが、論旨の展開上、この用法を用いる。

(19) John *used* a knife to stab Seymour.

(20) John stabbed Seymour *by using* a knife.

上例(17b)-(17c)、(18b)-(18c)同様、'use' を用いた場合、その後に続く手段・道具名詞の指示物に関する「直接性」/「間接性」が打ち消されてしまう。そのため、「間接的な」道具・手段を示す(17a)の事象に対し、下例(21)は「手に持って」という「直接的な」道具・手段を指示することが理解できる。

(21) Taro cleaned the chandelier *with* a towel.

(太郎はタオルでシャンデリアをきれいにした。)

(타로는 수건으로 샹들리에를 깨끗하게 했다.)

そして、直接的「手段・道具」格を示す(20)、間接的「手段・道具」格を示す(19)、(17a)は、それぞれ、(19)′、(17a)′ が示すように、

(19)′ John stabbed Seymour *by* means of a knife.

(17) a′. Taro cleaned the chandelier *by* means of the stepladder.

双方共、同じ 'by means of' という前置詞句によって表されることから、直接的であろうが、間接的であろうが、上記で論じた移動行為における「経路」に相当する「抽象的経由地」として概念的に捉えることができる。このような「手段-抽象的経由地」の結びつきは、次の(22)の記載からも支持される[5]。

---

5) OEDにも同様の記載があるが、より簡潔で見やすいことで寺澤 (1999)を用いる。

(22) mean¹ adj.

《1340》<u>中間の</u>, <u>中位の</u>.

ME *men(e)* AF *me*(en)＝OF *meien, moien*(F *moyen*)＜(F *moyen*)＜
L *mediânum*

that is in the middle ∠ *medius* middle ∠ IE **medhyo* − middle

1 《?c1300》∈音楽∋ <u>中声部</u>; <u>中間</u>, <u>中庸</u>.

2 《a1376 *Piers Plowman* A》−《1612 Bacon》仲介者

3 《c1385 Chaucer *TC* 》手段, 方法.

4 《1604 Shak. *MM* 2.2.24》[pl.] 資力 (cf. F *moyens*).

− 寺澤(1999: 876)(《》は初出年)、(下線筆者)

なぜなら、(22)で記されているように、「手段」概念表示語である 'mean' は「中間 (の)、中位 (の)」という原義を持ち、行為者と行為遂行という目的の「仲介」を果たすことを意味しうるからである。それ故、'by means of' は主体が目的地へ移動するための「物理的経由地」を表示する 'by way of' と概念的に並行すると考えられる。

　その結果、下記(23)が示すように、

(23) '*by* means of ' → $\left\{ \begin{array}{c} \text{with} / \text{로} \\ \left. \begin{array}{c} \text{(up)on} \\ \text{in} \\ : \\ : \end{array} \right\} / \text{에서} \end{array} \right\}$ で

'by' で表される近接概念が、利用する手段・道具に関わる人間の認識に応じて、「直接手段・道具」格(='with')/「間接手段・道具」格(＝(up)on、inなど)として具現化されることが把握できる。更に、「直接手段・道具」と「間接手段・道具」が同じ文中に現れる場合、次の(24)が表すように、

(24) Taro cleaned the chandelier *with* a towel (*up*)on the stepladder.

英語ではそれらを表示する前置詞の中核概念の相違に加えて、[直接手段・道具
→間接手段・道具]という語順によって示される。それに対し、日本語、韓国語に
おいては、(24)が表す事象は、下例(25)のように、

(25) 太郎はきゃたつの上<u>で</u>タオル<u>で</u>シャンデリアをきれいにした。
　　　 타로는 접사다리 위<u>에서</u> 수건<u>으로</u> 샹들리에를 깨끗하게 했다.

一様に日本語では近接概念を表示する格助詞「で」、韓国語では直接手段・道
具は「로」、間接手段・道具は「에서」によって表現される。詰まるところ、「手
段・道具」概念に関して、英語・日本語・韓国語から、上記(23)を基盤にした次
の(26)のような概念的な関係を導き出すことができる。

$$
\text{(26) } by\text{ means of - 「で」 - } \begin{cases} \text{「로」} \longrightarrow with \\ \text{「에서」} \longrightarrow \begin{cases} (up)on \\ in \\ : \end{cases} \end{cases}
$$

2.1.2. 「手段・道具」概念と「近接」概念

2.1.1.では認知言語学的立場から見たAndersonの場所理論を基盤に、「直接
手段・道具」・「間接手段・道具」と「経由地」概念との結びつきを明らかにし、
その共通項として「近接」概念が関わっていることを論述した。しかしながら、
この「近接」概念に焦点を絞れば、何も「主体」と「手段・道具」との関係だけに
限らず、更に広い見地で捉えられるダイナミックな「近接」関係を見出すことが
できる。そこで、最初に、先に述べた2.1.1.の(1)、(4)(以下では、それぞれ、(1)-(2)と

して再掲載)が表す事象に着目する。

(1) John traveled (from Edinburgh) (to Glasgow) $\begin{cases} \textit{via} \\ \textit{by way of} \end{cases}$ Stirling.

(2) John stabbed Seymour *with* a knife.

　2.1.1.で論じたように、(1)-(2)が表す事象はそれぞれ、次の(3)-(4)として図示することができる。

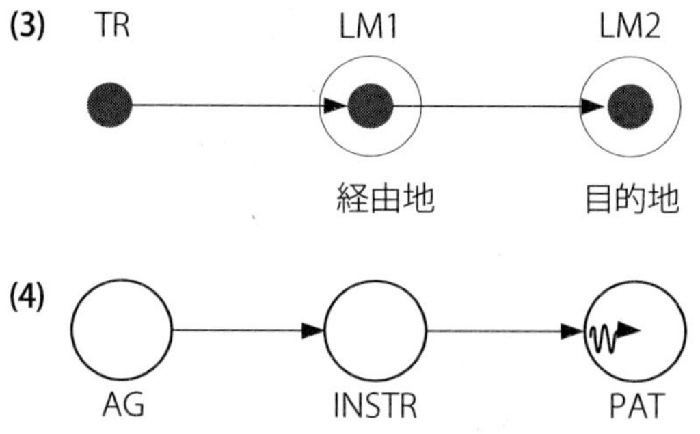

　けれども、Andersonは言及していないが、同じ「移動通過」概念で捉えられる(1)と(2)が表す事象の間には、何も物理的移動・抽象的移動だけでなく、もっと根本的な差異が存在している。結論から言えば、(2)が表す事象を図示化した(4)に関しては、(1)の物理的移動を表した概念図(3)と比較して、概念的に大きく異なったイメージ・スキーマを描く必要がある。なぜなら、前者の(1)は主体のみが移動し、経由地を経て目的地に到達する事象を表しているのに対し、後者の(2)は「手段・道具」そのものが目的行為を行うための対象物に達する事象を表すと考えられるためである。つまり、(1)のような主体の到達点への物理移動に関わる事象においては、「経由地」それ自体が移動することはない。それに反し、(2)においては、「主体」と「手段・道具」が「同伴」して、目的行為に「移動」する事象が表されている。換言すれば、前者は主体が目的地に移動して「近接」す

るのに対し、後者は「主体」と「手段・道具」が「同伴」移動して、目的行為を行うための対象物に「近接」すると考えられる。このような事象はそれぞれ、下図(5)-(6)として図示することができる。

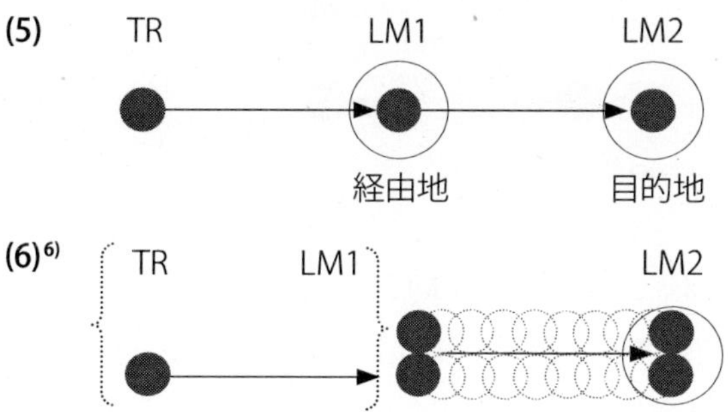

　加えて、この「手段・道具」が対象物に「近接」する目的遂行概念に関して、主体と「非同伴」関係で道具・手段が移動する事例が次の(7)-(8)である。

(7) 彼は銃<u>で</u>敵を撃ち倒した。
　　 그는 총<u>으로</u> 적을 쓰러뜨렸다.

(8) He shot his opponent down *with* a gun.

　一見、(7)-(8)で用いられている「手段・道具」の「銃/총/gun」はそれ自体、何ら移動を行っておらず、移動概念とそれに関わる近接概念の説明が当てはまらないように思われるかも知れない。けれども、下例(7)′、(8)′のいずれも非文となることから、(7)-(8)が表す事象は「銃に弾を込められている」ことが前提となっていることが明白である。

(7)′ *彼は敵を<u>弾を装填していない</u>銃<u>で</u>撃ち倒した。
　　 *그는 <u>장전되지 않은</u> 총<u>으로</u> 적을 쓰러뜨렸다.

(8)′ *He shot his opponent down *with* a gun, *which was not loaded*.

そのため、ここでは次図(9)のように、

(9)   TR   LM1((銃)弾)   LM2

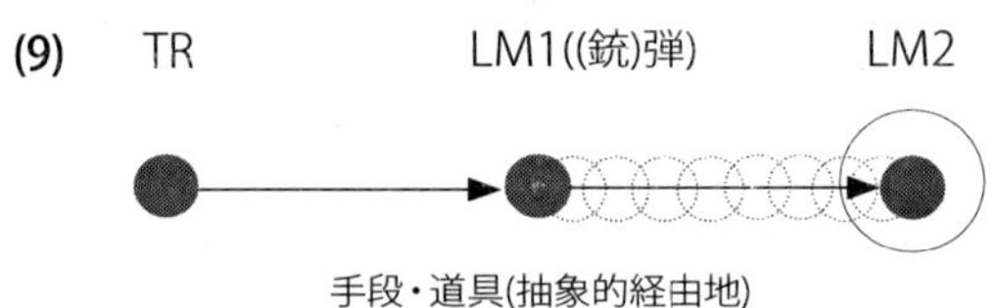

「銃/총/gun」に込められた「弾/탄환/bullet」そのものが主体と「非同伴」の関係で目的遂行に直接的に関係するが、言語上は弾にエネルギー伝達を直接的に与えられる銃が手段・道具表現として表される。これは弾と銃の近接関係に基づくメトニミーである。それに対し、同じ「手段・道具」の概念を表す次の(10)については、

(10) He shot his opponent down with $\left\{ \begin{array}{l} \text{an arrow} \\ \text{?a bow} \end{array} \right\}$.

今まで考察してきた上出(7)-(8)が表す事象に対して、対象物へ実際に向う移動物それ自体が言語化される場合のみ自然な文となる。しかしながら、下記(11)が示すように、

(11) TR————手段・道具 {gun → bullet / bow → arrow}

それはあくまでも、どの「手段・道具」に焦点が当てられるのかという言語化の

違い[6]であって、近接関係に基づくメトニミーの見地に立てば、'bullet'/'arrow'
はTRから与えられたエネルギー伝達の直接媒介であることには何ら変わりは
ない。このような「主体」と「同伴/非同伴」関係で「手段・道具」が目的行為に
移動する「近接」概念メカニズムに従えば、1.3.1.で検証した、表層的には「手
段・道具」概念が感じられない(10)、(58)が表す抽象的事象 (以下それぞれ(12)-
(13)として再掲載) も同様の概念化を図ることができる。

　　(12) 生涯一捕手で引退する。
　　　　 생애 한 사람의 포수로 은퇴한다.
　　(13) 明日で公演は終わりだ。
　　　　 내일로 공연은 마지막이다.

　その理由として、両者はそれぞれ、「生涯一捕手(という状態)」/「생애 한 사
람의 포수(라는 상태)」、「(最終日である)明日(という時)」/「(마지막 날인) 내일(이
라는 시각)」をそれぞれ'STATE IS LOCATION' (状態は位置である) メタファー、
'TIME IS SPACE' (時間は空間である) メタファーの観点から捉え、それらを後
続する動詞句の「引退/은퇴」、「公演の終了/공연의 종료」という抽象的事象の
実現、つまり「変化」を生じさせる「手段・道具」に用いるという概念化を図るこ
とが可能であり、(12)-(13)が表す事象を上図(6)と同じ概念図で描くことができ
るためである (2.2.で詳述)。事実、これまで論述してきた「動詞を用いて示され
る事象遂行のために何かを利用する、その利用の形式・形態」概念に従えば、
上出(12)の日本語用例「生涯一捕手で引退する。」は、次の(14)

　　(14) 引退するためには、生涯一捕手状態という形態をとる。

----

6)「銃・弾/弓・矢」の中で我々の肉眼で捉えられるものは、銃と弾の場合には 銃が、弓と矢の
　 場合にはいずれもその資格があるが、相手を倒すために用いる武器が直接効果をもたらす
　 ものとして「矢」がhighlightingの対象になるということである。

の意を表示し、更には、この(14)で示される「生涯一捕手」という「状態」は下記(15)

(15) 引退するという行為と生涯一捕手(の)状態という形態は同伴状態である。

で表されるように、「引退する」という行為と「同伴」状態であると捉えることができる。つまり、以下(16)

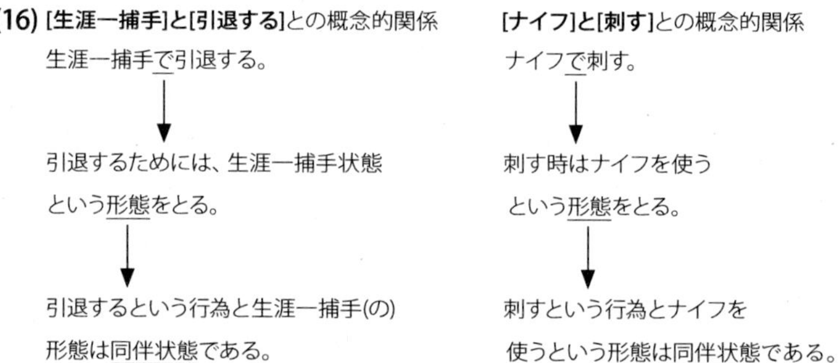

で示されるように、「生涯一捕手で引退する」が表示する事象は、その「生涯一捕手」という項と「引退する」という行為をそれぞれ、「ナイフ」/「刺す」に置き換えても、統語的にも、また「同伴状態」という概念的にも並行した振る舞いを呈することから、「物理的な手段・道具を用いる」事象を基盤にしていることが導き出される:

(17) 生涯一捕手 ——並行—— ナイフ

　　　同｜伴　　　　同｜伴

　　引退する ——並行—— 刺す

だからこそ、上出(13)「明日で公演は終わりだ」も、「で」が表示する「利用形式・形態」概念を基盤に、これまで述べてきた「同伴状態」で解釈することができるのである[7]：

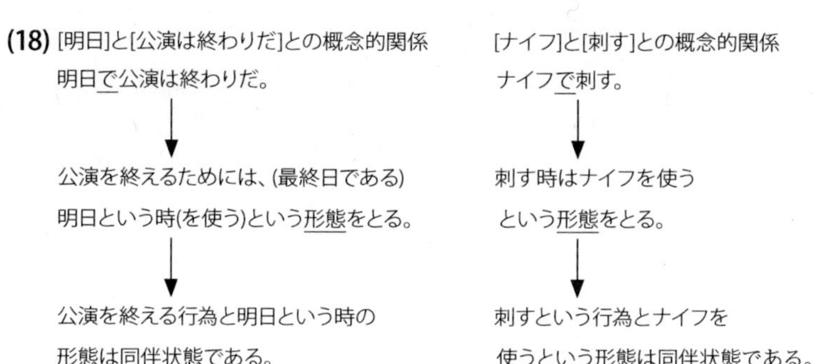

それ故、これまで論じてきた「移動」と「手段・道具」に関わる事象について、下記(19)-(20)が示すように、

----

[7]「で」が表示する、この「利用形式・形態」概念を基盤にした「同伴状態」の概念化は、1.3.1.(1)『広辞苑』の記載で「動作の行われる所・時・場合を示す。」/「手段・方法・道具・材料を示す。」/「理由・原因を示す。」/「事を起こした所を示す。」/「事情・状態を表す。」/「期限・範囲を表す。」/「配分の基準を示す。」としてそれぞれ細分化されていた、「家の中で遊ぶ」/「ペンで書く」/「かぜで休む」/「組合で決めたこと」/「ナントきた八、一文なしで出かけよふ」/「野球は九人で一チームだ」/「1時間で4キロ歩く」各々が示す事象にも当てはまる：
(1) 家の中で遊ぶ。→ 遊ぶためには、家の中にいるという状態の形態をとる。→ 遊ぶという行為と家の中にいるという状態の形態は同伴状態である。
(2) ペンで書く。→ 書くためには、ペンを使うという形態をとる。→ 書くという行為とペンを使うという形態は同伴状態である。
(3) かぜで休む。→ 休むためには、風邪の状態という形態をとる。→ 休むという行為と風邪の状態という形態は同伴状態である。
(4) 組合で決めたこと。→ 決めるためには、組合という形態をとる。→ 決めるという行為と組合という形態は同伴状態である。
(5) 一文なしで出かけよふ。→ 出かけるためには、一文なしという状態の形態をとる。→ 出かける行為と一文なしの状態という形態は同伴状態である。
(6) 野球は九人で一チームだ。→ 一チームにするためには、九人という状態の形態をとる。→ 一チームにする行為と九人という状態の形態は同伴状態である。
(7) 1時間で4キロ歩く。→ 4キロ歩くためには、1時間という時(を使う)という形態をとる。→ 4キロ歩くという行為と1時間という時(を使う)という形態は同伴状態である。

(19) 移動：TR自体の位置変化

(20) 手段：対象物の状態変化

位置と状態の違いはあるが、いずれも「変化」概念を表すこと及び「経由」概念
が存在するという点において、類似したイメージ・スキーマで捉えることが可能
である。その結果、たとえTRが「手段・道具」と「同伴・非同伴」する2種類の事
象が想起されても、次の(21)-(22)が示すように、

(21) John went to Boston { *by way of* / *via* } New York.
（N.Y.を<u>経由点</u>として）

(22) John read the novel { *by way of* / *via* } an English translation.
（英訳を<u>媒介</u>として）

概念的にはTRから対象物にエネルギー伝達を行う「中間・媒介物」として見な
されることから、「手段・道具」は物理的「経由地」概念と並行していることが
見出されるのである。したがって、英語において 'with'、'by' が用いられる場合、
それらに後置される名詞句の指示物には何らかの近接関係が必ず潜んでいる
のと同様、日本語格助詞「で」、韓国語格助詞「에서・로」においても、それに前
置される名詞句には、「主体」と「手段・道具」、もしくは、「手段・道具」と目的
遂行を行うための「対象物」が「近接」する概念が見出される。すなわち、「近
接」概念表示語である日本語格助詞「で」、韓国語格助詞「에서・로」と、それと
共起する名詞句によって構成された結合体は、主体が到達点である対象物に
力を伝達するための「抽象的経由地」として「移動通過・貫通」概念を指し示
しながらも、同時に、主体と「同伴」して目的達成にエネルギー伝達を行う「手
段・道具」概念として捉えることができるのである。

2.2. 概念変化のプロセスと「限定」概念

　日本語格助詞「で」は時に「でもって」、「にて」で言い換えることがある。韓国語格助詞「에서·로」には「でもって」、「にて」に対応する表現はないが、「でもって」、「にて」の概念を把握し、「で」の概念をより明確にすることによって、これまで述べてきた「で＝에서·로」という等式における「에서·로」の概念をより明らかにすることを試みる。加えて、「でもって」は「を用いて・使って」という使用概念を内包する表現と意味的に共有しあう部分があり（なお、「を」は後章で詳述）、同時に「でもって」は時に「にて」で言い換え可能であり、さらに「にて」は存在場所を意味する「に在って」とも意味的に等価であることから、究極的には「で」が「使用」と「場所」の両概念と極めて密接なつながりを持っていることを実証する。なお、「でもって」と存在場所に言及する「に在って」に関しては、日本語では「で」に収束するが、韓国語では「로」ではなく「에서」とつながること、及び、言語表現の数が「で：에서·로＝1：2」となることについては後章で後述する。

2.2.1. 日本語における「でもって」・「をもって」・「にて」に見られる「で」の概念変化のプロセス

最初に、1.3.1.(1)で記載した『広辞苑』⑧の用例を(1)として再掲載する。

(1) 1時間で4キロ歩く。

　上例(1)が表す事象(⑧配分の基準を示す「で」(『広辞苑』)に何故、格助詞「で」が用いられているのかを明らかにするためには、第1章でも論じたように、「1時間」という時間名詞との表層的な結合に着目するのではなく、文全体から

の解釈に目を向ける必要がある。つまり、(1)は下例(1)′と意味的に等価であり、

$$(1)'\ 1時間\left\{\begin{array}{l}\underline{に}\\\underline{につき}\end{array}\right\}4\text{km}の\left\{\begin{array}{l}\underline{割(合)}\\\underline{比}\end{array}\right\}で歩く。$$

かつ、(1)′の格助詞「に」(「につき」の「就き」はツキテの音便形、『広辞苑』)が、次の(2)のように記載されていることから、

(2)　「に」《助詞》[8]

　　① (格助詞) 時間的・空間的・心理的なある点を指定するのが原義で、多くは動作・作用・存在を表す語に続いて使われる。

　　❶⑯ 比較・対照・組合せ・割合などの基準を示す

－『広辞苑』(下線筆者)

(1)の格助詞「で」は「割(合)・比」の意を表していることが理解できる。そして、(1)の表す事象が次例(1)″のようにも示されることから、

$$(1)''\ 1時間\left\{\begin{array}{l}\underline{に}\\\underline{につき}\end{array}\right\}4\text{km}の\left\{\begin{array}{l}\underline{割(合)}\\\underline{比}\end{array}\right\}\underline{でもって}歩く。$$

ここでもやはり、「割(合)・比」の意を表す「で」が「手段・道具」概念を包含していることを再確認することになる。その理由として、上例(1)″の「もって」は次の(3)として記載され、

---

8) この『広辞苑』の「に」の欄に記載されている次の(1)に関しては、

　　(1) 万に一つ

　やはり、「に」が根源的には「場所」概念を包含することから、「万」という「場所」に「一つ」が存在する事象(＝「万のなかにひとつ」、時に万一 (まんいち/まんいつ)、『広辞苑』s.v. まん・いち) が表されていると考えられる。

　異言語間に共通する概念研究

(3) もっ・て[以て](モチテの音便)

－ ibid(下線筆者)

更に、この「モチテ」が下記(4)のように記載されており、

(4) もち・て[以て](動詞モツ(持)の連用形に助詞テのついたもの)

－ ibid(下線筆者)

「もって」が「持つ」に由来していることが挙げられる。すなわち、我々が日常、ある対象物を「持つ」典型的な目的の一つは、次の(5)で記されているように、

(5) も・つ[持つ]
　　⑥ 使う。　用いる。

－ ibid(下線筆者)

それを「使う」ことであると考えられるため、この「もって」に関しては、下記(6)のような「手段・道具」概念に関わる意味変化の過程を想定することが可能である。

(6) 持つ ⇒ 用いる ⇒ 以る(もちいる)

しかしながら、この「以て」に関しては、次の(7)が示すように、

(7) もっ・て[以て](モチテの音便)
　　① 助詞「を」から続く。
　　　　㋐ 手段・方法・材料などを示す。…によって。…で。「書面をもって通知する」
　　　　㋑ 原因・理由を示す。…によって。…のために。「博学をもって聞こえる」
　　　　㋒ 動作の行われる時を示す。…に。「八月十五日をもって行ふべきなり」

－ ibid(下線筆者)

格助詞「を」と結合した形の「をもって」が典型的な姿であると言える。つまり、この「を」が、(8)の示すような

(8) お(を)《助詞》
　② (格助詞) 体言またはそれに準ずるものを受ける。
　　❶ 他動的意味をもつ動詞に対し、その動作・作用をうけるもの、その作用によって作り出される<u>目的語を明確に示す</u>。

— ibid(下線筆者)

他動的意味を持つ動詞と共起する「対格表示助詞」であることを念頭に置くならば、「をもって」は、下記(9)で示されるように、それに前置する「名詞指示物を使って・を用いて」という意に相当することが見出される。

(9) 「をもって」＝「を以て」＝「を使って・用いて」

　それ故、上記(7)のそれぞれの用例(以下それぞれでは、(10)-(12)として再掲載)が表す事象については、

(10) 書面<u>をもって</u>通知する。
(11) 博学<u>をもって</u>聞こえる。
(12) 八月十五日<u>をもって</u>行ふべきなり。

下線部分を「を使って・用いて」に置き換えた下例(10)′-(12)′の場合、

(10)′ 書面を { 使って / 用いて } 通知する。

(11)′ ?博学を { 使って / 用いて } 聞こえる。

(12)′ ?? 八月十五日を ｛使って／用いて｝ 行ふべきなり。

(11)′、(12)′ は表現上において幾分不自然となるが、概念的な見地に立てば、「手段・道具」概念で捉えることができるのである。更に、上例(10)-(12)が表す事象は、「にて」を用いて次例(10)″-(12)″のように表示することも可能である。

(10)″ 書面<u>にて</u>通知する。

(11)″ 博学<u>にて</u>聞こえる。

(12)″ 八月十五日<u>にて</u>行ふべきなり。

この「にて」に関しては、『広辞苑』で次の(13)として記載され、

(13) にて《助詞》格助詞ニに、接続助詞テのついた文語の格助詞。
    ① <u>時・所・場所</u>を示す。
    ② <u>手段・材料</u>を示す。
    ③ <u>原因・理由</u>を示す。

– ibid(下線筆者)

かつ、その意味分類が、下記(14)のように、それぞれ前出(7)(＝「もって」)の記載と全く同一であることから、

(14) (13) ① 時・所・場所を示す。　＝ (7) ⑦ 動作の行われる時を示す。
     (13) ② 手段・材料を示す。　＝ (7) ⑦ 手段・方法・材料などを示す。
     (13) ③ 原因・理由を示す。　＝ (7) ⑦ 原因・理由を示す。

「もって」と同じ概念を包含していることが理解できる。そして、格助詞「にて」は、上の(13)で示されているように、「場所」概念を包含する格助詞「に」と

接続助詞「て」の結合体であるため[9]、(10)″-(12)″の下線部はそれぞれ、下例 (10)‴-(12)‴で表されるような「～に在って」に置き換えることができる。

 (10)‴ 書面に在って通知する。
 (11)‴ 博学に在って聞こえる。
 (12)‴ 八月十五日に在って行ふべきなり。

その結果、ここでの「に」は、次の(15)で表されるように、

 (15) 「に」(「場所」概念)＝「～を使って・用いて」(「手段・道具」概念)

「～を使って・用いて」と概念的なつながりを持っていることから、「場所」概念が「手段・道具」概念と密接に結びついていることが導き出される。この概念的なつながりは、「手段・方法」の意を表すとされた上出(12)の「をもって」について、「八月十五日」が「時間的場所」として捉えられるため、次の(16)のように、根源的には場所表示語である格助詞「に」と置き換えても自然な表現となることからも支持される。

 (16) 八月十五日に行ふべきなり。

それ故、前出(10)-(12)が表す事象は「場所」的な意を呈すると考えられ、「をもって」の代わりに、「を使って・用いて」を適用した前出の用例(10)′-(12)′(以下に再掲載)は幾分不自然な表現として判断される。

---

9) (10)″-(12)″の「にて」は「において」(＝「に於て」)とも言い換えられ、下の記載のごとく、一層「場所」概念が強く感じられる。
 おいて[於て]
 (オキテの音便形。漢字の「於」の字の訓読によって生じた語。「に於いて」の形で格助詞的に用いる)
 ① 場所を示す。…のところにあって。…のなかで。
 ② 時間を示す。…のときに。
－(『広辞苑』)

(10)′ 書面を ｛使って／用いて｝ 通知する。

(11)′ ?博学を ｛使って／用いて｝ 聞こえる。

(12)′ ?? 八月十五日を ｛使って／用いて｝ 行ふべきなり。

　但し、(10)′ の用例のみが自然な表現として見なされる理由は、「を使って・用いて」と共起する名詞指示物の概念に拠っている。つまり、「書面」という名詞指示物自体は「場所」的な意味が薄いため「を使って・を用いて」に前置させることができるが、「八月十五日」という名詞指示物の概念は、上出(16)でも述べたように、「時間的場所」として見なされることから、それと共起させることができない。その結果、「博学」の指示物は「手段・道具」とも「場所」とも捉えることができないため、「を使って・用いて」を共起させた場合、「八月十五日」のそれよりも容認度は上がるが、「書面」ほど自然な表現とは見なされないと考えられる。すなわち、名詞の指示物がもともと持っている概念と「に」という「場所」、もしくは、「を使って・用いて」が表す「手段・道具」と概念的に整合するのかしないのかという、結合的な強さが関係すると言える。したがって、ここまでの検証から、格助詞「で」は次の(17)で示されるような

(17) 「で」←「をもって」←「にて」

「場所」から「手段・道具」への概念変化のプロセスを想定することが可能であり、その発生起源に関しても、「にて」・「もちて」がそれぞれ、(18)-(19)と記載されているように、

(18) 万<u>三</u> みやこに<u>て</u>誰が袂をか我が枕かむ

(19) 万<u>七</u> 我が紐を 妹が手<u>もちて</u>結八川(ゆうやかわ)

– ibid(下線筆者)

「万葉集」、つまり、「仁徳天皇皇后の歌といわれるものから淳仁天皇時代の歌(759年) まで約350年間の長歌」(『広辞苑』)で使われていたのに対し、「で」が、(20)で示されるように、

(20) 「で」： 平安時代以後用いられ、室町時代「にて」にとって代わった。

– ibid

「平安時代」以後に用いられるようになったことからも支持される。

2.2.2. エネルギー伝達の観点から見た「選択限定」概念

2.2.1.では、(1)が示すように、

(1) 「で」←「をもって」←「にて」

格助詞「で」は「手段・道具」概念を包含するが故に、「を使って・用いて」という意を持つ「をもって」で表され、更に、根源的には「場所」を示す「にて」と概念的なつながりがあることを論じた。しかしながら、対格表示助詞である「を」と「手段・道具」概念を包含する「もって」との結合体である「をもって」に焦点を当てるならば、(1)で示した「で」のより一層詳細な発生起源の考察が可能となり、かつ、2.1.で論述した「経由地」概念を基盤にした「手段・道具」の「近接→同伴」に基づいて、「で」が包含する更なる概念検証を行うことができると思われる。そこで、まず、前出2.2.1.で挙げた用例(10)(以下(2)として再掲載)に着目する。

(2) 書面をもって通知する。

　この「をもって」を用いた(2)が表す事象に関して、2.2.1.では、「もって」、つまり、「持つ」が「使う・用いる」概念を表すため、(2)′ としてパラフレーズしても意味的に等価であることが理解できた。

(2)′ 書面を $\left\{ \begin{array}{l} \underline{使って} \\ \underline{用いて} \end{array} \right\}$ 通知する。

　けれども、(2)の「書面」が通知されるためだけの対象物であると考えるならば、「をもって」は、(3)で表示されるように、「でもって」で表すことが可能となる。

(3) 書面でもって通知する。

　すなわち、上例(3)はある限定したものを選択して使う事象を表すことから、「でもって」は、(4)で示されるような「通知に使用するいくつかの方法のうちから使用対象物の選択限定（以下、単に「限定」と表記）」概念を包含していると言える。

(4) 「でもって」：[限定したあるもの]＋[それを使って]

　この「でもって」に関しては、1.3.1.(1)の②で記載されていることからも判るように(以下(5)として再掲載)、

(5) 「で」② 手段・方法・道具・材料を示す。　…でもって。

－ ibid(下線筆者)

一般に「で」と置き換え可能とされる。しかし、「でもって」が上記(4)として定義されることから、「それを使って」という「使用」概念表示語の「もって」が表記上

省略された後の「で」にも、下記(6)が示すように、

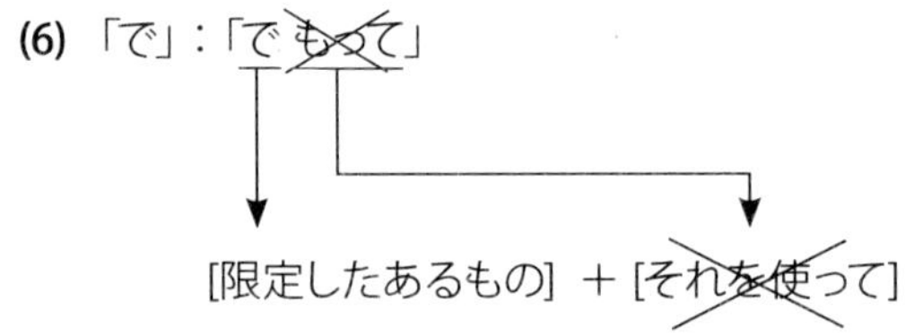

「使用」の概念が転移し、「限定」概念と共起していると考えられる[10]。それ故、格助詞「で」は、「ナイフ」や「鉛筆」といったプロトタイプ的「手段・道具」名詞と共起しやすいと想定される。その結果、「でもって」・「で」共に「限定」概念を包含するため、2.2.1.の(10)-(12)(以下(7)-(9)として再掲載)に関しては、

(7) 書面をもって通知する。

(8) 博学をもって聞こえる。

(9) 八月十五日をもって行ふべきなり。

次例(10)-(12)が示すように、「書面」・「博学」・「八月十五日」という名詞指示物に「限定」概念を付与する場合、「をもって」の代わりに「でもって」・「で」の使用が必要となる。

---

10) 格助詞「で/에서・로」が「限定」概念を包含していることは、次の(1)が表す事象からも立証される。

(1) 私はここへ車でやって来た。
　　나는 여기에 차로 왔다.

なぜなら、(1)は言外に、例えば(1)'のようなニュアンスを含んでおり、

(1)' 私はここへ徒歩ではなく、車でやって来た。
　　나는 여기에 걸어서 온 것이 아니고 차로 왔다.

他の移動手段ではなく、「車」に「限定」してやって来た事象が示されるためである。

(10) 書面 { でもって / で } 通知する。

(11) 博学 { でもって / で } 聞こえる。

(12) 八月十五日 { でもって / で } 行ふべきなり。

　また、1.3.1.(1)における格助詞「で」を用いた①-⑧の各々の用例に「でもって」を用いた場合、下例(13)-(20)が示すように、

(13) 来年はわが県でもって行われる。家の中でもって遊ぶ。

(14) 木と紙でもってできた家。ペンでもって書く。
　　　ラジオのニュースでもって事件を知った。

(15) かぜでもって休む。火事でもって全てを失う。

(16) 組合でもって決めたこと。君の方でもって答えてくれ。

(17) 生涯一捕手でもって引退する。

(18) ナントきた八、一文なしでもって出かけよふ。
　　　いいかげんな気持ちでもって言ったのではない。

(19) 明日でもって講演は終わりです。野球は九人でもって一チームだ。

(20) 1時間でもって4キロ歩く。

全て容認可能になる[11]。更に、前出2.2.1.(1)′ (以下(21)として再掲載)が表す事象については、

---

11) 本文(15)(以下(1)として再掲載)の表現に関して、

　(1) ?かぜでもって休む。・?火事でもって全てを失う。

現代口語の観点に立てば、容認度の揺れを引き起こすかもしれない。その理由として「かぜ」・「火事」の指示物が主体の意志で起こせるものではないのに対し、それ以外の(13)-(14)、(16)-(20) の「でもって」に前置する名詞指示物は使用する対象と見なされ、主体の意志と多分に関与することが挙げられる。

(21) 1時間 { に / につき } 4kmの { 割(合) / 比 } で歩く。

上例(20)と重ね合わせて考えるならば、次例(22)が表すように、

(22) 1時間 { に / につき } 4kmの { 割(合) / 比 } でもって歩く。

「で」が表示する「割(合)・比」概念は、「でもって」が示す[「限定」＋「使用」]概念をその基盤としていることが把握できる。その結果、2.1.1.で論じ、本セクション(1)で記した「で」の発生起源(以下(23)として再掲載)に関して、

(23) 「で」←「をもって」←「にて」

詳しくは、次の(24)のような概念変化のプロセスを想定することができる。

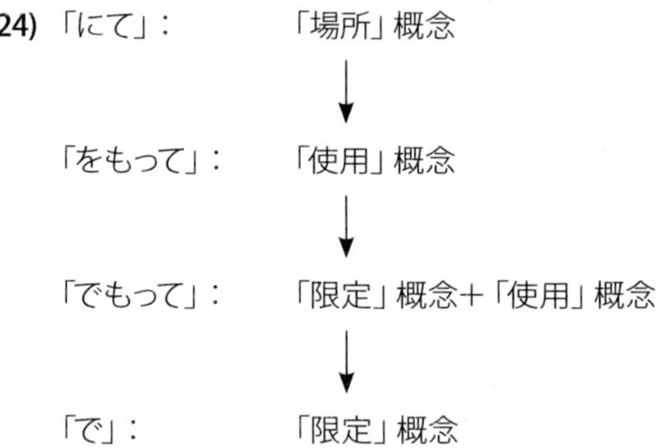

　そして、2.1.で論述した「手段・道具」を抽象的「経由地」として捉え、それがTR(行為者)と「同伴・非同伴」して対象物に「近接→同伴」するエネルギー伝達の見地に立てば、このような、上記(24)が示す概念変化のプロセスを背景に持つ、「限定」概念表示語である「で」は、次の(25)で示されるような「使用対

象物」と「目的」との概念的関係の観点から理解することができる。しかしながら、上出(10)‴-(12)‴で用いられている場所概念を表示する「に」に関して、(15)では「手段・道具」概念をも表示すると述べたが、この概念体系では一見これまで論じてきた「に」の「無指定の場所・空間における単なる存在位置」概念と相容れなくなってしまう。第5章(5.2.2.3.)で詳述するが、この「に」と「手段・道具」概念とのつながりの背後には、実は「で」が存在しているのではないかと考えられる。

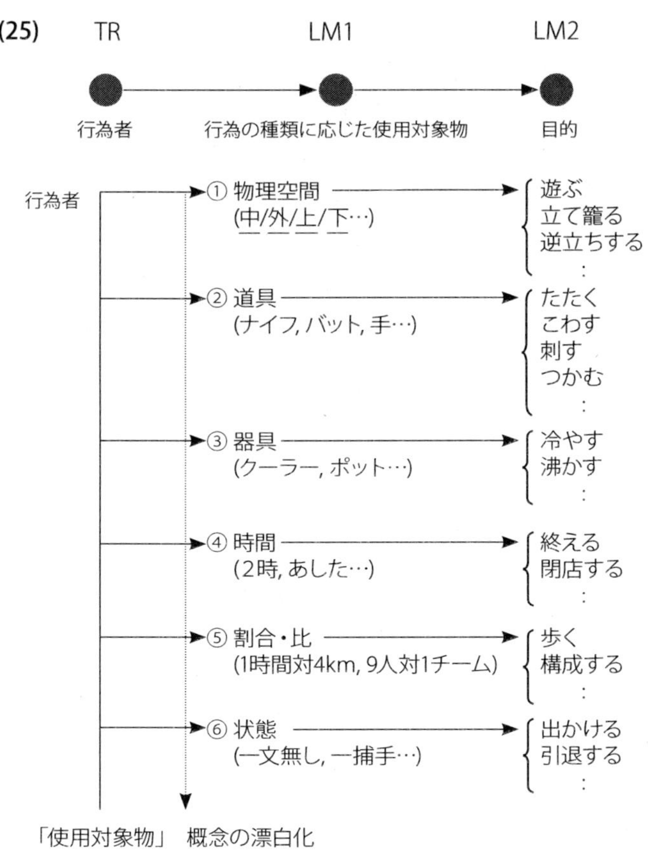

詰まるところ、上記の①「物理空間」、②「道具」、③「器具」、④「時間」、⑤「割合・比」、⑥「状態」を表す名詞はそれぞれ、下例(26)-(31)が示すように、

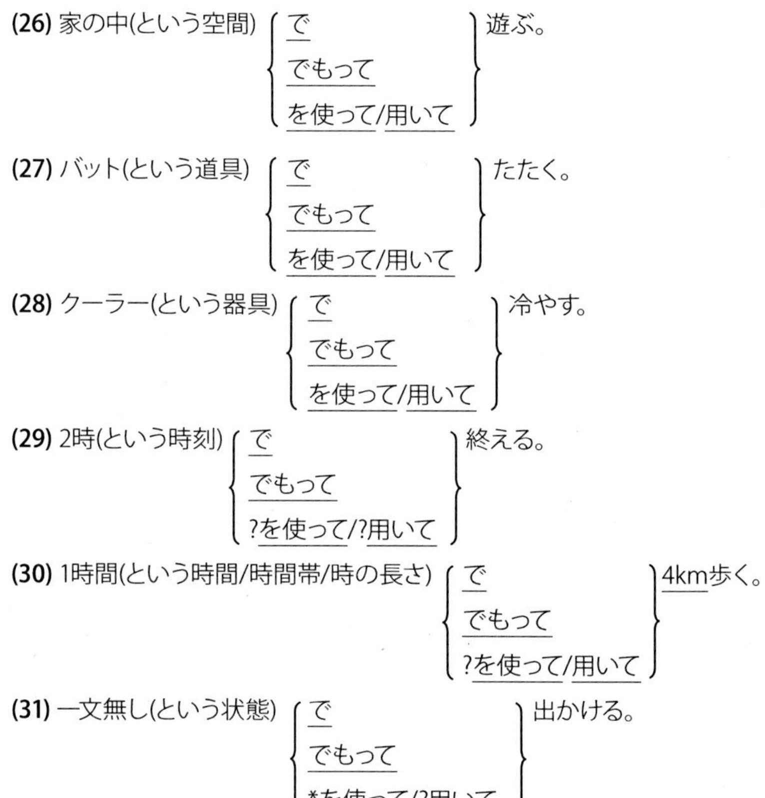

①から⑥に移るに従って、「手段・道具として使う・用いる」ための対象物としての意識が我々の中で薄れていくことが見出される[12]。けれども、同時に、それらは格助詞「で」と共起することによって「限定」され、主体に同伴することによって、それを遂行するために使用される対象物として捉えられていることが導き出されるのである。

2.2.3. 再び韓国語格助詞「에서」と「로」

これまでの検証で、日本語格助詞「で」には基本概念として「使用・限定」概念が存在することが確認された。したがって、言語形式の相違を超えて、外界を知覚するのは同じ人間であるという立場に立てば、これまでの論述から、「で」に相当する韓国語格助詞「에서」・「로」にも同一概念が存在すると想定されるはずである。また、「에서」・「로」に関しては、(1)(2.1.1.(16)、(25)など参照)に見られるように、

> **(1) a.** 타로는 접사다리로 샹들리에를 깨끗이 했다.
> 　　　（太郎はきゃたつでシャンデリアをきれいにした。）
> 　　 **b.** 타로는 접사다리 위에서 샹들리에를 깨끗이 했다.
> 　　　（太郎はきゃたつの上でシャンデリアをきれいにした。）

明白な場所(＝「上で/위에서」)表示には「에서」、単なる物体としての手段・道具表示には「로」が使い分けられる。ただし、複数個の「로」が単文に現れること

---

12) 但し、時には、次例(1)、(2)が表すように、
　　(1) ポットでたたいた。
　　(2) ナイフで土を掘った。
　　道具に関して我々が意識の中に持つフレーム(frame)を超えて、それがプロトタイプ的な使用方法ではなく、別のジャンルで使われることもある。

は許されない。

　一つの目的達成行為に複数個の異なる手段・道具が存在していることが不自然であることがその理由であるが、この規則は日本語、英語にも当然当てはまる[13]：

　　(2) a. *太郎はタオルで<u>きゃたつで</u>シャンデリアをきれいにした。
　　　　b. *타로는 수건<u>으로</u> 접사다리로 샹들리에를 깨끗이 했다.
　　　　c. *Taro cleaned the chandelier *with* a towel *with* the stepladder.

これら二つの助詞(及び日本語「で」)と概念表示との関係は、次の(3)としてまとめられる。

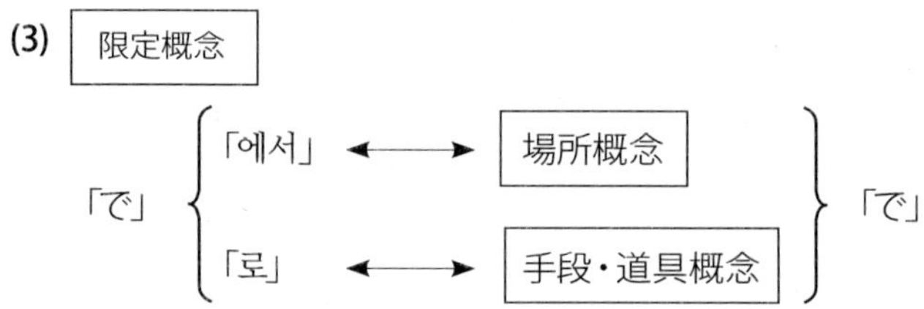

　しかしながら、場所表示表現(例えば、(1)bの「타로는 접사다리 <u>위에서</u> 샹들리에를 깨끗이 했다」)がまず存在し、それが「에서」を選択させるわけではない。話し手の頭の中できゃたつを場所概念として捉える意識が働けば、(4)が発話されることもある。

　　(4) 타로는 접사다리<u>에서</u> 샹들리에를 깨끗이 했다.
　　　　(太郎はきゃたつで<u>シャンデリア</u>をきれいにした。)

　(4)の聞き手は、「에서」から「きゃたつの場所概念」として「きゃたつの<u>上</u>に立

---

13) この規則に関してはFillmore(1968)、Anderson(1977)など参照。

つ太郎の姿」を想像することになり、ここに話し手と聞き手の相互理解が成立することとなる。(3)図において矢印が助詞と概念の両方を指しているのはこのような意味からであり、(3)図は話し手聞き手の両方の立場を表すものである。「風呂場で洗濯する」、「部屋で遊ぶ」、「砂浜で遊ぶ」、「ベッドで寝る」などのように、「風呂場・部屋」、「砂浜・ベッド」の指示物が場所空間（前二者は内部空間、後二者は上部空間）を持っていることが私たちの意識の中の知識体系の中に明確に組み込まれている場合以外に、本来場所空間を持たない「きゃたつ/접사다리」のような物体でも上出(4)が示す太郎の行為と結びついて「접사다리에서」と表されると、そこに場所空間を想起するという言語とその使用者との意味のあるつながりが生ずる。もう少し「에서」と「로」について論じるなら、次のようになる。私たちが日常生活で、ある行為を遂行しようとする時、その行為を容易にするための何かを使用することが多い。ある行為を仮に「지붕에 올라가다(＝屋根にのぼる)」こととすると、それを容易にするために存在する多くのもの（例えば、たてとい（をよじのぼる）、ロープ、はしご、きゃたつなど）の中から、（その場の状況に応じて）「きゃたつ」なら「きゃたつ」を選択する。ここに、「複数のものの中のあるものを限定する」選択行為が生ずる。その「きゃたつ」そのものを手段・道具として用いるなら「접사다리로 지붕에 올라가다 (＝きゃたつで屋根にのぼる) 」が発話されるし、また「상들리에를 깨끗이 하다 (＝シャンデリアをきれいにする) 」行為を容易にするために複数の場所空間（例えば、テーブル、机、人の肩、きゃたつなど（の上部空間）の中から「きゃたつ」を限定選択すると上の(4)が発話されることになる。これら二つの異なる行為（＝屋根にのぼる、シャンデリアをきれいにする）に使用される限定選択対象を日本語では「で」一語、韓国語では「에서」・「로」二語で表すのは表記上の違いであるに過ぎず、重要なことはこれら三つの助詞は「使用・限定」概念を共有しあっているということである。このような理由から話し手聞き手の意識の中に、どうしても場所概念を想起させることが不可能な状況を指す(5)のような文

(5) *칼에서 타로는 샹들리에를 깨끗이 했다.

　　(ナイフで太郎はシャンデリアをきれいにした。)

は非文となり、また(5)の「칼/ナイフ」に具体的な場所表現を加えた次の(6)

(6) *칼 위/아래/안에서 타로는 샹들리에를 깨끗이 했다.

　　(ナイフの上/下/中で太郎はシャンデリアをきれいにした。)

も当然、非文となる。これら(5)-(6)には言語とその使用者との意味のあるつなが
りは何ら見出せない。つまり、(5)-(6)は語用論(pragmatics)の域を越えた容認不
可能な文として排除されることになる。

2.3. 「手段・道具」概念と「方向」概念との結びつき

　2.2.で明らかになった「限定」概念を包含する格助詞「で」は、韓国語では、手段表示助詞である「로」で表される：

　　(1) ｛ ナイフで刺す。
　　　　 칼로 찌른다.

けれども、2.0.でも述べたように、この韓国語格助詞「로」は同時に、日本語格助詞「へ」に当たる方向表示助詞としても用いられる：

　　(2) ｛ 東京へ向かう。
　　　　 도쿄로 향한다.

一般に、日本語格助詞「で」と「へ」はそれぞれ別個の意味を持つものとして分類されているが、概念的な捉え方をすれば、このような韓国語助詞「로」における「手段・道具」概念と「方向」概念との結びつきを「で」と「へ」の関係からも見出すことが可能ではないかと考えられる。なぜなら、次の物理的事象から抽象的事象への概念転移を示す(3)-(4)が表すように、

　　(3) 太郎の車は東京 ｛ へ ／ の方向へ ｝ 進んでいる。

　　(4) 太郎の研究は完成 ｛ へ ／ の方向へ ｝ 進んでいる。

格助詞「へ」はその中核義として「方向」概念を包含するが、格助詞「で」に関しても、下例(5)が示すように、

(5) この方向 $\left\{\begin{array}{c} \text{へ} \\ \text{で} \end{array}\right\}$ 進めば、必ず理論の完成に至る。

「へ」と並行して「方向」概念を表示することが可能であるためである。つまり、2.2.で明らかになったように、「で」は「限定」概念を包含するからこそ、「ある目的地に必ず至るような「向き」をもったやり方を限定すると考えられる。この「限定」概念を基盤にした「手段・道具」概念と「方向」概念の結びつきは、次の(5)′ が示すように、

(5)′ この方向 $\left\{\begin{array}{l} \text{へ} \\ \text{で} \\ \text{でもって} \\ \text{*をもって} \end{array}\right\}$ 進めば、必ず理論の完成に至る。

「限定＋使用」概念を示す「でもって」が「この方向」と共起するのに対し、「限定」概念を表示しない「をもって」が(5)′ の表す事象に用いられないことからも支持される。それ故、次の(6)が表す事象からは、

(6) この $\left\{\begin{array}{l} \left\{\begin{array}{l} \text{方向へ} \\ \text{向きへ} \end{array}\right\} \\ \left\{\begin{array}{l} \text{方向で} \\ \text{向きで} \\ \text{方針で} \\ \text{見当で} \end{array}\right\} \\ \left\{\begin{array}{l} \text{やり方で} \\ \text{方式で} \\ \text{方法で} \end{array}\right\} \end{array}\right\}$ 進めば、必ず理論の完成に至る。

　異言語間に共通する概念研究

「限定」概念を包含する「で」について、「方向」から「方法」への概念的な変遷を見出すことができる。このような「方向」と「方法」との概念的なつながりは、上例(6)の「方針」・「見当」がそれぞれ、次の(7)-(8)として記載されていることからも明らかであり、

(7) ほう・しん[方針]
　　① 方位を指し示す磁石の針。磁針。
　　② 進んで行く方向。目ざす方向。進むべき路。
(8) けんとう[見当]
　　① めあて。みあて。大体の方向。

− 『広辞苑』(下線筆者)

「方向」概念から「方法」概念への変遷過程が説明可能である。また、「方法」そのものに焦点を絞っても、下記(9)で示されるように、

(9) ほう・ほう[方法]
　　① しかた。てだて。目的を達するための手段。または、そのための計画
　　　的措置。
　　② [哲] 認識目的を果たすために思考活動のよるべき方式。

− ibid(下線筆者)

「方式」、つまり、「ある一定の方向を持った形式」と「手段」概念の2つの意を持っていることが理解できる。そのため、「方法」概念は、「方向」概念と次の(10)で記されるように密接な結びつきを果たしており、

(10) 「方法」≒「方向」

「目的達成に到達するための手段」が「方法」であると捉えられる。すなわち、次の(11)-(12)で記載されているように、

(11) こう[向]

　　① <u>むくこと</u>。<u>むかうこと</u>。

(12) ほう[法]

　　① 物事の普遍的な<u>あり方</u>。物事をする<u>仕方</u>。また、それがしきたりに
　　なったもの。のり。おきて。

− ibid(下線筆者)

「方向」・「方法」の構成語である「向」・「法」だけでは、「どの方向・方位」か
の指定に欠くため、「方」、つまり、(13)で示されているような

(13) ほう[方]

　　❶ 向き。

　　　　① <u>方向</u>。<u>方角</u>。<u>かた</u>。

　　❸ 見当。てだて。

　　　　① <u>しかた</u>。<u>やりかた</u>。

「方角」が「方向」と「方法」の共通概念として考えられる。その結果、「方
向」概念・「方法」概念は各々(14)-(15)で示されるような概念的並行性を呈して
いることから、

(14) 「方向」： ある<u>方角</u>に向くこと
(15) 「方法」： (必ず目的に至るような)ある<u>方角</u>を持ったやり方

「へ」によって示される「方向」(＝物理的方角)概念と「で」によって表される「方
法」(＝抽象的方角)概念は、それぞれ、前出2.2.(25)の概念図を変化させた次の
(16)のようなイメージ・スキーマで捉えることができる。

(16) 　「へ」:「方角・方向」:物理的方角 ── 目的地

(17) 　「で」:「方式・方法」:抽象的方角 ── 目的

　明言すれば、「方」概念を媒介項とした、このような「へ」・「で」それぞれが包含する「方向」・「方法」の概念的結びつきに着目することは、人間の無意識的意識(unconscious consciousness)に存在する、複雑に絡み合ったメタファー体系の一端に光を当てることに他ならない。その理由として、まず、上記(14)で論述した「方向」が、下記(18)

(18) 方向 (ほうこう)

　　① むき。方角。

　　② 進むべき路。方針。

― ibid(下線筆者)

のように、「進むべき路・方針」の意味を表示し、更に、この「方針」が次記(19)

(19) 方針 (ほうしん)

　　① 方位を指し示す磁石の針。

　　② 進んで行く方向。目ざす方向。進むべき路。

― ibid(下線筆者)

では、「進んで行く方向・目ざす方向・進むべき路」として記載されていることが挙げられる。つまり、(18)-(19)の両記述からは、「方向＝(進むべき)路」、すなわち、以下(20)

(20) DIRECTION IS A WAY(方向は路である)メタファー

の概念メタファー(conceptual metaphor)が我々の大脳で機能していることが見出される。しかしながら、ここで問題となるのがその「路」に対する人間の認識である。(20)で記載した「方向＝路」の概念体系ばかりに目が奪われるミクロ的な視野では、一向に「方向」と「手段」との概念的関わり合いの全体像が見えてこない。この循環論を断ち切る術は一つしかない。再度強調するが「路」その・・・・・・・・・・・・ものを如何にして人間が捉えているか、ということである。下記(21)

(21) みち (道・路・途・径)

　　① 人や車などが往来するための所。<u>道路</u>。<u>通路</u>。

　　② <u>目的地に至る途中</u>。

　　⑦ てだて。<u>手法</u>。<u>手段</u>。

　　⑧ <u>方面</u>… そのむき。

－ ibid(下線筆者)

で示されるように、「路」とは本来、物理的な「道路・通路」を指示するのは言うまでもない。けれども、「目的地に至る途中」という記載からも判るように、この「道路・通路」の存在意義は、次図(22)

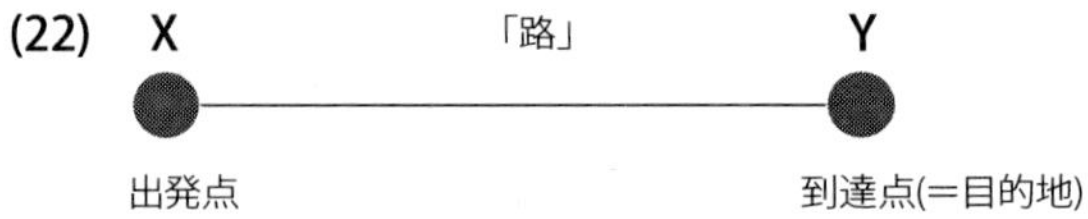

で示されるような、ある出発点(＝X)からそれとは異なる「到達点(＝「Y≠X」)へ向けた経路」である。換言すれば、「(経・径)路」からは、下記(23)

(23) 方角(ほうがく)

　　① <u>方位</u>。

　　② <u>方向</u>。また、方針。「別の方角から考えなおす」「方角を失う」

－ ibid(下線筆者)

で示されるような、上出(18)-(19)で述べた「方向」・「方針」の意を表示する「方角」がある「目的地」に向けられているフレーム(frame)が自然と想起される。つまり、上記(23)の「方位」が以下(24)

(24) 方位(ほうい)

① ある<u>方向</u>を、基準の方向との関係で表したもの。東西南北の4方を基準とし、さらに8方、16方、32方に細分する。…精密には<u>角度</u>を用い、空間の場合は高度を併用して示す。「方位を定める」「方位を失う」

－ ibid(下線筆者)

として記載されているように、その「目的地」に向けて一定の「角度」を持つのが「(経・径)路」であると言い換えることもできる:

(25) 角度(かくど)

① 角の大きさ。

② 物事を見る、その立場。視覚。観点。「角度を変えて考える」

－ ibid

その結果、ある「目的地」に向けて一定の角度を持った「(経・径)路」は、下記(26)

(26) MEANS ARE PATHS TO DESTINATIONS.
(手段は到着地点に至る経路である。)

－(Cf. 坂原(2000:杉本(pp.30-31)))

で示される比喩のフィルターを通して、「目的」へ向けての抽象的な同じ「路」として捉えられる「方法・手段」概念に転移するのである。

(27) 方法(ほうほう)

　　目的を達成するための具体的なやり方。

(28) 手段(しゅだん)

　　目的を達成するための具体的なやり方。

– ibid(下線筆者)

したがって、これまで論述してきたことから、以下(29)

(29) a. 方向は路である。(＝(20))

　　　　↓

b. 手段・方法は道である。(＝(26))

　　　　↓

c. 方向は手段・方法である。

で示されるような、無意識的認識（Cf. 坂原(2000:杉本(pp.30-31)))が我々の大脳の中に築かれていることが導き出され、"DIRECTION IS AN INSTRUMENT(方向は手段・方法である)" という概念メタファーが機能しているからこそ、上出(21)-(23)各々で記した「路」・「方角」はそれぞれ、次の(30)-(31)

(30) 路・道 (みち)

　　⑦ てだて。手法。手段。

(31) 方角(ほうがく)

　　③ 手段。方法。「方角が立たない」

– ibid(下線筆者)

で示されるような「手段・手法・方法」の意を表示し、「方向」と「手段」が概念的に密接な関係を持つのである。事実、この(29)が示す一貫したメタファー構造は次の(32)の記述からも支持される。

(32) 人生においては目的に向けた手段をもとめることがなされるが、隠喩的にはこうした目的は到達点として、また到達点へと至る手段は経路としてとらえられる。そこで「計画が進んでいる」(going ahead with our plans)、「わき路にそれている」(getting side-tracked)、「迂回して行なう」(doing things in a roundabout way)、「障害物を避けて進む」(working our way around obstacles)といった言い方ができるわけである。ここには目的は到着点であるという一般的な隠喩が介在しており、これらの表現はそのあらわれといえる。

– Ōhori(trans.)(1995: 3)(下線筆者)

　詰まるところ、前者の「へ」はある目的地への「向き」がプロファイルされるのに対し、後者の「で」はある目的へ至るような「向き」とその「中身」がプロファイルされるため、上述してきたような「向きをもったやり方」の意に収束すると考えられる[14]。

　このような「方角」概念を共通項とした「出発点→目的地・目的」のイメージ・ス

---

14) このことは、漢字の観点からも証明可能である。次例の「方」には読みの違いはあっても同じ概念の重なりが見られる。

　　かた[方]：① 方位。方角。方向。方面。竹取物語「唐の-に向かひて伏し拝み給ふ」
　　　　　　　② 所。場所。蜻蛉日記 (中)「いかで涼しき-もやあると」
　　　　　　　③ 手段。方法。「無念やる-ない」
　　ほう[方]：① ① 向き。かた。「方面・方位・前方 (ぜんぽう)」
　　　　　　　② ある地域。「方言・地方」
　　　　　　　③ ① しかた。やり方。「方法・方針」

以上に加えて以下の辞書記載、

　方：≪解字≫象形。左右に柄の張り出したすきを描いたもので、← → のように、左右に直線状に伸びる意を含み、東← →西、南← →北のような方向の意となる。また、方向や筋道のことから、方法の意を生じた。

- (『漢字源』(1991)) (下線筆者)

からも、「方向は手段である」という概念メタファーの存在は明らかである。最も、「手段」は「道」であり「方向」を決めるのも「道」であることから「道」の決定が「手段・方向」の決定として理解される、という論証も有力な考え方である。

キーマを基盤に「方向」と「方法」が概念的に結びつく事象は英語においても見出され、次例(33)-(35)がそれぞれ、「方向・方角」、「方角」、「道」を指し示すのに対し、

> **(33)** (Come) this *way*, please. (方向/方角)
> (こちら(の方)へどうぞ。)
>
> **(34)** Which *way* is your house from here? (方角)
> (あなたの家はここからはどちらの方角にありますか。)
>
> **(35)** Will you tell me the shortest *way* to the station? (道)
> (駅までの近道を教えてください。)

同じ 'way' を用いた(36)-(38)に至っては、各々、「方法」、「仕方・方法」、「見方・観点」の意を表す。

> **(36)** the best *way* to learn English (方法)
> (英語を学ぶ最良の方法)
>
> **(37)** I don't like the *way* she laughs. (笑い方(仕方/方法))
> (私は彼女の笑い方が嫌いだ。)
>
> **(38)** in a *way* (見方/観点)
> (ある点では)

さらに、日本語に並行する概念関係が韓国語にも見出される。

> **(39)** 방위 (方位)：① 공간의 어떤 점이나 방향이 한 기준의 방향에 대하여 나타내는 어떠한 쪽의 위치.
> (＝空間のある点や方向が一つの基準の方向に対して表すある角度の位置。)

(40) 방향 (方向): ① 어떤 <u>방위</u> (方位) 를 향한 쪽.

(=ある<u>方位</u>に向かった側。)

② 어떤 뜻이나 현상이 일정한 목표를 향하여 <u>나아가는</u> 쪽.

(=ある志や現象が一定の目標に向かって<u>進む方向</u>。)

(41) 각도 (角度): ① 생각의 <u>방향</u>이나 관점.

(=考え方の<u>方向</u>や<u>観点</u>。)

(42) 방침 (方針): ① 앞으로 일을 치러 나갈 <u>방향</u>과 <u>계획</u>.

(=これから仕事を行っていく<u>方向</u>と<u>計画</u>。)

② <u>방위</u>를 가리키는 자석의 바늘.

(=<u>方位</u>を指し示す磁石の針。)

(43) 방각탑 (方角塔): 탑신의 평면이 네모진 탑.

(=塔身の平面が四角い塔。)

(44) 수단 (手段): ① 어떤 목적을 이루기 위한 <u>방법</u>.

(=ある目的を実現するための<u>方法</u>。)

(45) 방법 (方法): ① 어떤 일을 해 나가거나 목적을 이루기 위하여 취하는 <u>수
단</u>이나 <u>방식</u>.

(=ある事を遂行したり目的を実現するための<u>手
段</u>や<u>方式</u>。)

(46) 길 (=路・道): ⑦ <u>방법</u>이나 <u>수단</u>. (=<u>方法</u>や<u>手段</u>。)

－『표준국어대사전』(日本語訳、下線筆者)

　(39)-(46)の韓国語においても日本語、英語と同様、「方向は道である」、「道は手段・方法である」、故に「方向は手段・方法である」メタファーの概念的並行性が観察される。以上の検証から、従来、別個のカテゴリーとして捉えられてきた「へ」と「で」であるが、概念的な見地に立てば、「方向」と「方法」が「方角」を共通項として互いに密接に結びついており、上図(16)のような概念図に基づいて「方向」・「方法」概念が表されるとき、韓国語においては、格助詞

「呈」がその姿を現わす現象の説明が可能となる。

'at'、「に」、「에・에게」に見る名詞指示物とプラグマティックス

3.0. 格助詞「に」、「え・에게」と前置詞 'at' に見る根源概念

　第1-2章ではそれぞれ、「同一空間領域の利用形式・形態」概念、「手段の選択限定」概念を基盤に空間表示の日本語格助詞「で」を検証し、韓国語格助詞「에서・로」との異言語間における概念的並行性を明らかにすることを試みた。本章では、そのような「同一空間領域の利用形式・形態」概念、「手段の限定」概念表示助詞「で/에서・로」に対して、「無指定の場所」概念を表示する「に/에・에게」のより詳細な概念的考察を行うために、まず、英語の 'at' には如何なる人間の認識が反映されているのかを論述する。換言すれば、'at' に彩られた外界の具体物(Gestalt)を認識する際の概念化のプロセスに注目することは大脳活動の一端を解明し、無意識的意識における「一点」の認識と外界世界との概念的結びつきを明らかにすることにつながると考えられる。そして、導き出された中核概念がその他の前置詞とどのような関係を築いているのか、つまり、「一点」概念に収束した物理的場所がいかなる形態で他の前置詞として言語化されるのかを解明することによって、最終的には「に/에・에게」と「で/에서・로」の更なる概念的並行性を明らかにすることを試みる。

3.1. 「一点」概念を媒介とした物理的場所認識の具現化の
プロセス

3.1.1. 外界と「一点」概念

英語の前置詞 'at'、'on'、'in' の意味は各々以下のように定義されるのが一般的
である:

> **(1)** *At* is a common preposition with two main meanings; *At* indicates
> a position in space; and *at* a point in time.
> 1 *At* ='at a position in space'
>
> **(2)** *On* concerns PLACE, movement, means of travel, or TIME.
> 1 *On* for 'place'
> 1a *On* means 'in contact with a surface' or 'touching'.
> 1b *On* and onto are used for movement to a place (surface).
> 1c We also use *on* for a line.
>
> **(3)** *In* is a common preposition of PLACE and TIME.
> 1 Examples of *in* meaning 'inside an area or space'.
>
> – Leech(1989: 53、193、309-310)

そして、後続する名詞に、それぞれ「一点」('at')、「線・面（との接触）」('on')、
「内部空間」('in')の特性を付与する[1]。(4)-(7)はその各々の実例である。

----

1) 確かに、'on'に後続する名詞は「1・2次元」の場所属性を持っているが、中核概念として包
含されているわけではない(Cf. Lakoff and Johnson(1999: 31))。なぜなら、下記(1)のよう
なゲシュタルト構造を形成するonの中核概念の中で、

    (1)　①.ABOVE
       ②.IN CONTACT WITH
       ③.SUPPORTED BY　　　　　　　　- Lakoff and Johnson(1999: 31)

②の'IN CONTACT WITH'が中核概念であると考えられるためである。その根拠として、次の
(2)が表す事象では(1)の①・②・③の概念が表わされているが、

(4) He was standing *at* the bus stop. (一点/0次元)

(5) John is standing right *on* the borderline. (線/1次元)

(6) With his finger he traced the curving line of the road *on* the map.

(面/2次元)

(7) We keep the money *in* a box. (内部空間/3次元)

− LDOCE : (4)、(6)-(7)

次元の観点からは0次元[2]から３次元にわたる。確かに、このような各次元に基づいた場所属性は、小西(1996: 138)においても、R.A.Close(*English as a Foreign Language*, p.28)の例(＝(8)-(9))を挙げて(10)の記載がなされていることからも支持されるように思われる。

(8) An aeroplane stops *at* Tokyo on its way to New York.

(9) We live *in* the smallest of villages.

----

(2) The cat was (lying) *on* the desk.

(2)の'on the desk'が場所副詞として書き換えられた下例(3)においては、

(3) The cat was (lying) *there*.

同じ現実世界の事象を指示するにしても、言語世界では「接触」の概念は排除され、また、次の(4)のように、

(4)*The cat jumped *from on* the desk.

'on the desk'は「出発点」として捉えられないことが挙げられる。つまり、出発点とするには'on'の(1)の概念全てを失わせて下例(5)のように「一点/0次元」化するか、

(5) The cat jumped from the desk.

または、次の(6)が示すように、

(6) The cat jumped from *off* the desk.

'the desk'という場所から「接触」を離れたところを出発点にすれば、正文と判断される。これに対して、場所を中核概念として包含する前置詞は'from'の支配を受ける:

(7) from above/from over/from under/from around/from beside/from in front of など(この現象に関してはUeno(1995、2007)参照)。

2) 0次元は、例えば'dimension-type0'のように表記される(Quirk et al.(1972: 306-337))。

　異言語間に共通する概念研究

(10) 首都や大きな都市には*in*を使うのが一般原則であるが、1)(＝(8))の
ように、もし飛行機が世界中を飛行しているものであれば、その視
点は広くなくなり*at*となる。一方2)(＝(9))においては*at*を用いるのが
一般原則であるが、weがその村に住んでおれば当然*in*となる、と
いう趣旨のことを述べている。話し手の視点が地点(point)にあれ
ば*at*、広がりを持った空間(space)にあれば*in*となる。

− 小西(1996: 139)

　ここでは 'at' が示す0次元と 'on'、'in' が表す1次元-2次元、'in' が表す3次元の
各場所属性が同列に扱われているが、はたしてそれでよいのだろうかという疑問
が生じる。以下では、この点について論じることにする。

　まず、各前置詞が共起する名詞の物理的な指示物に関して、既出
Leech(1989)、Lakoff & Johnson(1999)などを要約すると、下記(11)-(12)各々が
示すように、

　　(11) on：原義は物体と物体との「接触」状態、ここから接触面という物理
　　　　　　的場所を示すようになる。
　　(12) in：三次元空間内部における位置、内部への移動を示す。

−上野 (1995：12、23)

'on'、'in' は、本来現実世界における物理的場所属性しか表さないのに対し、
'at' は(13)のように異なる。

　　(13) at：中核意義は「一点」。本来一点という概念しか持ちえない事物
　　　　　　の表示、現実には三次元の事物を地図上の一点として表示す
　　　　　　る力を持つ。

− Quirk et al. (1972) etc.

　現実的な場所を「地図上の一点」という0次元の概念に昇華させる力を持っているという点で、'at' の持つ極めて特異な性格が浮かび上がってくる。つまり、「地図上の一点(point on the map)[3]」といっても「漠然とした(vague)[4]」抽象的概念上の一点に過ぎないため、(14)のような文は、具体的な対象物である人物(He)と物体(door)を現実に視野に入れた状態を指し示す文として発話されることは通常ありえない：

(14) ??"John, what are you doing here, standing *at* the door?"

そのような状況では、実際に網膜に写っている現実の物理的場所表示を優先させなければならず、(15)におけるような2次元や3次元の空間を示す前置詞(句)に頼らなければならない[5]。

(15) "John, what are you doing here,
standing $\begin{Bmatrix} \textit{beside/by/ in front of/near} \text{ the door} \\ \textit{in} \text{ the door(way)} \end{Bmatrix}$?"

　しかしながら、ここで大きな問題が生じる。それは、(15)で示されるような、観察者がプロファイルされた参与者間の位置関係を間近に観察可能な状況において、2次元や3次元の空間を示す前置詞(句)が優先される背景には如何なる人間の認識が潜んでいるのか、という問題である。循環論めくが、(14)-(15)に見られる、'at' とそれ以外の前置詞各々が示す「漠然とした一点」と「2次元や3次元の空間」との概念対立は発話場面における用法の相違(つまり、網膜に写って

---

3) 'point on the map'はQuirk et al (1972:308)からの引用。

4) Quirk et al (1972:308)

5) (14)の 'at the door'は、現実のdoorの形状や大きさが失くなり一点化してしまう概念を表すが、2次元表示前置詞(句)(beside / by /in front of / nearなど)、3次元表示前置詞(句)(in the door(way))を使っても「現実そのものというよりも心理的、感覚的(psychological on perceptual rather than 'real', Quirk et al (1972:309)になる。

　異言語間に共通する概念研究

いる現実の物理的場所表示であるか否か）に留まらず、「空間」に関わる人間の
認識が色濃く反映された結果であると考えねばならない。人間を一つの容器と
して捉え、自身の肌を境界線としてその外側の世界を外界、逆に、内側の世界
を内界として位置づけるならば、この推論は実のところ、外界に存在する物理
的場所と大脳の「中」に存在する「漠然とした一点」との概念的関係、さらにはそ
の昇華された「一点」が「2次元や3次元の空間」として表現する具現化のプロ
セスに収束する。

(16) 外界に存在する物理的場所

↓ 昇華

大脳に存在する漠然とした一点

↓ 具現化

2次元や3次元の空間

　まず、外界に存在する物理的場所が大脳に存在する漠然とした一点に昇華さ
れる過程を明らかにするためには、次の文(17)で示されるような事象に目を向け
る必要がある。

(17) put *a point* on the map, and look *at the point*.

　現代のように科学が発達した文明社会ではなく、自然と共生してきた古代社
会に思いを馳せるならば、木や山といった自然物を目印にした物理的場所を表
すとき、「一点」の標識が用いられたのは想像に難くない。ともすれば、天体に
輝く一つひとつの星までもが「一点」で捉えられていたかもしれない。このよう
な観点に立てば、(17)の 'at' が表示する物理的（つまり、観察可能な）「一点」が
本来的な用法であることが理解されると同時に、次の文(18)

(18) Look *at* the building.

のように発話される状況は、'building' の指示物全体の一点収斂が意識の上で可能な、ある程度離れたところから観察者が見ている状況が想定される。つまり、天体の星が「一点」で認識されるのはあくまでもそれが「一点」で捉えられる観察者との「距離」に起因しているのと同様、(18)が自然な表現として判断されるのも 'building' の指示物が2次元の面として、そして、その2次元の面が「一点」として見なされる知覚上の認識が反映されているが、'at the building' として言語化される根源にはやはり、'at' が表示する物理的な「一点」から視覚上の「一点」へメタフォリカルな認知回廊が機能してからだと言える。その結果、次の(19)

(19) Taro is *at* the front door.

が自然文として見なされるとき、'the front door' の指示物が大脳における「一点」で捉えられていることから、(19)は'at'が表示する「一点」概念が更に抽象的意味合いを帯びた表現であることが見出されるのである。これまで論述してきたことを以下(20)として表記する。

(20) 物理的物体/物理的場所

↓ 昇華

観察可能な物理的「一点」標識

↓ 転用

ある程度の距離から見た視覚上の「一点」認識

↓ 更なる抽象化

大脳における「一点」概念

　以下3.1.2.では、この大脳における「一点」概念の更なる考察を深めることにする。

　異言語間に共通する概念研究

3.1.2. 「一点」概念と「空間」認識

3.1.1.(16)を以下(1)として再掲する。

(1) 外界に存在する物理的場所

↓ 昇華

大脳に存在する漠然とした一点

↓ 具現化

2次元や3次元の空間

ここでは、大脳に存在する「漠然とした一点」が「2次元や3次元の空間」として発現する具現化のプロセスを明らかにするために、まず、'at' が包含するとされる「0(零(ゼロ))」そのものの概念を論じることにする。一般的常識であれば「0(ゼロ)」(以下、単に「0」と表記)は「何もない」という概念であり、「0次元」という表現自体が奇妙に聞こえる。「0」は次の(2)の記載にある通り、

> **(2)** れい　零　[zero]
>
> 零は「何もない」すなわち[空]を意味し、記号0で表され、今日では数字1, 2, 3, 4, 5, 6, 7, 8, 9と同様に数字の仲間にいれられている。しかし、古代ギリシアでは零に当たる記号はなかった。零は[空]を表す記号ではあるが、零を数として取り扱うと便利であるばかりでなく、今日のように位取りの原理によって数を表す場合には、空位を表すのには零が不可欠である。今日の数の計算法はすべて位取りによる記数法に従っている。
>
> － 『数学小事典』(下線筆者)

[空] (くう)、すなわち、(3)に定義されるように、

(3) くう［空］

　㊁ その場所を満たすもの(実体)が無い状態。

－『新明解国語辞典』

「何も存在しない」事象を指示しているにも関わらず、「数」として取り扱われる。しかしながら、この「0という数」は(4)-(5)に定義される「自然数」を指し示すことから、

(4) 自然数

　有限の基数を"自然数"という。無限公理によれば、自然数は集合をつくっている。この集合をNと書く。[訳注：∅ 空集合は有限集合だから、その基数(濃度)0は、上記の定義によれば、自然数である。]

－『ラルース現代数学百科』(下線筆者)

(5) くうしゅうごう　空集合

　集合Mが要素を一つも含まない場合でも、Mを一つの集合と考えて、これを空集合という。Mが空集合であることを$M=0$と表わす。たとえば、偶数であり同時に21の約数である整数の作る集合は空集合である。

－『数学小辞典』

「0」は自然数として「存在」していることが見出せる。その結果、'at' が示す「0」次元とは、下記(6)が示すように、

(6) 視界には存在しない

　意識には抽象的一点として存在する

我々の「視界」には物理的に何も存在しないが、意識においては「一点」として存在する抽象事象を表示していることから、本来的には3.1.1.(19)で詳述したような観察可能な物理的「一点」標識やその転用である、ある程度の距離から見

た視覚上の「一点」認識ではなく、次(7)のようなプロセスで大脳に存在する抽象的「一点」概念そのものに限定されていると言っても過言ではない。

(7) 物理的物体/物理的場所

↓ 昇華

観察可能な物理的「一点」標識

↓ 転用

ある程度の距離から見た視覚上の「一点」認識

↓ 更なる抽象化

大脳における「一点」概念：0次元

　逆説的に言えば、「0」次元は物理的なあらゆる特性を包含せず、視界に何も存在しない事象を示すからこそ、'at' に後続する名詞の指示物は物理的場所における最小単位である「一点」で表されると考えられる。そして、この「0」は、次の(8)が示すように、ある集合体の「元」を表すことから、

(8) 零

空集合の基数は有限である。この基数をNの元とみなすとき、零といい、0と記す。0という記号は加法群の単位元をも示す。

－『ラルース現代数学百科』(下線筆者)

具象世界のあらゆる特性を抽象世界の「一点」という次元に集約した、我々の認識のプロセスの中核的な存在であることが把握できる。つまり、視覚上によって認識される外界の物理的場所は上記(7)で示されるような具象から抽象へのメタフォリカル的な過程で、大脳における抽象的、かつ、根源的な「一点」(ATと表現)に集約されるが、その抽象的「一点」がそのまま反映された言語表現が3.1.1.の(19) 'Taro is *at* the front door.' の 'at' が表すような「地図上の一点」という概念であるのと同時に、根源的な「一点」であるATは 'from'（出発点概念や

'to'（到達点概念）として具現化される。そして、'at'、'to' の概念が表示する物理的場所・空間にそれらが現実世界において如何に利用されるのかという「空間利用・空間形態」に関わる認識が加味されるとき、2次元や3次元の空間を表示する前置詞がその姿を表すと想定される。このような具現化プロセスを(9)として表記する。

(9) 物理的物体/物理的場所

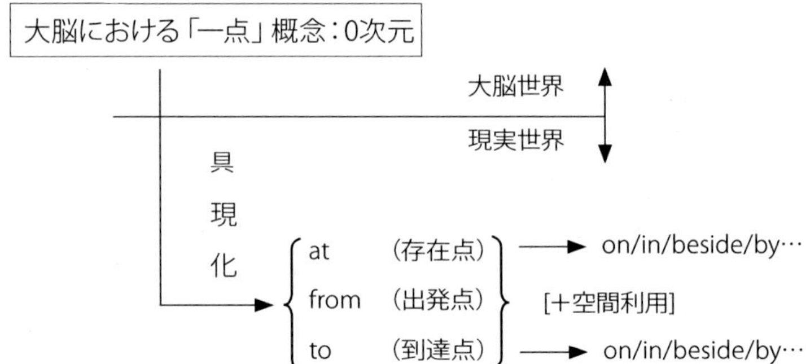

この(9)の具現化のプロセスに関して、(10)が示すように、

(10) 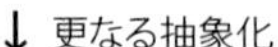

具現化された 'at'、'from'、'to' は(11)が示す通り、「根源的な一点」である'AT'を包含することから、

(11) at [AT]

    from [AT]

    to [AT]

大前提としては「ある点的存在場所」が存在し、それが意味役割によって形を変えて具現化されると考えられる。つまり、「3次元空間」は「面」の集合によって、「面」は「線」の集合によって、そして、「線」は常に概念的に「点」の集合によって構成されることから、0〜3次元が場所空間を表す限り、その背景には'AT'が存在すると言える。それ故、この'AT'が「根源的」な一点であることは、(12)の集合体の論理からも支持される。

(12) 3次元(内部空間) → 2次元(面) → 1次元(線) → 0次元(点)

つまり、私たちは(13)のような形式で、あらゆるものの存在を表すことができることになる。

(13) X BE AT Y (X、Yは変項、BEは存在意味動詞)

そして、(14)のように実際にYは何でもありうる：

(14) a. Taro is at the front door.   （太郎は玄関に居る。）

    b. Jiro is at home.   （次郎は在宅している。）

    c. Saburo is at work.   （三郎は仕事中だ。）

    d. Hanako is at the mercy of destiny.   （花子は運命のなすがままにいる。）

高 ↑ 具象度 ↓ 低

但し、(15)-(16)が示すように、

(15) There is a safety pin *at* the table.

(16) *There is a table *at* the safety pin.

たとえ具現化された 'at' が漠然とした抽象的な一点を指し示すと言っても 'at' に後続する名詞指示物の「現実的な大きさ」を無視することはできない。なぜなら、言語は我々の無意識的意識 (unconscious consciousness) に存在する認知回路 (cognitive circuit) と深く関わりを持っており、外部世界を認識する脳や心の機能を反映させていると考えられるからである。それ故、上例(15)-(16)が表す事象を現実世界に帰納させた状況においては、我々がある対象物（='safety pin': Figure）に関心を寄せ、その存在位置を認識しようとする場合、対象となる指示物よりも相対的に大きな基準 (='the table': Ground) が必要とされる。その結果、(15)-(16)各々の正否の判断には、我々の無意識的意識に存在する(17)の認知基準が機能しており、

(17) NP_1 at NP_2 (条件：$NP_1 < NP_2$)[6]

----

6) NP2がNP1に比べて、[-Movable], [-Moving], [NP1 < NP2]の資格を持っていることが望ましいことはUeno(2007).参照。また、このfigure/ground segregation(図地分化)の要因としては主に、下記(1)が挙げられ、

 (1) a. Figureは形を持つが、Groundには形がない。
   b. FigureとGroundの境界線は輪郭線としてFigureに所属しGroundには所属しない。
   c. Figureはものの性格を、Groundは材料の性格を持つ。
   d. Figureは注意を引きやすく、Groundは注意の対象となりにくい。

－河上(1997: 7)

Talmy(1978: 625-629)では、位置関係を表す構文においては、Figureは文の主要な項として、また、Groundは周辺的な項として表記されるという一般化を仮定し、

 (2) The bike(F) is near the house(G).
 (3) ?The house(F) is near the bike(G).
 (4) ??The bike and the house(F1&F2) are near each other(G2&G1).

－ibid (1978: (2)-(3); 627、(4); 629)

動くもの、動く可能性のあるものをFigureとして規定した。

　異言語間に共通する概念研究

(15)における 'the table' の指示物は、現実的にはある程度の「容量」と「周辺」を持っていることが理解できるのである。

　更に、上出(9)が示すように、'in' には具現化された物理的場所属性が包含されていることから、'in'、'at' がそれぞれ用いられた(18)-(19)が示す各々の事象に関して差異が生じる。

> **(18)** I looked for the book *in* the library.
> **(19)** I met a friend *at* the library.

　具体的に言えば、前者が 'library' の指示物が持つ「3次元空間」を主体がどのように利用・使用しようとしたのかという「形式・形態」を表すのに対し、後者は同じ 'library' の指示物の一点化であるが故に、現実には内部で会ったのか、それともすぐ外に出たところで会ったのかは不明となる。このことに関しては次の(20)

> **(20)** たとえば、「私は図書館で本を探した」のように図書館の内部のあちこちが問題になるときはI looked for the book *in* the library.とinを使う。しかし「きのう図書館で友達に出会った」のように図書館のどこか一地点で起きたことはatを用いて、I met a friend *at* the library.とする。
>
> −荒木 et al(1985: 100)(下線筆者)

のような記載があるが、下線部には注意を要する。「図書館のどこか一地点で会う」ということと、'at' を用いる言語の世界とは本質的に異なる。実際、私たち人間が他の人と会うために必要な物理的場所はごく小さなものである。立ったままなら2本の足が位置しうる空間があればよいし、座る姿勢でもそれより少しだけ大きい空間があれば事足りる。であるからといって、その位置を一点化して 'at' を用いるわけではない。つまり、(19)の 'at the library' は(18)の 'in the library' (＝図書館の内部空間) を抽象的な一点にしたものではないということである。もしそうであるならば、内部空間のみを一点化したことになってしまう。私たちが「友人と図書館・駅・学校で会った」という場合、それはあくまでも、「図書館・駅・学校」という名詞でもって想起しうる現実の物理的空間領域全てを指すわけで、それが内部であっても外部の周辺であっても構わない。まことに不正確で漠然とした場所指定ではあるけれども、まさしくこれが 'at' が包含する概念なのである。

　また、(21)においても、

(21) Taro lives *at* Tokyo.

根源的な「場所」の意しか発生せず、たとえ、(21)が示す主体の「到達点における位置(goal position)」という事象へ至る前段階、つまり、'Tokyo' を「到達点(goal)」とした移動行為において、'at' と同源である 'to' が用いられている(22)においても、

(22) Taro went up *to* Tokyo.

やはり、「上京する」という主体者の「位置の変化」以外は表されない。この(21)-(22)が示す主体の「位置の変化」、つまり、'goal' - 'goal position' という「一点」の概念とそれに関わる我々の認識のプロセスについては(23)-(24)が表す事象からも説明される。

(23) He went *from* Japan *to* America.
(24) He was $\left\{ \begin{array}{c} *at \\ in \end{array} \right\}$ America.

　その理由として、(23)は 'Japan' を出発点(source)、'America' を到達点(goal)と

して主体(='He')の位置を変化させる事象が、また、(24)はその到達点における
位置(goal position)に主体が存在している事象が表されているわけであるが、
前者が'Japan'、'America'のそれぞれの指示物を抽象的な一点(または地図上の
一点)に昇華させているのに対し、後者には同じ概念化のプロセスを適用できな
いことが挙げられる。すなわち、(23)の'from-to'は通常一対で現れ、

> **(25)** 現代英語における'from'と'to'は、通常一対となって現れ、移動行為に
> 言及する動詞と共起し、それぞれ＜出発点＞、＜到達点＞を指し示す
> ことができる前置詞である。
>
> －J.S. Gruber(1976:75-96)(筆者要約)

意味論的には、移動の全行程の両極には'from'と'to'で表される二点が存在し
ているが、

> **(26)** 統語的には出発点のみ表示される場合 (to walk from X)、到達点
> のみ表示される場合 (to walk to Y)、いずれも表示されない場合
> (to walk) があるが、意味論的には、全行程を示す動詞の背後には
> 出発点と到達点が必ず存在していることを見逃してはならない。逆
> にいえば、'from-to'の背後には、たとえ状態動詞が存在しても、移
> 動の概念が隠れている (Lyons, 1977, p:700) と考えるほうが論理に
> かなっている。
>
> －上野(1995：29)

'from-to' によって示される行程は1次元の「線状」で示され、その「線」は
「点」の集まりであることから、下図(27)のように、

(27) The Source-Path-Goal Image Schema

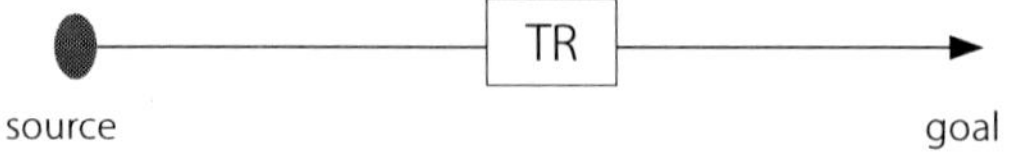

–Lakoff and Johnson(1999: 32-33)

両極の「出発点」や「到達点」に関しては、「面」や「空間」ではなく、0次元の「点」で表示される。それに対し、(24)が表す「存在」の事象については、人は 'America' の指示物を「一点」のマークで認識せず、'in' などその一点を具現化して捉えるのが通常であると言える。そのため、論理的には (21)-(22)が示すように、[to→at]で「移動後の位置」が表されるのが一般的であるが、(23)-(24)に関しては、人間の対象の認識の仕方に基づいて、'at' が用いられないような概念化のプロセスの転換が行われていることが導き出される。

　詰まるところ、上出(22)は「存在位置(＝AT)の変化」を表すからこそ、次の(28)-(29)が表す事象に至っては、(27)のThe Source-Path-Goal Schemaを基盤にした、(28)-(29)で示されるような「抽象的状態の変化」への拡張が意味され、

> **(28)** The weather turned *to* be rainy.
> **(29)** John turned in*to* a gentleman.

ひいては、日本語・韓国語においても、[－形式・形態]・[＋無指定の場所]・[＋抽象的一点]の概念を包含する格助詞「に/에・에게」によって、「存在位置の変化」が表されるのである。

(30)　家 ｛に／*で｝／の中 ｛に／*で｝ ｛入る。／忍び込む。｝　（存在位置の変化）
（存在位置を変化させるときの様態）

　　　집 ｛에／*에서｝／안 ｛에／*에서｝ ｛들어가다./숨어 들다.｝

　このような、日本語の格助詞「で・に」、韓国語の格助詞「에・에서」それぞれの[+形式・形態]・[−形式・形態]に並行する 'at'、'in' の概念的な捉え方は、(31)からも支持される。

(31)　「東京に着く」という表現を考えてみると2通りの解釈が可能なことに気づく。一つは東京駅(あるいは東京のある駅)に着くことをいっている場合である。もう一つは東京という都市に着くことをいい、それに付随するその地における何らかの活動を暗示する場合である。前者ではarrive *at* Tokyo(or Tokyo station)であり、後者ではarrive *in* Tokyoということになろう。

－小西(1991: 223)

3.2. 「一点」概念に見る名詞指示物の機能派生

　ここでは、まず、下例(1)のように、場所表示名詞ではない 'table' と主体とが何らかの関係において密接に結ばれる事象に 'at' が選択される場合、どのような解釈がなされるかに注目する。

　　(1) She is *at* the table. (彼女は食事中です。)

　この(1)が表す意はあくまでも表層的な派生義であり、'at' が包含する根源的な概念ではない。なぜなら、(1)はやはり、部屋の見取り図の中のある一点に存在する 'table' という主体が位置付けられることが示され、そしてそれを現実世界に還元すれば、主体が 'table' の付近に存在する意しか表されない。それにも関らず、「食事中」という意が発生するのは、我々と我々を取り囲む環境との相互作用によって(多分に無意識的意識によって)構築されるフレーム(Frame)に拠っている。つまり、'table' の付近に主体が存在する場合、一般的に、我々は 'at the table' が指示する現実の場所に関して、勉強を行ったり、お祈りをあげたりするようなところとしては認識していない。通常、物理的対象物としてのテーブルと主体との物理的位置関係を表すのではなく、'at' が持つ抽象的一点概念に見合う 'table' の抽象性、つまり、本来の機能とのつながりが浮かび上がってくる。このことは下記(2)のように示される。

　　(2)　　　　at　　　　　　＋　　　　　　table
　　　(抽象的一点)　　　　　　抽象的意味
　　　　　　　　　　　　　　　(＝本来の機能)

逆に言えば、次の(3)-(4)に関して[7]

(3) She is *at* school.

(4) She is *at* church.

'at school'、'at church' が指示する現実の場所では、「食事をする」という行為を自然に想起することはまずあり得ず、それぞれ、「授業中」、「礼拝中」の概念が生まれる。それ故、もし、上出(2)のような認知メカニズムが我々の無意識的意識の中に存在していなければ、物理的対象物としてのテーブルと同じように物理的対象物である主体とのつながりは「物理的位置」として表され、(1)は(5)として記述されるべきであろう。

$$
(5)\ \text{She is standing} \begin{Bmatrix} by \\ beside \\ in\ front\ of \\ : \end{Bmatrix} \text{the table.}
$$

　つまり、'table' そのものは「場所」ではなく、「物体」であることから、[in＋場所名詞]のように「空間」とその(利用)目的という関係ではなく、その物体が何を目的に作られたかという「機能性」が、ここでもやはり、焦点が当てられる対象となる。そのため、'at' と同源の 'to' が用いられた次の(6)に関しても、

(6) He went *to* the table.

単に 'table' が存在する場所に主体が移動する事象が表されても、「食事をする」という機能に関わる事象はテキストに依存する以外は(6)そのものから示さ

れないのである。

　したがって、上出の(1)、(3)-(4)において表層的な意が生じるのは、我々の日常経験から生じるフレーム(もしくは、スクリプト(script)、スキーマ(schema)[8])に起因したプラグマティックスに依存しているためであり、根源的に'at'が「抽象的な一点」概念を包含しているからこそ、名詞指示物の「本来の機能」と主体との密接な関係を表すことができると考えられる。そして、場所表示の名詞(library、school、churchなど)と物体表示の名詞(tableなど)を用いて主体の存在位置を示す文では英語の場合に異なる(上出(1)と(5)参照)のと同様、日本語、韓国語でも表現上の操作が必要となるが、単なる位置表示には「に/에」が使われ、空間の利用形式・形態には「で/에서」が出現する。

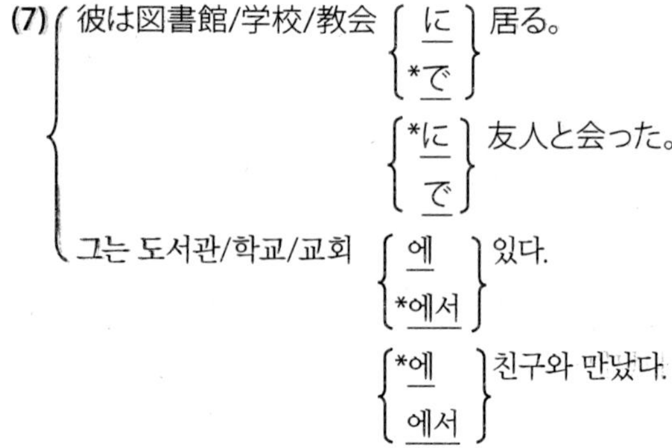

---

8) Frame, script, schemaは広い意味で「知識の体系」を指す同義表現として扱う。

(8)
彼はテーブル
{ *に / *で }
{ のそば / の横 / の前 } { に / *で }
居る。

그는 테이블
{ *에 / *에서 }
{ 근처 / 옆 / 앞 } { 에 / *에서 }
있다.

(9) a.
彼は食事中 { ??に / で } ある[9]。

그는 식사 중이다

b.
彼は食事をしている最中 { ??に / で } ある。

그는 한창 식사를 하는 중이다.

c.
彼は食事をしているところ { ??に / で } ある。

그는 식사를 하는 중이다.

----

9) この(9)a-cの「で」に関しては、下記のように助動詞「だ」の連用形とする説もあるが、ここでは「に」との比較・対照のため、助詞として扱う。

　で（助詞）
　㊀（口語では助動詞「だ」の連用形とする）「ある」「ない」などを伴って指定の意を示す。
　　…の状態で。平家物語(1)「偏に女御の様でぞましましける」。天草本曾保物語「この金（かね）を下さるることは恩に似て恩でない」。「吾輩は猫である」

－『広辞苑』（下線筆者）

また、韓国語にはこの『広辞苑』の「で」の用語は存在せず、下例①のように
　① 나는 고양이다.（＝私は猫だ）
「다」（＝だ）を用いる。したがって、(8)-(9)においても同様である。

　すなわち、第1章で考察してきた格助詞「に/에」の意味概念をあわせ考える
ならば、「に/에」は「単なる存在位置」概念を包含し、かつ、全ての物体は「位
置」が必要であることから、その「位置」に存在するものが移動すればその位
置が「到達点」となり、また、その移動するものが元の出発する前の状態に戻
ればその位置が「出発点」となることから、「に/에」は全てのものを「抽象的な
一点」に昇華する根源的な概念を包含していることが理解できる。そして、その
位置で主体が様々な行為を行うためには、「一点」ではなく、その位置を全面利
用するための「空間利用」概念に変換する必要がある。その結果、格助詞「に/
에」は下図(10)が示すように、

(10)　　　「に/에」（大脳における一点概念：0次元）

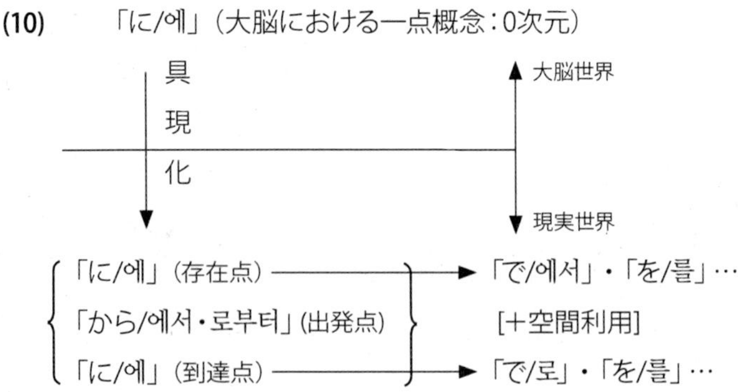

3.1.2.(9)が示す具現化のプロセスと並行的な概念関係を築いていることが導き
出されるのである。加えて、主体の「空間利用」に関わる「動き」が最低次元で
も、0次元の「一点」ではなく、一次元の「線」で表されることも、この(10)の概
念図を支持する根拠となろう。

　異言語間に共通する概念研究

第4章

「を」・「に」、「를」・「에・에게」の概念分析

4.0. 「移動」概念に見る日本語格助詞「を」、「に」と韓国語 格助詞「를」・「에・에게」の概念的並行性[1]

　第1-2章ではそれぞれ、「同一空間領域の利用形式・形態」概念、「手段の選択限定」概念を基盤に空間表示の日本語格助詞「で」を検証し、韓国語格助詞「에서・로」との異言語間における概念的並行性を明らかにすることを試みた。つまり、我々が認識する多種多様な空間属性は、偏に大脳の中で概念化される抽象的、かつ、根源的な「一点」に収束し、その後、「地図上の一点」という概念や「出発点」概念、「到達点」概念に具現化される。そして、これらの概念が日常経験に重きを置いた知識の枠組みに基づいて、形而下で「空間利用・空間形態」概念に関わる様々な前置詞に変換されると想定した。しかしながら、そのような「一点」概念を包含する格助詞「に/에」に関して、次の(1)-(2)が表す事象においては一般に、

(1) { 山を登る。
　　 산을 오른다.
(2) { 山に登る。
　　 산에 오른다.

第1章で述べた格助詞「を/를」と交替可能であるとされている。その理由の一つとして、「移動の到達点」概念を表示する「に/에」に対して、(1)の「を」は、次の(3)が示すように、

---

(3) 「を」(格助)

㊁ <u>移動性の動作の行われる場所</u>がどこであるかについて示す。

–『新明解国語辞典』(下線筆者)

「移動性の動作の行われる場所」を示すと定義され、移動動詞と共起したときの2つの格助詞間に「移動する場所」を指示する類似点が生まれることが挙げられる。しかしながら、第1章でも触れたように、「を/를」と「に/에」はそれぞれ、別個の概念体系を築き上げていることから、上例(1)と(2)は全く同一の事象を表しているとは考え難い。それどころか、外界を捉える人間の個々の認識が(1)-(2)で表すそれぞれの事象に反映されていると考えられるからこそ、結果として「を/를」、「に/에」の格助詞選択の相違に至ると思われる[2]。そこで、以下では、格助詞「を/를」、

---

2)『日本語文法・連語論』(1983: 22-149)は、「を」格の名詞と動詞の組合せに関し、概して次の(1)-(2)のように分類し、

    (1) 対象的な結びつき
    (2) 状況的な結びつき

各々次の(3)-(4)のように記載している。

  (3) 木をきる、土地をたがやす、米をもらう、家をかう、子どもをおしえる、映画をみる、敵をにくむ、娘をおもう、本をよむのように、対象的な結びつきをあらわす連語ではかざられ動詞は対象にむかっていく、さまざまな動作をさししめしていて、を格のかたちをとるかざり名詞は、その動作がむけられる直接的な対象、つまり動作の客体をさししめしている。他動詞とくみあわさって、動作の直接的な対象をあらわすのは、名詞の格のかたちの一般的な、基本的なはたらきである。

  (4) 状況的な結びつきをあらわす連語では、かざられ動詞は移動動作をさししめす自動詞(いく、かえる、もどるのような)、あるいは移動動作を形態的にとらえている自動詞(あるく、はしる、とぶのような)であって、を格のかたちをとるかざり名詞は、その移動動作が進行する空間をさししめしている。たとえば、道をあるく、空をとぶ、トンネルをぬける、山をのぼる、川をわたるのような連語。この種の空間的な、あるいは空間＝対象的なむすびつきは、ゆうぐれをいそぐ、人ごみをぬける、月夜をあるく、夏をすごすのような状況的なむすびつきに発展している。しかし、状況的なむすびつきをあらわす連語は、かざられ動詞が自動詞(基本的には移動性の自動詞)でなければならないという語彙的な制限につよくしばられているため、対象的なむすびつきをあらわす連語とくらべて、使用の頻度はすくなく、さまざまなタイプの連語に展開していない。

–『日本語文法・連語論』(1983: 22)

「に/에」の交替現象に焦点を絞り、そこに潜む我々の「外界の見方」を明らかに
した(4.1.)後、4.1.で導き出された概念メカニズムに基づいて、日本語格助詞と異
なった使い方をされるという韓国語格助詞「를」の一見特異な用法を詳察するこ
とによって(4.2.)、日本語・韓国語の更なる概念的並行性の解明を試みる。

更に、前者(1)の「対象的な結びつき」を表す、を格の名詞と他動詞との組合せに関して
は、次のような下位分類を行なっている:
 (5) 対象へのはたらきかけをあらわす連語
 (6) 対象の所有、やりもらい、うりかいをあらわす連語
 (7) 対象への心理的なかかわりをあらわす連語

— ibid(1983: 23)

まず、(5)の分類に関しては、次の(8)-(10)に区分し、
 (8) 物にたいするはたらきかけ
 (9) 人にたいするはたらきかけ
 (10) 事にたいするはたらきかけ

−ibid(1983: 23-24)

その一例として、それぞれ下記の例を挙げている:
 (11) こまをまわす、皿をわる、枝をおる、紙をもやす、いもをにる、荷物をほどく、新聞
   をひろげる、油をぬる、石をなげる、魚をはこぶ…
 (12) ねかす、おこす、おどろかす、まよわす、とつがせる…
 (13) 感度をたかめる、速度をはやめる、態勢をととのえる、秩序をみだす…

−ibid(1983: 24, 44, 63)

つまり、ここでは、動詞で示される動作によって働きかけを受ける対象物が物/人/現象の
相違はあっても、何らかの変化が引き起こされるという点においては共通すると記され
ている。また、(6)の分類に関しては、次のような動詞を取り上げ、
 (14) わたす、とる、あげる、うけとる…

−ibid(1983: 80)

物理的な意味での対象の移動が欠けていても、所有権の移動さえあれば、所有の結びつ
きを表す連語　で表現できると述べられている。そして、(7)の分類については、次の(15)
のように論じ、
 (15) 心理的なかかわりをあらわす連語は、かざられ動詞が心理的な活動をしめして
   いて、かざり名詞はその対象をしめしている。…この種の連語は対象への物理的
   なはたらきかけ、したがって対象における変化には無関心である。ここで表現さ
   れているのは、対象をめぐって見たり、きいたり、考えたりする心理活動だけであ
   る。…

— ibid(1983: 89)

4.1. 「를/를」と「に/에」の交替現象に見る人間の外界認識

　「를/를」と「に/에」の交替現象に見る我々の外界認識を明らかにするために、まず、4.0.の(1)-(2)を(1a)-(1b)として再載掲し、各々が表す事象に着目する。

下記(16)-(20)の連語グループに基づいて「心理的な関わり」を検証している。

　(16) 認識のむすびつき: みる、ながめる、のぞむ、にらむ、あおぐ…
　(17) 通達のむすびつき: はなす、うったえる、つたえる、しらせる、おしえる…
　(18) 態度のむすびつき: にくむ、きらう、こいする、たのしむ、うたがう、さげずむ…
　(19) モーダルな態度のむすびつき: ねがう、もとめる、いのる、いいつける、ちかう…
　(20) 内容規定的なむすびつき: ろうばいをかんじる、みじめさをあじわう…

− ibid(1983: 92, 109, 113-115, 129, 135-136)

それに対し、上出(2)の「状況的な結びつき」については、例えば、次の(21)が示すような連語を挙げ、

　(21) 道をあるく、山をのぼる、トンネルをとおる、川をわたる…

− ibid(1983: 139)

下記(22)のような説明を行なっている。

　(22) これらの連語では、かざられ動詞が移動動作をあらわしているとすれば、を格のかざり名詞は、これがおこなわれる場所をあらわしている。

−ibid(1983: 139)(下線筆者)

『日本語文法・連語論』では、上記で述べてきた内容に加え、更なる下位分類を設けて「を格の名詞と動詞の組合せ」を検証しているが、(22)の下線部が示すような記述だけでは「に格」に対する「を格」の相対的な概念が明らかにならないことは言うまでもない。ましてや、本書で論述しているような概念的な考察ではなく、あくまでも語用的な観点で「を格の名詞と動詞の組合せ」が述べられているということもあって、筆者には記載されている動詞分類の体系的な基準が把握し難く、仮に、その体系が理解できたとしても「を格」が示す根底的な助詞概念を解明するような研究ではないことから、その表層的な考察が、一体、人間の外界認識を明らかにするのにどのような役割を果たすのか疑問に思われる。

(1) a. ┌ 山をのぼる。
       └ 산을 오른다.
    b. ┌ 山にのぼる。
       └ 산에 오른다.

　日本語の「を」と「に」の用法に関して、田中＆松本(1997: 17-19)は、次の(2)のように述べている:

(2) たとえば「山をのぼる」と「空をのぼる」を比較してみよう(深谷・田中1996: 37-38)。たいていの人は後者について違和感をおぼえるが、それはどうしてだろうか。この違和感は、「空」というコトバがまとめ上げるチャンクと「のぼる」というコトバがまとめ上げるチャンクの2つを引き込ませ、「を」によって関連付けようとするとき、事態の構成が上手くいかないというところの発生する何かである。つまり、「を」の操作子機能は、(後ほど詳しく見ていくように)「を」が付いた名詞のチャンクを＜動作が作用する対象として取り立てよ＞というものであるが、＜空＞を＜のぼる＞という移動動作が作用する対象として取り立てることが(常識的に)むずかしい、というところに「違和感」の理由がある。ところが、「木をのぼる」や「川をのぼる」のように＜移動の経路＞をチャンクとして引き込める場合には「を」の使用は自然である。同様に、「彼は山をのぼった」の場合には、「山」のチャンクと「のぼる」のチャンクを助詞「を」によって関連づけ、たとえば＜山道を一歩一歩踏みしめながらのぼっていく＞という事態を容易に構成することが可能である。
　　さらに同じ「のぼる」というコトバでも、「山」と共起するか「空」と共起するかで、(「登る」と「昇る」と区別されるように)チャンク内容が異なるということにも留意しておきたい。ここでの違いを説明するには—そして、ある表現はそれを構成する語の意義の加算以上の意義を表すという事実を説明するには―2つのコトバ(「山(空)」と「のぼる」)が呼び起こす記憶内容の引き込み合いによって、コトバの配列から事態が構成される、という見方を採用する必要がある。そして引き込み合いを整序するのが操作子機能である。これが意味付け論から見た助詞の働きである。

操作子の整序機能についてさらに詳しく説明するため、(議論の重複をいとわず)以下の対表現における「を」と「に」の働きに再度着目してみよう。

を: ＜山＞を＜登る＞　＜空＞を＜昇る＞　＜川＞を＜上る＞
に: ＜山＞に＜登る＞　＜空＞に＜昇る＞　＜川＞に＜上る＞

「を」を「に」に置き換え「空に上る」にすれば、上の違和感は解消する。それは、後述するように、「に」の操作子としての要請事項が＜空(のチャンク)を対象指定し、動詞的チャンクに差し向けよ＞という内容に留まっており、＜(のぼる)動作の経路＞の引き込みを要請しないからである。ところが、「川をのぼる」という表現は自然だが、「川にのぼる」になると違和感を覚える。この違和感も次のように説明されよう。すなわち、「を」は＜川＞を＜のぼる＞動作が作用する対象として取り立てることを要請し、その場合＜川＞は＜経路性＞を帯び、＜川の上流に向けて移動する＞という情景を描くことができる。それに対して、「に」は＜川＞をまず＜対象指定＞し、それを＜のぼる＞という動作に差し向けるが、しかし、＜のぼる＞とうまく折り合いがつくような形で＜川＞を対象化することが難しいところに違和感が生じる。

チャンク同士の関連化を図る際に作動するのが助詞の操作子機能である。だが、チャンクの形成に関しては、さらに説明を加えておく必要がある。たとえば「山を…」という断片的な表現が与えられれば、人は「山」というコトバが呼び起こす何らかのイメージ(＜山＞)を思い浮かべるかもしれない。しかし、「山を」の部分が与えられた時点で「山」のチャンク内容が確定し、それに「を」が付与されると考えるのは間違いである。「山」のチャンク内容は、「山を登る」や「山を購入する」などの表現のなかで「登る」や「購入する」のチャンクとの引き込み合いを通して、事態が構成された時点で暫定的に定まると考えるべきである。

だが、助詞が先行する名詞に対してある特定のチャンク形成の仕方を要請するのもこれまた確かである。「Xを」が与えられれば、Xのチャンクの具体的内容が何であれ、＜そのチャンクを動作が作用する対象として取り立てよ＞という要請が「を」によって行われるというのがここでの論点である。

－田中＆松本(1997: 17-19)(下線筆者)

田中＆松本では、「を」は前置する名詞の指示物を動作が作用する対象として取り上げ、そこに移動の「経路」を付与する役割を持っているのに対し、「に」はそのような役割を表示せず、共起する名詞指示物を対象指定し、そこに動作を差し向ける働きがあると想定されている。けれども、上記(2)でいう「を」/「に」がそれぞれ、「経路性」/「対象指定」の意を表示するという記述だけでは、上例(1a)-(1b)が表す各々の事象の相違を明確にすることができず、ひいては、「彼は山をのぼった」という事象が本当に＜山道を一歩一歩踏みしめながらのぼっていく＞という具体的な意を示すかどうかに関しては、更なる細かい検証が必要と思われる。そこで、「に/에」・「を/를」が交替する(1a)-(1b)が表す事象の相違を明らかにするために、次に、下例(3a)-(3b)に注目したい。

(3) a. ┌ 壁をのぼる。
　　　└ 벽을 오른다.
　　b. ┌ ?壁にのぼる。
　　　└ ?벽에 오른다.

　異言語間に共通する概念研究

　通常、「を/를」を用いた(3a)の表現に対して(3b)の「壁にのぼる/벽에 오르다」という表現は容認度が落ちる。その理由として、第1章の1.3.2.1.(17)で述べたように、前者の「を/를」は「空間全体の移動概念」表示の助詞であることから、「壁を上(方)へのぼっていく/벽 위(쪽으)로 올라가다」という意を示すのに対し、後者はそのような事象を表わせないことが挙げられる。逆に言えば、(3b)が正常な事象を表すとするならば、それは(3a)と同一の事象を指示するのではなく、例えば次の(3b′)が示すように、

(3) b′. $\begin{cases} \text{(はしごを使って)壁(の上)にのぼった。} \\ \text{(사다리를 사용해서) 벽(위)에 올라갔다.} \end{cases}$

「壁/벽」ではないもの(例えば、「はしご/사다리」や「とい/빗물받이」など)をのぼって「壁(の上)/벽 (위)」に「到達」する事象が表されていると考えられる。つまり、(3b)のような「を/를」と交替可能な「に/에」を用いた文が容認される場合、下記(4)として一般化を図ることができる。

(4) [NOT-対象名詞の指示物][3)]を動詞の意味的相に基づいて移動し、対象名詞が指示する場所のある一点に到達する。

　このような(4)の定義に従えば、次の(5a)-(5b)が表すそれぞれの事象の相違も明らかになる。

(5) a. $\begin{cases} \text{?屋根をのぼる。} \\ \text{?지붕을 오른다.} \end{cases}$

　　 b. $\begin{cases} \text{屋根にのぼる。} \\ \text{지붕에 오른다.} \end{cases}$

----

3) [NOT-対象名詞の指示物]は文中に現れる名詞(例えば(3b)′の「壁/벽」)の指示物の陰に隠れて文中に現れない名詞(例えば(3b)′の「はしご/사다리」)の指示物を表す。

　つまり、前者の(5a)は「を/를」の中核概念に基づき、通常、次の(5a′)が示す
事象を表すが、

(5) a′. 屋根を上(方)へのぼっていく。
　　　　지붕을 위 (쪽으)로 올라간다.

そのためには現実的に屋根が勾配を持っていなければならないという、意味的
な制約が生じる。一方、後者の(5b)に関しては、下記(5b')の意を表すことから、

(5) b′. [NOT-屋根]をのぼって屋根の上に到達する。

正文として見なされる。その結果、上例(3a)-(3b)、(5a)-(5b)から見出された「を/
를」と「に/에」の概念的な見地に立てば、上出(1a)-(1b)が表す事象の差異も明
確になる。つまり、(1a)は下記(1a′)が示すように、

(1) a. 山をのぼる。
　　　　산을 오른다.
　　a′. 山(そのもの)を上(方)にのぼっていく。
　　　　산(그 자체)을 위(쪽으)로 올라간다.

「山/산」そのものが対象となり、それを「上(方)にのぼっていく」事象を表すの
に対し、(1b)は次の(1b′)が示すように、

(1) b. 山にのぼる。
　　　　산에 오른다.
　　b′. [NOT-山]をのぼって山の上(山頂)に到達する。
　　　　[NOT-산]을 올라가서 산 위(정상)에 도달한다.

[NOT-山]、つまり、「山そのもの」ではなく、「(山)道」や「(山)の斜面」をのぼっ
て山の上(=山頂)に到達する事象を表すためである。このような一見同意に思わ

れる(1a)-(1b)が表すそれぞれの事象の相違は次の(6)の記載からも立証される。

(6)　「に」には「新宿に行く」、「山に登る」のように、到達点を表す用法がある。一方、「行く」とか「登る」には、第2章で述べたように、通過点の「を」をとる用法がある。このため、ときどき、日本語学習者の間で、「に」と「を」の混乱が起きる。

　　⑱ 彼はあの道に行った。

　　⑲ 彼はあの道を行った。

⑱の「あの道」は「彼」の到達点であり、⑲の「あの道」は「彼」の通過点であるから、⑱と⑲の表す意味内容は全く違っている。しかし、

　⑳ 私はあの山に登ったことがある。

　㉑ 私はあの山を登ったことがある。

には、⑱と⑲ほどの違いはない。この場合の違いは⑳では、あの山(の頂上)に到達したことに重点があり、㉑では、あの山を登りつつある時の経過に重点がある、という点であろう。したがって、登山中のことを問題にせず、登山経験の有無だけを言い表す場合は、⑳を用いるほうが自然だということになる。

ー『日本語教育事典』(二重下線筆者)

　そして、これまで論じてきた「を/를」と「に/에」の概念に基づいた文全体の解釈から導き出される人間の外界認識の相違は、下例(7a)-(7b)、(8a)-(8b)、(9a)-(9b)が示すように、これまで述べてきた同じ概念体系の見地から眺められることからも支持される。

(7) a. ┌ ?床を降りる。(＝?床を下(方)に降りていく。)
    └ ?마루를 내려온다(=?마루를 아래(쪽)에 내려간다.)

  b. ┌ 床に降りる。(＝[NOT-床]を降りて床の上に到達する。)
    └ 마루에 내려온다.(=[NOT-마루]를 내려와서 마루 위에 도달한다.)

(8) a. ┌ はしごを ┌ 登る ┐ 。(＝はしごを ┌ 上(方) ┐ に移動する。)
    │   └ 降りる ┘   └ 下(方) ┘
    └ 사다리를 ┌ 오른다 ┐ . (=사다리 ┌ 위 (쪽으) ┐ 로 이동한다.)
          └ 내린다 ┘   └ 아래 (쪽으) ┘

  b. ┌ はしごに ┌ 登る ┐ 。(＝[NOT-はしご]を ┌ 登って ┐ はしごに移動する。)
    │   └ 降りる ┘   └ 降りて ┘
    └ 사다리에 ┌ 오른다 ┐ . (=[NOT-사다리]를 ┌ 올라서 ┐ 사다리에 이동한다.
          └ 내린다 ┘   └ 내려서 ┘

(9) a. ┌ 階段を上がる。(階段を上(方)に上がっていく。)
    └ 계단을 오른다. (계단을 위(쪽으)로 올라간다.)

  b. ┌ 階段に上がる。([NOT-階段]を上がって階段に到達する。)
    └ 계단에 오른다.([NOT-계단]을 올라서 계단에 도달한다.)

　加えて、「に/에」が共起する名詞指示物それ自体を「到達点」として概念化するのに対し、「を/를」は「空間全体の移動」概念を包含するが故に、前置する名詞指示物「そのもの自体」をある場所に移動するための「経路」として表示する役割を持つことは、次の(10a)-(10b)、(11a)-(11b)で「に/에」を用いた表現が非文と判断されることからも支持される。

(10) a. ⎰ 町/山道/野原をぶらつく。
       ⎱ 시내/산길/들판을 거닌다.

    → ぶらつくという移動を行う空間が町/시내、山道/산길、野原/들판である。

   b. ⎰ ?歩道/?山道/?野原にぶらつく。
      ⎱ ?보도/?산길/?들판에 거닌다.

    → ?ぶらつくという移動の到達点が歩道/보도、山道/산길、野原/들판である。

(11) a. ⎰ 川/運河/海を航行する。
        ⎱ 강/운하/바다를 항해한다.

    → 航行するという移動の経路が川/강、運河/운하、海/바다である。

   b. ⎰ ?川/?運河/?海に航行する。
      ⎱ ?강/?운하/?바다에 항해한다.

    → ?航行するという移動の到達点が川/강、運河/운하、海/바다である。

　更には、第1章で述べたように、「に/에」のみが「無指定の場所」を表示するからこそ、下例(12)においては、「を/를」・「で/에서・로」を用いることができない。

(12) ⎰ たくさんの魚(の死骸)が ⎰ 川 ⎱ ⎰ ??を ⎱ 浮いていた。
     ⎱   ⎱ 海 ⎰ ⎰ に ⎰
                                    ⎱ ?で ⎰

     ⎱ 많은 물고기(의 주검)가 ⎰ 강   ⎱ ⎰ *를   ⎱ 떠 있다.
                            ⎱ 바다 ⎰ ⎰ 에   ⎰
                                     ⎱ ?에서 ⎰

　このような文全体の解釈に基づいた「を/를」と「に/에」の概念的な差異は次の(13a)-(13b)が表す事象から、より一層明らかになる。

(13) a.
$$\left\{\begin{array}{l} \text{ペンキで壁} \left\{\begin{array}{l} \underline{を} \\ *\text{に} \end{array}\right\} \text{塗った。} \\ \text{페인트로 벽} \left\{\begin{array}{l} \underline{을} \\ *\text{에} \end{array}\right\} \text{칠했다.} \end{array}\right.$$

b.
$$\left\{\begin{array}{l} \text{ペンキを壁} \left\{\begin{array}{l} *\text{を} \\ \underline{に} \end{array}\right\} \text{塗った。} \\ \text{페인트를 벽} \left\{\begin{array}{l} *\text{을} \\ \underline{에} \end{array}\right\} \text{칠했다.} \end{array}\right.$$

　具体的に言えば、これまで述べてきたように、「を/를」は共起する名詞指示物「そのもの自体」を行為対象とする力を持つことから、(13a)で「を/를」を用いた表現は、ペンキを手段にした「塗る/칠하다」という行為の対象が「壁全体/벽 전체」に指定される事象を表していることが理解できる。それに対し、(13b)で「を/를」を用いた表現は、「ペンキそのもの」が行為の対象として指定されながらも、同時に、「壁そのもの」も行為の対象として指定されるという点で意味的に整合せず、したがって、非文となる。一方、「に/에」は「到達点」概念を表示する力を持つが、(13a)で「に/에」を用いた表現に関しては、壁に到達させる対象物が指定されないことから非文と判断される。それに対し、(13b)で「に/에」を用いた表現は、下例(13b′)が表す事象と意味的に等価であることからもわかるように、

(13) b′.
$$\left\{\begin{array}{l} \text{ペンキを壁に塗り付けた。} \\ \text{페인트를 벽에 발랐다.} \end{array}\right.$$

「壁/벽」を到達点としてそこに「塗り付ける/바르다」、つまり、「付着」させる対象が「ペンキそのもの」に指定され、更にはその「壁/벽」がペンキの付着する「到達後の位置」として含意される事象を表していることが理解できる。それ故、次の(14)が表す事象に関して、

　異言語間に共通する概念研究

(14) アメリカ { を / に } 旅行する。
　　 미국 { 을 / 에 } 여행한다.

「を/를」が用いられる場合、下例(15)が示すように、

(15) アメリカ { の中/内部 / 全体 } を旅行する。
　　 미국 { 안/내부 / 전체 } 를 여행한다.

「アメリカの中・内部・全体/안・내부・전체」を指示する。それに対し、「に/에」は、次の(16)が示すように、

(16) *アメリカ { の中/内部 / 全体 } に旅行する。
　　 *미국 { 안/내부 / 전체 } 에 여행한다.

「を/를」と同じ概念を表示する力はなく、「旅行する/여행하다」という移動動詞の「到達点」が単にアメリカであるという事象を表していることが見出される。すなわち、「を/를」・「に/에」はそれぞれ、「対象物そのもの」という概念・「到達点(もしくは到達点における位置)」概念を包含するからこそ、(17)が表す事象は、

(17) 留学しようと心 { を / に } 決める。
　　 유학 하려고 마음 { 을 / 에 } 정했다.

次の(18)が示すような意味的差異を生むと考えられる。

> **(18)** 「を/를」：留学しようという気持ちを固めた。
> 　　　　「に/에」：留学しようと決めた場所が心である。

それ故、上記(17)の「を/를」を用いた表現は次の(17)′ として書き換えられることからもわかるように、

> **(17)′** $\left\{ \begin{array}{l} 留学しようと\underline{決心した}。 \\ 유학 하려고 \underline{결심했다}. \end{array} \right.$

「心/마음」という名詞指示物と「決める/정하다」という行為の直接的な結びつきを表しており[4]、その結びつきの強さは、偏に「を/를」の「対象物そのもの」という概念に拠っていると考えられる[5]。

-----

[4] Lakoff and Johnson(1980: 129)は、二つの語が互いにどれだけ近接しているかによってその結びつき・影響力の強さが決まると述べ、そのようなシンタクス上の形態と意味の間の関係は次の(1)が示す"Closeness Is Strength of Effect"メタファーによって表されると主張した。

> (1) If the meaning of form *A* affects the meaning of form *B*, then, the CLOSER form *A* is to form *B*, the STRONGER will be the EFECT of the meaning of *A* on the meaning of *B*.
> (もしAの形態の意味がBの形態の意味に影響を与えているならば、Aの形態がBの形態に近くなればなるほど、Aの意味がBの意味に与える影響はそれだけ一層強くなる。)
> 　　　　　　　　　　　　　　　　　　－Lakoff and Johnson(1980: 129)(日本語訳筆者)

[5] 「決心」という名詞化形を持つ内的構造は「他動詞＋目的語」であり、したがってそれが対格概念表示助詞「を」を含意していることは、次の(1)が示すような他動詞/自動詞両方に使える動詞からも支持される。

> (1) 蹴球 ← 球を蹴る　　　　　　(2)富士登山 ← 富士山を登る

けれども、「に」のみが共起する自動詞用法しか持たない動詞を用いた名詞化形は、下例(3)が示すように、

> (3)入学 ← 学校に/*を入る　　　(4)出社 ← 会社に/*を出る

当然、動詞化させたときには「を」が現れない。

　詰まるところ、ここまで論述してきたように、「移動の全行程の表示力」という概念を格助詞「を/를」が包含しているからこそ、動詞が示す行為の影響を直接受ける対象物を対格目的語として表示できることが導き出される。その結果、このような動詞の影響が直接対象物に及ぶ「対格」概念に関しては、Langacker (1991:209-222)の'action chain'に従えば、第2章の2.1.1.(8)でも論じたように、物体が相互にエネルギー伝達を行い、最終的に対象物に「変化」という影響が与えられるような下記(19)のビリヤード・モデルで表されることになる。

(19)
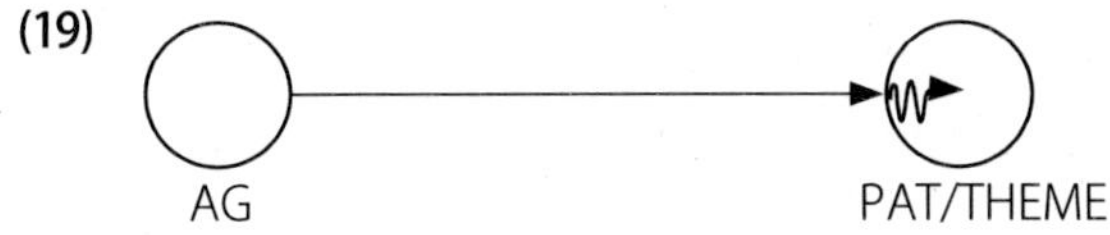

4.2. 特異な用法とされる韓国語「를」に見る日本語との 概念的並行性

4.2.1. 「택시를 타다」(タクシーを乗る)

第1章から第3章まで論じてきたように、同じ助詞言語である日本語・韓国語において、「に」と「에・에게」、「で」・「へ」と「에서・로」、「を」と「를」など、概念的な並行性を呈している。しかしながら、このような日本語助詞と韓国語助詞の関係は必ずしも、常に対応するとは限らないとしばしば指摘される。そしてその実例を挙げる時、決まって次の(1)が挙げられる。

(1) { 그는 택시를 탔다.
　　 (lit.彼はタクシーを乗った。)

日本語は「タクシーに乗った」が自然で「*タクシーを乗った」は非構造的であるので、韓国語の「를」と日本語の「に」は対立しあうことになる。しかしながら、このような捉え方は助詞どうしのみの対立に視点をおいた一面的な捉え方である。助詞は名詞の後置詞であり、「を/를」は、動詞の示す行為の影響が「を/를」が付着する名詞の指示物に何らかの変化を与える格助詞[6]であることを考え併せれば、動詞も視野に入れた多面的な捉え方をしなければならないことは

----

6) この定義には次の(1)、(2)のような、いわゆる心理動詞の例を挙げての反論があるかもしれない。
　　(1) 太郎は犯罪を憎んでいる。
　　(2) 子供は犬を怖がる。
　(1)、(2)における「を」に前置している各名詞句の「犯罪」、「犬」の指示物は、それぞれの動詞句が示す行為(「憎む」、「怖がる」)によって何ら影響を被ることもなければ変化を与えられることもないことも確かである。しかしながら、何らかの影響や変化を及ぼすことを意味する(3)における「割る」、「壊す」のような対格要求動詞の場合には(3)'のような言い換えができないのに対し、

　異言語間に共通する概念研究

当然のことであると考えられる。以下ではこの線に沿って(1)を分析する。

(1)の文に時間を示す副詞句をつけて変形すると次の(2)が得られる。

(2) a. 나는 서울까지 두 시간 택시를 탔다.
私はソウルまで二時間タクシーを乗った。

b. *나는 서울역에서 정각 5시에 택시를 탔다.
私はソウル駅でちょうど五時にタクシーを乗った。

「택시를 타다(タクシーを乗る)」は「二時間」という継続相表示の副詞句と共起することから「〜를 타다(〜を乗る)」は継続表示表現であることが明らかになる。逆に「〜したところ」という完了表現には、次の(3)、(4)のように、

(3) 대통령이 지금 막 차 (안)에 올라탔습니다.
大統領がちょうど今車 (の中) に乗り込んだところです。

(4) 환자가 들것에 실려서 지금 막 차 (안)에 옮겨졌습니다.
病人が担架に乗せられてちょうど今車(の中)に運び込まれました。

----

(3) 花子は花瓶を割った/壊した。
(3)'*花子は花瓶が割った/壊した。

(1)、(2)の場合には同様の言い換えが可能であるという違いが生じる。

(1)' 太郎は犯罪が憎い。
(2)' 子供は犬が怖い。

また、心理動詞に関しては、(1)、(2)のような「名詞1 は 名詞2 を 心理動詞 」の枠組みにおいて 名詞1 と 名詞2 を入れ替えても知的意味が保持できるのに対し、「割る/壊す」の枠組みではそれができないことからも、心理動詞と対格要求動詞の違いの証明になる。

(1)'' 犯罪は太郎に憎しみの気持ちを生じさせている。
(2)'' 犬は子供 を怖がらせる。
に怖い気持ちを生じさせる。
(3)'' *花瓶は花子 を 割った・割らせた/壊した・壊させた。
に

以上のことから、心理動詞を用いた(1)、(2)のような枠組みでは、何らかの影響や変化を受けるのは、実は 名詞1 の位置に生ずる名詞の指示物の心の中においてであることが明らかになる。つまりは、(1)、(2)は本書における「を」の定義の反例にはならないと言える。

「에」を使って「(内部という)場所」を表さねばならない。これを(5)として示す。

    (5) 「에」は場所表示の助詞[7]である。

この「에」は次の(6)-(7)に見られるように、英語の前置詞 'at'、'to' に対応しうる。

    (6) 형은 지금 도서관에 있습니다.
         兄は今図書館にいます。
    (7) 저는 지난 주에 서울에 갔습니다.
         私は先週ソウルに行きました。
    (6)' My brother is *at* (the) library.
    (7)' I went *to* Seoul last week.

「에・에게」が 'to'、'at' にも対応する証拠として、人間表示の(代)名詞を目的語にとる次の例を挙げることができる。

    (8) a. 明日私*に/のところに来て下さい。
        b. 내일 나에게 오세요.
           明日私に来て下さい。
        c. Come *to* me tomorrow, please.
    (9) a. 犬が私に跳びかかってきた。
        b. 개가 나에게 덤벼들었다.
           犬が私に跳びかかってきた。
        c. The dog jumped *at* me.

---

7)「에」と後述の「에게」は単なる異形態で同意であるが、両形存在の理由は「無生物名詞+에」、「生物名詞+에게」の区別をするためである。

韓国語の「에・에게」と英語の‘to’、‘at’との極めて密接な概念上のつながりがわかる。なお、「나는 사사가와 씨에게/로부터 꽃꽂이를 배우고 있습니다」(私は笹川さんに/から生け花を習っています)のような文で「に」と「から」が言い換え可能であり、かつ韓国語では「에게」で両方を言い表せるから「에게」には「出発点」表示力があるとよく言われるが、それは誤りであることについては中桐&李(1999)を参照してもらいたい。

「택시를 타다(タクシーを乗る)」の「를」が場所表示の‘to’、‘at’でも「に」でもないとすると、問題解決の鍵を動詞との結合体「～를 타다(～を乗る)」に求めなければならない。次の日本語の(10)

(10) 私はタクシーに乗った。

は、例えば、次の(11)に示されるような二意に解される。

(11) a. 私は (空港を出たところで) タクシーに乗った。
　　 b. 私は (空港から家まで) タクシーに乗った。

このような複数解釈が生まれるのは、(12)が示すように、

(12) 乗る: ① 乗り込む(＝動作)
　　　　　 ② 乗ったまま移動する(＝移動)

日本語の「乗る」自体が元々二意を示しうることに原因する。それに対し、韓国語の動詞「타다」は一意しか持たない。このことは(13)に示されるように、

(13) a. 타로는 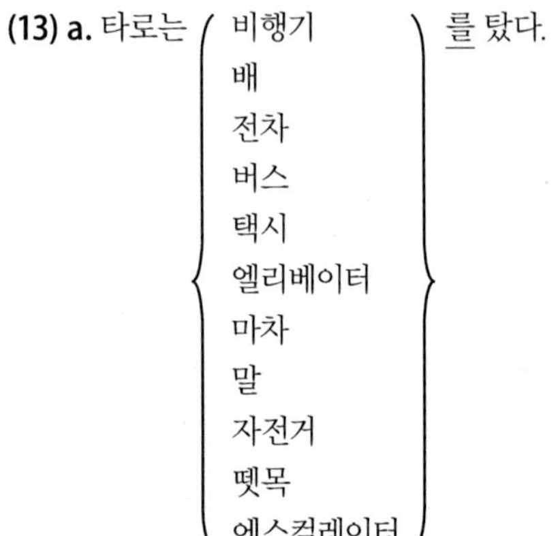 를 탔다.

(太郎は飛行機/船/電車/バス/タクシー/エレベーター/馬車/馬/自転車/いかだ/エスカレーターを乗った。)

(13) b. *하나코는　책상 (위)　를 탔다.
소파 (위)
발판 (위)
아버지 등 (위)
아버지 어깨 (위)
체중계 (위)

(花子は机(の上)/ソファー(の上)/踏み台(の上)/父の背中(の上)/父の肩(の上)/体重計(の上)を乗った。)

「타다」は移動の手段、つまり乗り物を表す名詞としか共起することを許されないことからも明らかになる。このことを前出(2)a、bから得られる事実を(14)として記す。

(14) 「타다」：（乗り物に）乗ったまま移動する

この(14)のイメージ・スキーマは次の(15)である。

(15)

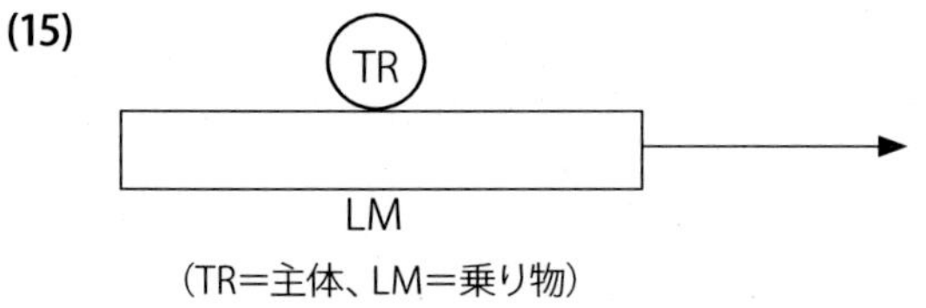

　タクシーと言えば、三次元物理空間を持つ乗り物であるから、(15)図のLMは内部を持つ容器(container)として捉えた方が良いように思えるかもしれない。しかし、(13a)及び以下の例(17a)-(17g)を考慮すれば、「비행기 (＝飛行機)」、「배 (＝船)」、「전차 (＝電車)」、「버스 (＝バス)」、「택시 (＝タクシー)」、「엘리베이터 (＝エレベーター)」、「마차 (＝馬車)」、「말 (＝馬)」、「자전거 (＝自転車」、「뗏목 (＝いかだ)」、「에스컬레이터 (＝エスカレーター)」など容器的乗り物は(16)図に示されるように、

(16)

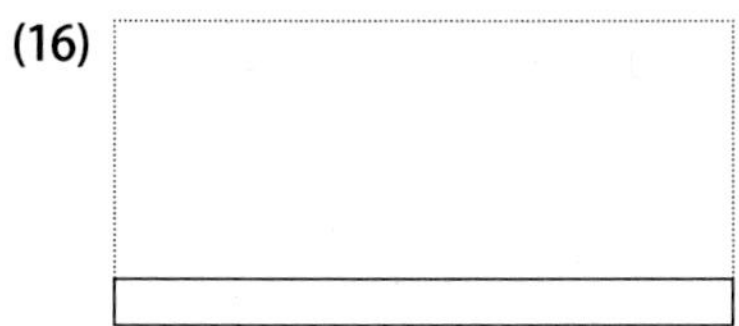

床面が焦点化された概念で捉えられていると考えられる。そして、「말 (＝馬)」、「자전거 (＝自転車)」、「뗏목 (＝いかだ)」、「에스컬레이터 (＝エスカレーター)」は、各々、「（馬の背の）上部」、「（サドルの）上部」、「（いかだの）上部」、「（エスカレーターの）上部」のように床面と同様の概念で捉えられる「上部面」に主体者が位置することになる。このような捉え方は(17a)-(17f)における抽象物を乗り物に見立てる用法を説明可能にする。

(17) a. 풍선이 바람을 타고 날아간다.

(lit. 風船が風を乗って飛んで行く。)

b. 비행기가 기류를 타고 날고 있다.

(lit. 飛行機が気流を乗って飛んでいる。)

c. 야자수 열매가 조류를 타고 먼 나라까지 간다[8].

(lit. ヤシの実が潮流を乗って遠い国まで行く。)

d. 보트가 강의 흐름을 타고 나아간다.

(lit. ボートが川の流れを乗って進む。)

e. 리듬을 타고 경쾌하게 노래한다.

(lit. リズムを乗って軽快に歌う。)

f. 그 뉴스는 전파를 타고 온 나라에 전해졌다.

(lit. そのニュースは電波を乗って国中に伝わった。)

g. 기세를 타고[9] 골까지 달렸다.

(lit. 調子/勢いを乗ってゴールまで走った。)

これらのことから、韓国語「〜를 타다 (=〜を乗る)」は上図(15)のイメージ・スキーマで捉えられることが確認される。ただし、(18)のような例外的な場合もある。

---

8) 「바닷물(=潮)」、次例「강물(=川の水)」のように体積を持つものに関しては、「타다(=乗る)」以外に「바닷물의 수면에 떠서(=潮の水面に浮かんで移動する)、「강의 수면에 떠서(=川の水面に浮かんで移動する)」のように「뜨다(=浮かぶ)」を用いることもある。

9) 正確には、日本語の「調子」に相当する名詞句は韓国語には存在しないため、「調子に乗る」を韓国語に文字どおりには訳せない。ただし、次の記載が示すように、

ちょうし[調子] ④ はずみ。勢い。

－『広辞苑』1998)

日本語で「調子」、「勢い」と言い換え可能な「弾み」と同意の「기세」があるので、この語を使うことにする。ただし、日本語の「??弾みに乗る」が不自然であるのと同様、この文は不自然である。

　異言語間に共通する概念研究

(18) 아이들은 목마를 타고 놀았다.
(子供は木馬を乗って遊んだ。)

　木馬は移動の手段ではないが、実際の移動手段である生きた馬の代用品として捉えられることから、移動手段の扱いを受ける。ただし、次の(18)′ が示すように、

(18)′ 아이들은 목마에 타고 놀고 있다.
(子供は木馬に乗って遊んでいる。)

(18)で用いられている動詞句が進行相の場合にはこれまでと異なった様相を呈することに注意を要する。なぜなら、(18)が表す事象において「목마/木馬」を生きた馬の代用として捉えられるのはあくまでも「観念的」であるのに対し、(18)′ が示すような事象は現実の観察者によって「実際の場面」として知覚されることから、「목마/木馬」は移動物としては認識されないためである。つまり、(18)′ が表す事象と意味的に等価であり、

(18)″ 목마 위에 위치해서 / 걸터앉아서 놀고 있다.
木馬の上に 位置して / またがって 遊んでいる。

「위/上」という「場所」概念がその姿を現すことから、「를」ではなく「에」が用いられるのである。それ故、ここでは、「목마/木馬」という対象物を人間がどのように見ているかによって「를」・「에」の語用(pragmatics)に拠っていることが理解できる。
　これまで上述したことは(19)としてまとめられる。

(19) X+ 乗物名詞 ＋를 타다.

(X는 乗物名詞 의 指示物에 乗って移動する。)

更に、「를」は次の(20)から明らかなように、

(20) a. 꽃병을 깨다. (花瓶を割る。)

b. 문을 열다/닫다. (戸を開ける/閉める。)

c. 공을 던지다. (ボールを投げる。)

d. 집을 짓다. (家を建てる。)

e. 요리를 만들다. (料理を作る。)

f. 일을 시작하다/끝내다. (仕事を始める/終える。)

g. 케이크를 먹다. (ケーキを食べる。)

h. 안경을 쓰다. (めがねをかける。)

i. 돈을 내다. (お金を払う。)

j. 남을 도우다. (人を世話する。)

動詞が表す行為によって、「를」を挟んで前置される各名詞の指示物が何らかの変化という影響を受けることを表す役割を果たす助詞であることが再確認される。したがって、前出(1)(下例(21)として再掲載)

(21) (=(1)) 그는 택시를 탔다. (＝彼はタクシーを乗った。)

は日本語の「彼はタクシーに乗って移動した」と意味的に等価であり、4.1.(18)、(19)図によって表される何らかの変化という影響とは、タクシーの「位置の変化」ということになる。対格概念を表示する助詞「를」が(21)(＝(1))で使われるのはこのような必然的な理由があるからである。したがって、韓国語の「택시를/*에 타다」(＝タクシーを/*に乗る)と日本語の「タクシー*を/に乗る」とを、助詞対応の単なる偶発的なずれとして捉えるべきではないと考えられる。

4.2.1.1. 英語との概念的並行性

韓国語の「에」と「를」はそれぞれ英語の 'I gave him a book.' におけ
る 'him(＝to him)' と 'a book'、日本語の「私は彼<u>に</u>本<u>を</u>あげた」における「(彼)
に」「(本)を」が表す格に相当する。このことを(1)として示す。

> **(1)** 「에」、'to'、'at'、「に」は与格概念を、「를」、「ゼロ前置詞」、「を」は
> 対格概念を表す。

「택시를 타다(タクシーを乗る)」(＝タクシーに乗って移動する)は英語では(2)
の

> **(2)** I rode a taxi (from X to Y).

'ride a taxi' に相当すると見なしてよいと思われる。'ride' は(3)に示すように、

> **(3) a.** *I rode a taxi *just at* 10 o'clock.
> **b.** I *rode* a taxi *for two hours*.
> **c.** I *rode* a taxi *from the station to my house*.

乗り込む動作を表す動詞ではなく、「移動行為」動詞である。次の(4)のよう
に、

> **(4)** ride a horse

'ride a horse' は、馬の背にまたがる行為のみならず、「移動する」行為をも意
味する。また、他の例を用いれば、'I like skiing.' (私はスキーが好きです)の場
合、スキー板の上に足をのせてストックを持ったままじっと動かずにいることが
動詞 'ski' の意味ではないのと同じである。'ride'、'ski' はいずれも移動動詞であ
る。だからこそ、韓国語で「スキーをする」という移動に関わる事象は次の(5)の

ように示されることから、

(5) 스키를 타다.
　　(＝スキーを乗る。)

ここでもやはり、(5)が表す事象は(5)′ として捉える必要があり、

(5)′ スキーを乗って行く。

「〜를 타다 (＝〜を乗る)」が「移動行為」として理解できるため、英語 'ride' と概念的に並行することが導き出される。

4.2.2.「타다」以外の対格概念要求動詞

4.2.1.で検証した「타고 이동하다」(＝乗って移動する)以外に、同一環境において韓国語と日本語の非対応を引き起こす韓国語の動詞には「만나다」(＝会う)、「닮았다」(＝似ている)、「섬기다」(＝仕える)がある。以下では、これらの動詞が何故「를」を要求するのかについて分析を試みる。まず、次の(1)-(3)が表す各々の事象に着目する。

(1) 나는 타로를 만났다.
　　私は太郎を会った。
(2) 하나코는 어머니를 닮았다.
　　花子は母親を似ている。
(3) 그녀는 부모님을 잘 섬기고 있다.
　　彼女はよく御両親を仕えている。

これら韓国語の(1)-(3)が表す事象はそれぞれ、日本語においては次の(4)-(6)として示される。

(4) 私は太郎<u>に</u>/*<u>を</u>会った。

(5) 花子は母親<u>に</u>/*<u>を</u>似ている。

(6) 彼女はよく御両親<u>に</u>/*<u>を</u>仕えている。

つまり、上例(4)-(6)は各々、意味的には下記(7)-(9)と捉えられることから、

(7) 私の「会う」行為の「到達点」が太郎である。

(8) 花子の似ている「到達点」が母親である。

(9) 彼女は両親の「存在しているところ」に「位置」している。

第1章の1.3.2.2.で論述したように、日本語格助詞「に」が包含する「到達点(もしくは到達点における位置)」概念に基づいて、主体と対象者が物理的・抽象的に「近接」する事象を表わしていることが理解できる。しかしながら、上出(1)-(3)が表す事象を考えた場合、いずれも「를」が使われているのだから、日本語格助詞「を」と同様、4.1.で述べた「対格」概念の観点から観察する必要があると考えられる。まず、(1)の分析から始める。

(1) { 나는 타로를 만났다.
{ 私は太郎<u>を</u>会った。

対格概念表示助詞「를」を用いた(1)の事象を明らかにするためには、「만나다(=会う)」が「視覚動詞」であることに注目しなければならない。なぜなら、「会う」は次の(10)-(11)で記載されているように、

(10) あ・う[合う・会う・遭う・逢う]

　　㊁ 顔が合う。

–『岩波国語辞典』(下線筆者)

　　❷ ① 《会・逢》互いに顔を見て相手を認識する。対面する。会見する。対する。面と向かう。

–『広辞苑』(下線筆者)

(11) あ・う[会う]

　　❷ ② 進んで行ったら向うから来て、互いに顔を見る。偶然出くわす。出合う。行き合う。

–ibid(下線筆者)

　　㊀ ある場所を決めて・ある場所で(偶然に) 人と一緒になり、互いに相手を認めたり話をしたりなどする。

–『新明解国語辞典』(下線筆者)

「顔を合わせ」、「相手を認めて」話などをする意を示す表現である。つまり、そのように相手を認識するためには、「視覚」で対象者の「顔・姿」を捉えることが不可欠であって、上記(11)の二重下線部が示すような「ある場所を決めて・ある場所で偶然に」という意はあくまでも副次的な意味要素であると考えられる。英語の 'see' に相当するとも言うべきこの韓国語動詞句「〜를 만나다(=を会う)」の語彙意味概念構造を下記(12)として表示する。

(12)「〜를 만나다(=を会う)」:

　　[ある場所を決めて/ある場所で偶然に] ＋ [対象者の顔・姿を視覚で捉える]
　　　　　　　非中核義　　　　　　　　　　　　　　　　中核義

　それ故、この(12)が示す概念構造に従えば、上出(1)が表す事象は次の(13)と意味的にほぼ等価であることから、

(13) 나는 (어떤 장소를 정해서/어떤 장소에서 우연히) 타로의 모습·얼굴을
시각으로 잡았다.
私は(ある場所を決めて/ある場所で偶然に)太郎の姿·顔を
視覚で捉えた。

対格概念表示助詞「를」の存在理由を理解することができる (なお、目に障害
のある人による(1)の発話も、これに準ずると考えられる)。このような動詞の意
味構造と我々の五感機能との関係に焦点を当てれば、上出(2)が表す事象も明
らかになる。

(2) 하나코는 어머니를 닮았다.
花子は母親を似ている。

その理由として、「似る」は次の(14)-(15)のように定義され、

(14) にる[似る]

別別のものが、互いに同じように見える。

—『岩波国語辞典』(下線筆者)

(15) にる[似る]

共通点を多く持つ。

—『新明解国語辞典』(下線筆者)

「視覚行為」(時には「聴覚行為」(例、내 목소리는 아버지의 목소리를 닮았다 (＝
私の声は父の声を似ている))を通して、観察者が別別のものが何らかの共通
性 (例えば、人なら顔つき、体つき、歩き方など事物なら形状、色彩等、抽象
物なら雰囲気、様子、音声、匂いなど) を持っている、という情報を得る意を
示すことが挙げられる。すなわち、韓国語「〜를 닮았다(＝を似ている)」は、
下記(16)が示すように、

(16) 「～를 닮았다(＝を似ている)」:

　　　[連想させるもの]を視覚であれ、聴覚であれ[意識で捉える]
　　　　　　非中核義　　　　　　　　　　　　　　　　　中核義

ある対象に対応する別のものを連想させる、つまり、対応物を視覚であれ、聴覚
であれ「意識で捉える」ことがその中核概念であることが見出される[10]。その結
果、上出(2)が表す事象は対格概念表示助詞「를/を」を用いた次の(17)として解
され、

(17)　하나코 [를 보는 것]은 (관찰자에게) 그녀의 어머니를　연상시킨다.
　　　　　　　　　　　　　　　　　　　　　　　　　　　　　　생각나게 한다.
　　　　花子[を見ること]は (観察者に) 彼女の母親を　連想させる。
　　　　　　　　　　　　　　　　　　　　　　　　　思い出させる。

花子の母親という存在を観察者の意識に上らせるほどの共通性を花子が持って
いる事象が表されていると考えられる。つまり、韓国語の「～를 닮았다(＝～を似

---

10) 「[連想させるもの](非中核義)を視覚であれ、聴覚であれ[意識で捉える](中核義)」という
　　概念を表示する点においては、韓国語「～닮았다(＝を似ている)」と英語'remind'は概念
　　的に並行する。なぜなら、'remind'は次の(1)の記載のように、

　　　remind sb of sb/sth to cause sb to *remember* or think about sb/sth because of
　　　certain similar features or *mental associations*

　　　　　　　　　　　　　　　　　　　　　　　　　　　　　　　－*OALD* (イタリック筆者)

　　別別のものが共通性を持っている、という情報を観察者が得る意を表わし、かつ、ここで
　　用いられて'remember'が下記(2)で示されるように、

　　　(2) remember 1 to (be able to) *bring back to one's mind* (information, past
　　　　　events, etc.); *keep in the memory*

　　　　　　　　　　　　　　　　　　　　　　　　　　　　　　－ *LDCE*[2](イタリック筆者)

　　その情報を「意識や記憶に呼び起こす」意を示すためである。以上のことから、韓国語の
　　「～닮았다(≒似ている)」はHanako resembles her mother.(花子は (彼女の) 母親に似て
　　いる)における英・日の「resembles/～に似ている」と異なり対格性を持っていると言える。

　異言語間に共通する概念研究

ている)」は「〜를 연상시키다[11] (=〜を連想させる) /〜를 생각나게 하다 (=〜を思い出させる) と共通性を持っている」のような概念を凝縮された動詞句であると考えられる。このような[非中核義＋中核義]、つまり、[中核概念＋α]の語彙意味概念構造の見地に立てば、上出(3)の韓国語「〜를 섬기다(=〜を仕える)」も日本語と概念的な並行性を呈していることが理解できる。

(3) { 그녀는 부모님을 잘 <u>섬긴다</u>.
      彼女はよく御両親を<u>仕える</u>。

　なぜなら、この「〜를 섬기다(=〜を仕える)」という韓国語動詞句は、次の(18)の文及び(19)図が示すように、

(18) { 그녀는 { 부모님 / *애완견 } 을 잘 <u>섬긴다</u>.
       彼女はよく { 両親 / *<u>愛犬</u> } を<u>仕えている</u>。

主体者と非主体者の間に一定方向の「上・下」関係を示しうるからである:

(19) 非主体者(＝부모님(＝両親))　　　　　非主体者(애완견(＝愛犬))

　　　↑　「〜를 섬기다 (=を仕える)」　　　　✗

　　主体者(그녀(＝彼女))　　　　　　　主体者(그녀(＝彼女))

----

11) このように二者が何らかの共通点を持っている場合「X는 Y를 닮았다(＝XはYを似ている)」と言うのが一般的であるが、勿論個人的傾向もある。例えば、私の実姉はこの一般的な言い方を好まず次の(a)ように言うのが口くせである。

　(a) 은별이 웃는 모습은 준우 <u>연상</u>이다.
　　　(＝銀別(人名)の笑い方は俊雨(人名)<u>連想</u>だ)

つまり、「닮았다(＝似ている)」の代用で「연상(＝연상시키다(＝連想させる))」を使うことができるということである。

そして、「섬기다」が次の(20)のように定義されていることを併せて考えるならば、

(20) 「섬기다」(＝仕える) : 신 (神) 이나 웃어른을 잘 모시어 받들다. Serve
(神様や目上の人をよく奉って丁寧にもてなす。)

– 『国語大辞典』(筆者訳)

Cf. つか・える[仕える]

㊀ <u>主君・主人</u>などの<u>そばに居て</u>、<u>不自由が無いように働く</u>。

– 『新明解国語辞典』(下線筆者)

① <u>目上の人の身近にいて</u>その用を足す。かしずく。

– 『広辞苑』(下線筆者)

韓国語「〜를 섬기다(＝〜を仕える)」は下記(21)が示すような語彙意味概念構造
を表示し、

(21) 「〜를 섬기다(＝〜を仕える)」:

[非主体者に不自由のないように働く] ＋ [非主体者を上に置く]
　　　　　非中核義　　　　　　　　　　　　　　　中核義

(20)の二重下線部が示すように、主体者とそれより「上に置かれる」非主体者が
「近接」する事象を表していることが見出される[12]。その結果、(21)が示す中核

----

12)「[非主体者に不自由のないように働く](非中核義)＋ [非主体者を上に置く](中核義)」とい
　 う概念を表示する「〜를 섬기다(＝〜を仕える)」は英語の'serve'と概念的に並行する。そ
　 の理由として、下記(1)が示すように、

　　　(1) serve 2: *to give the service and respect* due (当然のこととして<u>奉仕し敬意を</u>
　　　　　<u>はらう</u>)

　　　　　　　　　　　　　　　　　　　　　　　　　　　–*WEED* (イタリック・下線筆者)

　 'serve'も「奉仕し敬意を払う」、つまり、「非主体者を上に置く」(Cf. 奉仕: ① 国家・社会や
　 <u>目上の者などのために、私心を捨てて力を尽くすこと</u>(『岩波国語辞典』(下線筆者))という
　 意を指し示すことが挙げられる。また、歴史的に見ても、次の(2)で示されるように、

　　　(2) serve 1《?late OE *Lambeth Homilies* 》(神に)仕える

　　　　　　　　　　　　　　　　　　　　　　　　–寺澤(1999: 1254)(下線筆者)

概念に基づいて、上出(3)が表す事象は対格概念表示助詞「를(=を)」を用いた次の(22)として示すことが可能になる。

(22) 그녀는 부모님을 잘 대우하여 불편함이 없도록 한다.
彼女はよく両親を立てて不自由がないようにしている。

4.2.3. 「만나다・맞다(＝あう)」に見る「를」と「에・에게」の　　概念比較

ここでは、これまで論じてきた「를(=を)」の「対格」概念と「에・에게(＝に)」が表示する「到達点」概念を比較考察するために、日本語でも多様な様相を呈する「만나다・맞다(=あう)」(Cf. あ・う[合う・会う・逢う・遭う・遇う](『広辞苑』(下線筆者))に焦点を当て、それに後続する韓国語助詞が如何なる概念体系に基づいて選ばれるのか、つまり、韓国語母国語話者の無意識的意識に存在する助詞選択のメカニズムを明らかにすることを試みる。上の「　」内に記したように、日本語の「あう」は、それに充てる漢字に応じて、様々な事象を表すが、結合する助詞は一貫した「に(あう)」で通すことができるのに対して、韓国語においては日本語と異なり、「만나다・맞다(=あう)」が指示する事象の種類に応じて後続する助詞も異なる。以下はその一例である。

(1) 이 옷은 나에게 딱 맞다.

（この服は私にぴったり合う。）

(2) 이 곡은 네 음정에 맞다.

（この曲は君の音程に合っている。）

英語'serve'は「神」に仕える意をその語源としていることから、本書(18)-(19)で述べたように、主体者が自身よりも「上」の存在である非主体者に「仕える」意を表すことも、韓国語「〜를 섬기다(＝~を仕える)」と概念的に並行する事実を物語る。

(3) (우연히) 여행지에서 친구를 만났다.

(偶然)旅先で友人を会った/逢った/遇った。)

(4) 몇 시에 그를 만날 약속입니까?

(何時に彼を会う約束ですか。)

(5) 해외 여행에서 죽을 뻔한 일을 만났다.

(外国旅行でひどい目を遇った。)

(6) 돌아 오는 길에 큰 비를 만났다/맞았다.

(帰り道で大雨を遇った。)

　概してみると、(1)-(2)にはそれぞれ「에게・에(＝に)」が、また、(3)-(6)には「를 (＝を)」が用いられている。そのため、(1)-(2)の「에」・「에게」は前置する対象が「人」か「場所」かという違いがあるだけであるが、ここで日本語との相違点は、(1)、(2)の「맞다(＝合う)」は対格助詞を要求する他動詞ではなく自動詞であること、そして(6)の「맞다(＝遇う)」は他動詞である点である。その結果、次の(7)が示すように、

(7) あう　┌ 맞다(＝合う) ―「에・에게」
　　　　　　└ 만나다/맞다 (＝会う/逢う/遭う/遇う) ―「를」

「에・에게」は日本語の「合う」が表す事象に、「를」はその他の「会/逢/遭/遇う」が表す事象に選択されると言うことができる。つまり、前者の「에・에게 맞다 (＝に合う)」が示す事象は「에・에게」が「到達点」概念表示語であることからもわかるように、下図(8) が示すような、

(8)
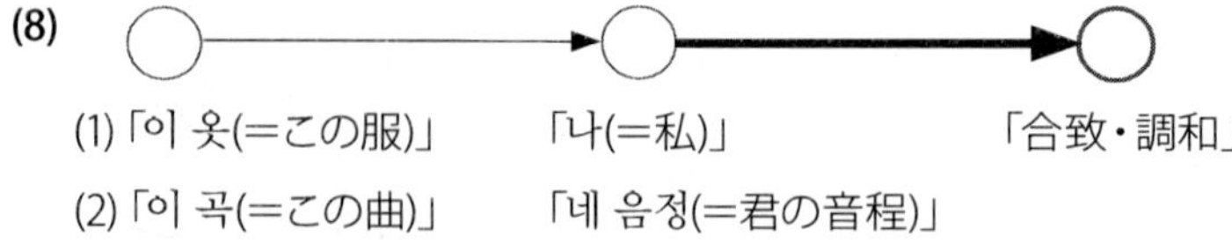

主体がある「到達点」に移動し、最終的には「合致」する概念で捉えられていることが理解できる[13]。一方、後者の「를 만나다・맞다(＝を会/逢/遭/遇う)」が示す事象については、大別して２つの捉え方が存在する。その理由として、「対格」概念表示助詞である「를」は第1章の1.3.2.1.(17)(下記(9)として再掲載)でも述べたように、

(9) 「を」：空間全体の移動概念表示の助詞
    (例、지붕 위/운동장 (안)을 걷다/달리다/*있다/*물구나무서기를 하다.)
    (屋根の上/運動場 (の中) を歩く/走る/*居る/*逆立ちする。)

日本語格助詞「を」と同じ「移動」概念を表示するが、上例(3)-(6)のそれぞれの事象は２つの異なる移動概念で表されることが挙げられる。まず、(4)の「〜를 만나다(＝〜を会う)」は4.2.2.でも論じたように「視覚行為」と密接に関わっているため、「移動」概念と「対格」概念の関わりを概念図を用いて表示するとすれば、下図(10)

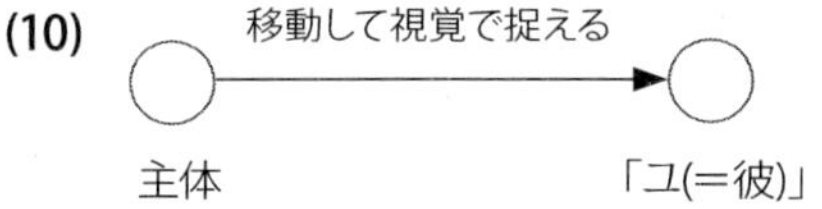

が示すような「移動して視覚で捉える」事象を表わしていると考えられる。それに対し、(5)-(6)が表す事象は次図(11)

---

[13] 英語の'match'、'suit'に相当するこのような「合致」概念を「맞다(＝合う)」が表すことは、次の(1)が示すように、
    (1) 네 대답은 맞다.
        君の答えは正解・完全・ドンピシャリだ。
「正解」に「맞다(＝合う)」が用いられることからも支持される。

(11)

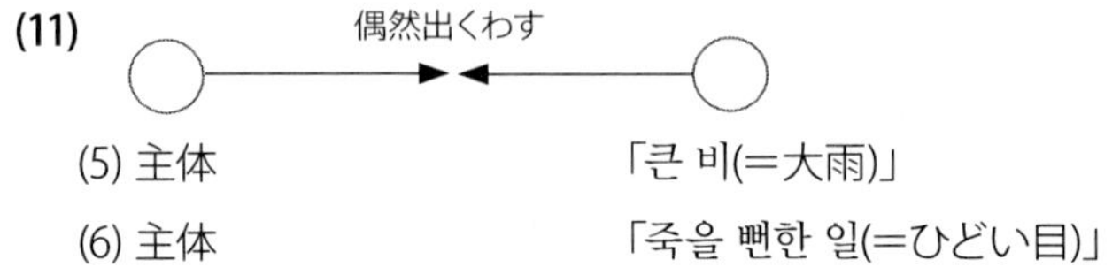

が示すような「偶然出くわす」移動概念で捉えられているため、上図(10)とは全く別の概念体系を示しているように思えるかもしれない。しかしながら、(5)-(6)でそれぞれ用いられている「큰 비(＝大雨)」や「죽을 뻔한 일(＝ひどい目)」の指示物は主体が遭遇する対象として「移動」概念でも捉えることが可能であることから、やはり、(5)-(6)が表す事象で「를」が用いられるのは上図(10)を基盤にした視覚に準じた転用であると想定される。それ故、非主体者が[±移動]の両概念を示す上出(3)が表す事象は上図(10)、(11)どちらでも表示可能となるのである[14]。

----

14) (3)の「遭う」に関しては次のa、bが示すように、

    a. 友人とたまたま/思いがけない所で遭った。
    b. 友人に??遭いに行く/友人と??遭う約束をする。

主体の行為には[―意図]が含まれる。また(5)、(6)の「遭う」に関しては、「ひどい目」、「大雨」に加えて、

    c. 不幸(な目)/危険(な目)/落雷に遭う
    d. ??幸せ/??幸運/??善良な人に遭う

cが自然でdが不自然であることから、「遭う」の対象物は[＋好ましくないもの]、[＋避けたいのに避けられらい]などの概念を要求することがわかる。このような理由から、「会/逢/遭」はeのように

    e. この靴と私の足とぴったり合う。

彼と友人とが会った/逢った/(たまたま/思いがけない所で)遭った。2者が「と」で結ばれる対象の関係になりうるのに対して、「遭」はfが示すように、

    f. *彼とひどい目/*彼と大雨/*不幸(な目)/*危険(な目)/*落雷とが遭った。

  2者が対等とは扱われないのであると考えられる。

4.3. 同一分布をなす「를」・「에」と「プロトタイプ」の近接関係

4.1.-4.2.では「를」はそれに前置する名詞句の指示物に対して、後続する名詞が示す行為が何らかの影響を与えることを示す対格助詞であることを実証した。その代表例を (1) として再掲載すると、

(1)　$\left\{\begin{array}{l}\text{그는 택시 }\left\{\begin{array}{l}\text{를}\\ \text{*에}\end{array}\right\}\text{ 탔다.}\\[2mm] \text{彼はタクシー}\left\{\begin{array}{l}\underline{を}\\ \text{*に}\end{array}\right\}\text{乗った。}\end{array}\right.$

韓国語の「타다 (＝乗る)」は図(2)で示されるように、

(2) TR ●——————————————→● TR
　　　出発点　　　　　　　　　　　　　　到達点

タクシーという乗物 (＝TR) が移動することによって位置の変化という影響を受けることを表す動詞であることから、直接目的語と同じ働きをする「를＋自動詞」を用いることを示した。しかしながら、前セクション4.2.は単に「를」が対格助詞であることを示すための実証に費したのではなく、あくまでも本書で検証している助詞の一つである「에」との意味の相異を示すためである。4.2.1.、4.2.2.で扱った「만나다 (＝会う)」、「닮았다 (＝似ている)」、「섬기다 (＝仕える)」などの動詞はあくまでも対格概念を要求する数少ない動詞である。むしろ、次の(3)に示すような「를」と「에」が同じ分布(distribution)をなす、つまり生ずる位置が同じであることが多い。例えば次の(3)の

(3) a. 昨日私はレストラン $\left\{\begin{array}{c}*を \\ に\end{array}\right\}$ 行った。

　　b. 어제 나는 레스토랑 $\left\{\begin{array}{c}을 \\ 에\end{array}\right\}$ 갔다.

韓国語のbは「를」・「에」いずれも正文を生む。(3)bにおける「를」と「에」の違いは(4)のような状況を考えると、容易に推察可能である。

(4) a. { 어제 나는 레스토랑에 갔지만 그 레스토랑은 이미 문이 닫혀 있었다.
　　　　 昨日私はレストランに行ったが、そのレストランは既に閉店だった。

　　b. { *어제 나는 레스토랑을 갔지만 그 레스토랑은 이미 문이 닫혀 있었다.
　　　　 昨日私はレストランを行ったが、そのレストランは既に閉店だった。

つまり、「에」は一貫して移動の到達点を表しうるのに対し、(4)bの状況を変えて(5)とすると、

(5) { 어제 나는 레스토랑을 가서 맛있는 요리를 먹었다.
　　　 昨日私はレストランを行って、美味しい料理を食べた。

「를」は正文を生むことになる。これらのことから「레스토랑을(=レストランを)」は単にレストランの建物に行っただけではなく、そこで料理を食べるという行為を行ったことを表していることが明らかになる。「料理を食べる」ことはレストランが存在する「本来の目的(=プロトタイプ的目的)にかなった行為を行っているわけで、この点で「レストランの食行為」はレストランに何らかの影響を与える行為であると言える。このことは以下の例でも裏付けられる。

(6) a. 나는 매주 일요일에 교회를 간다.

　　　(私は毎週日曜日に教会を行く。)

　　b. *나는 어제 교회를 갔지만 입구에서 돌아왔다.

　　　(私は昨日教会を行ったが、入り口のところで引き返した。)

(7) a. 나는 어제 미용실을 갔다.

　　　(私は昨日美容室を行った。)

　　b. *나는 어제 미용실을 갔지만 기다리는 사람이 많아서 돌아왔다.

　　　(私は昨日美容室を行ったが、人が多くて待たずに帰った。)

(8) a. 나는 어제 도서관을 갔다.

　　　(私は昨日図書館を行った。)

　　b. *나는 어제 도서관을 갔지만 자리가 없어서 집으로 돌아왔다.

　　　(私は昨日図書館を行ったが、満席だったのですぐに帰宅した。)

(9) a. 나는 어제 학교를 갔다.

　　　(私は昨日学校を行った。)

　　b. 나는 어제 학교를 갔지만 배가 아파서 교실에도 들어가지 않고 돌아왔다.

　　　(私は昨日学校を行ったが、腹痛のため校内から引き返した。)

(10) a. 어머니와 함께 영화관을 갔다.

　　　(お母さんと一緒に映画館を行った。)

　　b. 어머니와 함께 영화관을 갔지만 영화를 보지 않고 돌아왔다.

　　　(お母さんと一緒に映画館を行ったが、映画館の前で帰ってきた。)

以上(3)-(10)で述べたことをまとめて(11)として記す。

(11)	施設		プロトタイプ的目的
a.	レストラン	＝	食事をするところ
b.	教会	＝	お祈りをするところ
c.	美容室	＝	散髪をするところ
d.	図書館	＝	本を読む/借りるところ
e.	学校	＝	学習/勉強をするところ
f.	映画館	＝	映画を観るところ

(11)a-fに記した施設の本来の目的を表すために「를 (＝を)」が使われるとすれば、(12)のような場合には

(12) a. $\begin{cases} \text{*나는 3시에 역을 간다.} \\ \text{(私は3時に駅を行く。)} \end{cases}$

   b. $\begin{cases} \text{*나는 와이키키 모래사장을 가고 싶다.} \\ \text{(私はワイキキの砂浜を行きたい。)} \end{cases}$

当然、不自然な表現となる。本来の目的とすべき行為を行ってこそ、その施設の存在価値があるわけですから、施設と目的とのプロトタイプ的近接性が(11)a-fでは強く、(12)a-bでは弱いという言い方もできる。したがって、(13)の場合、

(13) $\begin{cases} \text{*나는 내일 친구 집을 갈 약속을 했다.} \\ \text{(私は明日友人の家を行く約束をした。)} \end{cases}$

家は日々住居することが本来の目的とする場所であるが、「明日」というたった一日友人の家で住居行為を遂行するという(13)は意味的に極めて異常であると言える。これらのことから、次のような結論が得られる。4.2.-4.2.2.で扱った「를 (＝を)」と共起する動詞のうち、「타다(＝乗る)」以外の「만나다 (＝会う)」、「닮았다(＝似ている)」、「섬기다 (＝仕える)」は「에 (＝に)」との共起を嫌がっ

たのに対し、これまで論じてきた「를 (＝を)」と「에 (＝に)」とが同一分布をなす場合には、前者「를 (＝を)」は前置される名詞句の指示物と、その指示物のプロトタイプ的近接性の強さを表すのに対し、「에 (＝に)」はそのような近接性と無関係であることが明らかになった。このことを言葉を換えて言えば、「에 (＝に)」は「移動の到達点・到達後の位置」概念表示助詞であることから、このセクションでの主張は結局のところ(14)としてまとめられる。

(14) 「를 (＝を)」：対格助詞
　　　 「에 (＝に)」：与格助詞

第5章

「で」と「에서·로」の概念分析 (その3)

5.0. 「に/에・에게」・「へ/로」・「で/에서・로」と「ところ」との
概念的結びつきに見る「空間」表示助詞「で」の再考察

　本章では、ここまで論述してきた「に/에・에게」・「へ/로」・「で/에서・로」が包含する概念を体系的に考察するために、まず、「に/에・에게」と「へ/로」との間に存在する概念的相違を再認識し、複合動詞の焦点化に伴う助詞選択のメカニズムを検証する(5.1.)。次に、上出した各日本語格助詞が後続することができる「ところ」に焦点を当て、「ところ」そのものが表示する中核的な役割について論じた後、導き出された概念体系に基づいて「ところへ」・「ところに」の概念的差異を明確にする。そして、なぜ「ところで」が「ある出来事が起こる時点を場所的にとらえ、その場内で別の動作が起こるという事態を描写する」(田中 & 松本(1997: 60)(下線筆者))のかを解明することによって、日本語格助詞「で」と韓国語格助詞「에서・로」との概念的相違を明らかにする。そして、最終的には「ところ」と共起する　「に」/「へ」/「で」それぞれの助詞概念が「時」概念と如何なる結びつきを果たすのかを考察し、Kimballの'The Grammar of Existence'を基に英語との概念的並行性を分析することによって、「で/에서・로」が表示する概念を再確認する(5.3.)。

5.1. 「に/에・에게」と「へ/로」と「ところ」との間に存在する 概念的相違の再認識

5.1.1. 交替可能な「に/에・에게」と「へ/로」との概念の相違 I

両助詞の概念の差がぼんやりとして捉えにくくなるのは(1)のように移動動詞と共起する構文では両助詞は互いに交換可能になるからである。

(1) a. 太郎は東京 {に / へ} 行った。

  타로는 도쿄 {에 / 로} 갔다.

 b. その手紙は花子(のところ) {に / へ} 郵送された。

  그 편지는 하나코 {에게 / (에게)로} 우송되었다.

 c. 今年のお盆には、久しぶりに田舎 {に / へ} 帰るつもりだ。

  올 추석에는 오랜만에 집 {에 / 으로} 갈 예정이다.

同時に、次の(2)に見られるように、

(2) ここ {に / へ} 座りなさい。

 여기 {에 / 로} 앉으세요.

両助詞は移動動詞ではない動詞とも共起しうる場合もあり、交換可能な場合ばかりの観察を通しては、両者の相違点を見極めるのは極めて困難に思える。そこで、以下では交換不可能な場合に焦点を当てることにより、解決の糸口の発見を試みる。

　まず、「に/에・에게」、「へ/로」と状態動詞との共起関係は(3)-(5)に観察される。

(3)　太郎は大阪 {に / *へ} 住んでいる。
　　　타로는 오사카 {에 / *로} 살고 있다.

(4)　大阪城は {この近く {に / *へ} / さらに遠方 {に / *へ}} 在る。
　　　오사카성은 {이 근처 {에 / *로} / 더 먼 곳 {에 / *으로}} 있다.

(5)　ペンキが服 {に / ??へ} {こびりついて / くっついて} とれない。
　　　페인트가 옷 {에 / ??으로} {들러붙어 / 달라붙어} 떨어지지 않는다.

(3)-(5)から(6)が導かれる:

(6)　「に/에」：[＋状態]
　　　「へ/로」：[－状態]

したがって、日本語の格助詞「に」は並立助詞「と」とは共起し得ないのに対し、「へ」は共起する。しかし韓国語の場合は「에（＝に）」、「로（＝へ）」は助詞「와（＝と）」とは共起しない。この現象は、韓国語は日本語のように格助詞の格機能の喪失や名詞の脱範疇化が日本語ほど見られない特徴を持っているからであると言える[1]。

(7) a.
台風は東 { に / へ } 向かっている[2] / 進んでいる。
태풍은 동쪽 { ??에 / 으로 } 향하고 있다[3] / 이동하고 있다.

b.
台風は東 { *にと / へと } 向かっている / 進んでいる。
태풍은 동쪽 { *에와 / *으로와 } 향하고 있다 / 이동하고 있다.

c.
台風は { *東に東に(と) / 東へ東へ(と) } 向かっている[4] / 進んでいる。
태풍은 { *동쪽에 동쪽에 / 동쪽으로 동쪽으로 } 향하고 있다 / 이동하고 있다.

---

[1] この現象に関しては、山梨（編）（2001:185-227）に詳しい。

[2] この「に」の用法は、田中＆松本（1997: 42-43）を参照されたい。

[3] 韓国語の場合も「에」は「로」より話者には正否が生じるのは事実である。

[4]「台風は東に、東にと進んでいる」を自然な表現として判断する母国語話者もいる。しかしながらこの文が発話される時、句点「、」は「台風は東に」と「東にと進んでいる」との間の間隔(pose)を表すことから、言外に次の(1)

    (1) 台風は東に（到達し）、（そして更に）東にと進んでいる。

で示されるような意が隠されているからと考えられる。つまり、田中＆松本（1997:42-43）でも記載されているように「へ」が「方向」概念表示語であるのに対し、「に」はあくまでも「到達点（における位置）」概念であることから、b-cで「に」を用いた文は不自然な表現であると考えられる。

　b、cの日本語「へと」と「へ…へと」、そしてcの韓国語「으로…으로」は移動の連続性を強調することによって、その「方向性」を明瞭に示す表現と捉えることができる。したがって、次の(8)-(9)が得られる。

　　(8)「に/에」：[−方向性]
　　(9)「へ/로」：[＋方向性]

他方、前出(6)で「に/에＝[＋状態]」と表示した[＋状態]は次の(10)

(10)
- 飛んできた矢が象 { に / ??へ } 刺さった。
- そして、その矢は今もその象 { に / ??へ } 刺さったままの状態である。
- 날아온 화살이 코끼리 { 에게 / ??로 } 박혔다.
- 그리고 그 화살은 지금도 그 코끼리 { 에게 / ??로 } 박힌 상태다.

に見られるように、移動の物体が到達点に位置する、という「到達位置」概念であることもあり、また、(11)のように抽象的な動きや変化の決まりがつく、という「決着」概念であることもある。

　しかし、韓国語ではこの「決着」概念、すなわち、いろいろなものから選択したり、判断して決定する意味を持つ動詞「정하다」・「결정하다」と共起する格助詞は「에」ではなく「로」が選ばれるのである。

(11) ⎰ 考えに考えた末、赤色のネクタイ ｛ に / *へ ｝ 決めた/決定した。

⎱ 생각하고 생각한 끝에 빨간 넥타이 ｛ *에 / 로 ｝ 정했다/결정했다.

・決める： ① 動きや変化のあったものを一つにする。…決着させる。
・決定： ③ [生]個体発生において、胚のある組織・細胞の発生運命が定まっ
　　　　　　て、条件を変えても別の方向への分化が起きなくなること。

－『広辞苑』(下線筆者)[5]

・정하다 (定하다)： 여럿 가운데 선택하거나 판단하여 결정하다.
　　　　　　(いろいろの中から選択したり判断して決定する。)
・결정 (決定)： ① 행동이나 태도를 분명하게 정함, 또는 그렇게 정해진 내용.
　　　　　　(行動や態度を明確に決める、またはそのように決められた内容。)

－『표준 국어 대사전 (標準国語大辞典)』(日本語訳筆者)

これまで述べてきたことは(12)-(13)の概念図にまとめられる。

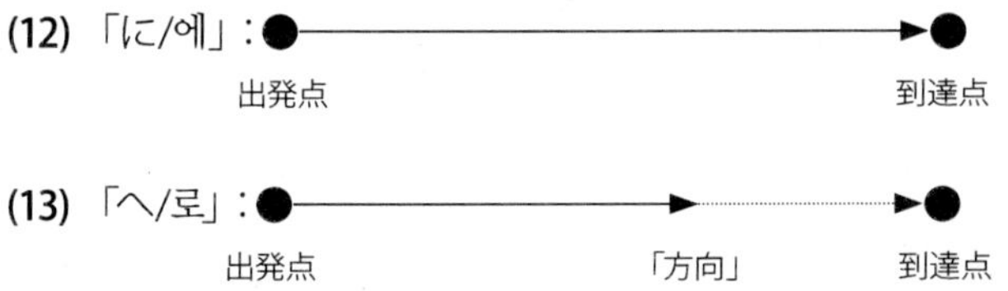

(12) 「に/에」：●━━━━━━━━━━━━━━━━━━━━━━●
　　　　　出発点　　　　　　　　　　　　　　　　　到達点

(13) 「へ/로」：●━━━━━━━━━━━━━━━━━━━━━・・・●
　　　　　出発点　　　　　　　　　「方向」　　　　　到達点

　このように「に/에」と「へ/로」を捉えると、前出(1)は次のように解決可能であ
る((14)として再掲載)。

---

5)「着」、「別の方向への分化が起きなくなる」に下線を施したのは、各々が「到達点完了」を意味
していること、つまり「に」が正しい表現であることを強調するためである。

(14) a. ⎰ 太郎は東京に行った。(つまり、太郎は東京に着いた。)
　　　 ⎱ 타로는 도쿄에 갔다. (즉, 타로는 도쿄에 도착했다.)

　　 b. ⎰ 太郎は東京へ行った。(が、東京に着いたかどうかは不明である。)
　　　 ⎱ 타로는 도쿄로 갔다. (하지만 도쿄에 도착했는지에 대해서는 불확실하다.)

　同様に、一見、違いがなさそうに感じられる前出(2)も、次の(15)に示されるように、

(15) ⎰ ここに座りなさい。
　　 ⎱ 여기에 앉으세요.　　　 = ⎰ [こちらへ移動して、]ここに座りなさい。
　　　　　　　　　　　　　　　　 ⎱ [이쪽으로 이동해서] 여기에 앉으세요.

　　 ⎰ ここへ座りなさい。
　　 ⎱ 여기로 앉으세요.　　　 = ⎰ [こちらへ移動して、ここに]座りなさい。
　　　　　　　　　　　　　　　　 ⎱ [이쪽으로 이동해서 여기에] 앉으세요.

[　]で示される省略部分を考慮することによって説明され得ると考えることができる。したがって、次の(16a)-(16b)のような文は、

(16) a. ⎰ 机に向かっている。
　　　 ⎱ 책상에 앉아 있다.

　　 b. ⎰ 机へ向かっている。
　　　 ⎱ 책상으로 향하고 있다.

通常、各々(16a′)-(16b′)と言い換えが可能である。

(16) a′. ⎰ 机の前に位置している。
　　　　 ⎱ 책상 앞에 위치해 있다.

　　 b′. ⎰ 机の方(向)へ移動している。
　　　　 ⎱ 책상 방향으로 이동하고 있다.

また、次の(17a、b)において、「勉強する/공부하다」のように[-移動]の素性を持つ動詞との結合の容認性の違いが(16a′)-(16b′)の違いを裏付ける。

(17) a. 机に向かって勉強している。
　　　　책상에 앉아서 공부하고 있다.

　　b. *机へ向かって勉強している[6]。
　　　　*책상으로 앉아서 공부하고 있다.

5.1.2. 交替可能な「に/에・에게」と「へ/로」との概念の相違Ⅱ

日本語「へ」の用法に関して、『広辞苑』では次の(1)のように記載されている。

(1) へ[7]

　② 移動性の動作・作用が帰着するところを示す。…に。
　　「目的の地へたどりつく」「みぞへはまる」「首へかじりつく」

－広辞苑』(下線筆者)

ところが、(1)の実例で使われている動詞「たどりつく」・「はまる」・「かじりつく」を同じ『広辞苑』で調べてみると、下記(2)-(4)のように、

(2) たどりつく: ② 苦しみ悩みながら、ようやく行きつく。
　　　　　　　「山頂にたどりつく」「やっと結論にたどりつく」

(3) はまる: 穴やふかみなどに落ちこむ。
　　　　　「ドロにはまる」「側溝にはまる」

---

6) ここでは「(机とは違う他の何かを使って)机へ向かって勉強している」は対象外。

7) この「へ」は「辺」(へん/あたり)が助詞化したもの(『広辞苑』)であることから、その主たる機能が場所空間そのものではなく、「方向」という漠然とした空間表示であることは頷ける。

(4) かじりつく: 離れないようにしっかりと物にとりつく。しがみつく。

「母親にかじりつく」「大臣の椅子にかじりつく」

－ibid(下線筆者)

(1)の「ヘ」がすべて「に」に置き換わっている。韓国語の場合も次の(5)のような記載がある。

(5) 조사 '-로'의 생략이나 'NP-로'의 생략이 물리적 이동 행위를 보이는 이동동사 문장에서 보다 훨씬 더 제약되며, 'NP-로'가 [방향]의 'NP-로'를 취하는 이동동사 '쏠리다'는 물리적 이동 행위를 나타낼 때와는 달리 추상적 행위를 나타낼 때는 그와 함께 나타나는 'NP-로'가 [지향점]의 해석을 가지게 되며, 따라서 조사 '-로'가 '-에'로 바뀌어도 정문 (正文) 을 이룬다.

    (8) 그들의 관심은 두 세력 중 어느 한쪽으로/한쪽에 쏠리게 된다.

    (9) 그러자 그들의 관심은 일출 시간인 6시 17분으로/6시 17분에 쏠렸다.

(助詞 '-로 (＝ヘ) 'の省略や'NP-로 (NP-ヘ) 'の省略が物理的な移動行為を見せる移動動詞の文においてより強く制約され、'NP-로 (＝NP-ヘ)'が [方向]の'NP-로 (＝NP-ヘ) 'をとる移動動詞 '傾く'は、物理的な移動行為を表すときとは違って抽象的な行為を表すときにはそれと共起する'NP-로 (＝NP-ヘ) 'が [志向点]の解釈を持つようになる。したがって助詞'-로 (＝ヘ) 'が'-에 (＝に) 'に置き返っても正文になる。

    (8) 彼らの関心は二つの勢力の中でどちらかの片方へ/片方に集まることになる。

    (9) そうすると、彼らの関心は日の出の時間である6時17分へ/6時17分に集まった。)

－남기심(1993:239) (日本語訳筆者)

このような奇妙な辞書表記を「ヘ」と「に」の自由交換性と見るのも、韓国語の記載も表層的である。むしろ、それは両助詞の本質に関わる現象と見るべき

であると考え、以下では時制、(文法)相、動詞の種類、共起する名詞の指示対象
の次元などを考慮に入れた分析を試みることにする。

5.1.2.1.「内部」概念に見る「に/에」と「へ/로」との概念の相違

5.1.2.で指摘した問題は他の辞典にも見られる。

(1) へ
③ 動作・作用を受けた結果、その事物が存在する場所を表す。「ここ
へ荷物を置いてはいけない・押入れへしまったままだ」[…「に」とほ
とんど同義で用いられ…]

－『新明解国語辞典』(下線筆者)

(1)の記載に従えば、「その事物が存在する場所を表す」と定義されているこ
とから、一見、「へ」は「に」と同じく、[＋状態]の概念を表示する役割を持ってい
るように思えるかもしれない。しかしながら、同時に、「「に」とほとんど同義で
用いられている」(下線筆者)という記載の中で「ほとんど」と述べられていると
いうことは、裏を返せば、当然「へ」と「に」は全てがすべて同じ概念で捉えられ
ないものではないことが伺える。すなわち、上記(1)で示される「へ」はあくまで
も「着点表現の省略による着点での位置」を述べているだけであって、「へ」そ
のものに[＋状態]概念が包含されているわけではない。もし、「へ/로」が「に/
에」と交換可能(つまり、同義)であり、更には「＋状態」概念を包含しているので
あれば、上記(1)で掲載されている「押入れへしまったままだ」を変化させた下例
(2)においては、

(2) 　蒲団を押入れ〔に／へ〕入れ納めた。

　　　だから、蒲団はそこ〔に／*へ〕〔在る／存在する／位置する〕ままだ。

　　　이불을 벽장〔에／으로〕넣어두었다.

　　　그러니까 이불은 거기〔에／*로〕〔있다. ／존재하고 있다. ／위치하고 있다.〕

「へ／로」は「に／에」と同じく主体の「着点」を表示できなければならないはず
であるが、実際はそうではない。つまり、厳密には、上例(2)が表す事象は次の
(2)′と意味的に交換可能と考えれば、

(2)′　蒲団を押入れ〔の中／内部(空間)に／の中／内部の方へ〕入れ納めた。

　　　だから、蒲団はそこ〔に／*へ〕〔在る／存在する／位置する〕ままだ。

　　　이불을 벽장〔안／내부(공간)에／안／내부 쪽으로〕넣어두었다.

　　　그러니까 이불은 거기〔에／*로〕〔있다. ／존재하고 있다. ／위치하고 있다.〕

「へ／로」はやはり、「到達位置」概念表示助詞ではなく、[－状態]・[＋方向性]概

念表示助詞であることが理解できる。このことは抽象的「内部空間」に関わる事象を示す下例(3)にも当てはまり、

(3) 思い出を胸の中 { に / へ } しまっておきなさい。
　　추억을 가슴 속[8] { 에 / 으로 } 간직해 두어라.

「限度副詞」を添えた(4)では、

(4) 思い出を胸の { できるだけ[9] / 可能な限り } { ?中/内部に / 中の方へ } しまいつつある。
　　추억을 { 할 수 있는 한 / 가능한 한 } 가슴 { ?속/내부에 / 속으로 } 간직되고 있다.

「に/에」は不自然であるのに対して「へ/로」は自然であることから、「に/에」、「へ/로」はそれぞれ、「到達位置」、「方向」概念を表示していることが明白になる。つまり、(4)の「中・内部に/속・내부에」が容認可能となると、思い出を胸の外にも置いておくことも可能になってしまい不自然となるが、他方「中の方へ/속으로」は「奥の方へ/깊숙한 곳으로」という自然な読みができるということである。したがって、「完了相」(正確には「完了後の存在」)を表示する次の(5)において、

---

8) 日本語の「中」に相当する「内部空間」概念を持つ韓国語は主に「안」と「속」、2種類が存在する。これらの単語の意味の違いは、大まかに肉眼で察知可能な内部空間を表す時には「안」、肉眼で察知不可能な内部空間を表すときには「속」が使われる。したがって、韓国語の例文の中には区別して使われている。

9) この「できるだけ/可能な限り」は直後の「中/外に」、「中の方へ」を修飾する副詞句とする。

(5)　若い頃の思い出はすべてこの胸 ｛に／へ｝ しまってあります。(完了)

　　　어린 시절의 추억은 벌써 이 가슴 ｛에／으로｝ 간직되어 있습니다.

「に」と比べて容認度が落ちるとしても「へ/로」が用いられる背景には、文それ自体によって表される明示的な事象以外に、言外における我々の意味解釈を考慮する必要がある。具体的に言えば、上例(5)の「しまってあります/간직되어져 있습니다」(Cf. しまう: ③ 入れ納める。片づける。始末する。(『広辞苑』(下線筆者))は「完了」、つまり、主体の行為が完了し、「思い出/추억」の指示物が「胸/가슴」という「内部空間/내부 공간」に「存在する/존재하다・位置する/위치하다」事象を表すため、「到達位置」概念表示助詞である「に/에」が用いられても正文として判断される。それに対し、「へ/로」が「胸/가슴」と共起可能なのは、文全体の解釈に基づいた我々の「意味の補完性」に拠っていると考えられる。つまり、「へ/로」はこれまで論じてきたように、あくまでも「方向」概念表示助詞であって「到達位置」概念表示助詞でないにもかかわらず、完了相と結びつくのは、「一定の方向」の先に「到達位置」が暗示されているためであると言える。言い換えれば、我々は通常、ある「方向・方位」へ向けて順調に移動すれば、その方向先のある位置に「到達」するのが自然であると考えられることから、その行為が完了したことを敢えて示さないことがよくある。それ故、上出(1)-(4)で「へ/로」が用いられる背景にも我々の「意味の補完性」が関わっており、「到達位置」を暗示する「方向」概念を「へ/로」が表示するからこそ、「到達位置」概念を表示する「に/에」と交替可能なのである。この論旨を上例(5)に適用すれば、(5)の「胸にしまってあります/가슴에 간직되어 있습니다」は、次の(6)-(7)

(6)　思い出を胸の中/内部方向へしまった。

　　　추억을 가슴 속/내부 방향으로 간직했다.

(7) 　┌ (したがって、それは今)胸の中という内部にあります。

　　　└ (따라서 그것은 지금) 가슴 속이라는 내부에 있습니다.

の二つの節が合体した結果の文であるということである。したがって、もし、「方向性」のみに焦点を当てた文を選択する場合には「胸へしまってあります/가슴으로 간직되어 있습니다」が選ばれることになる。それ故、これまで論述してきたような「内部空間/내부 공간」に関わる次の(8)

(8) 　┌ ┌ 胸の中　　　　┐ ┌ に ┐ ┌ 入れる。　　┐
　　　│ │ 押入れの中　　│ │ へ ┘ │ しまう。　　│
　　　│ │ ポケットの中　│ 　　　　│ 片づける。　┘
　　　│ └ 箱の中　　　　┘
　　　│ ┌ 가슴 속　　　　┐ ┌ 에 ┐ ┌ 넣는다。　　┐
　　　│ │ 벽장 안　　　　│ │ 으로 ┘ │ 간직한다。　│
　　　└ │ 호주머니 안　　│ 　　　　　│ 보관한다。　┘
　　　　 └ 상자 안　　　　┘

が表す事象に関しては、下記(9)が示すように、

(9) ① 胸/가슴、押入れ/벽장、ポケット/호주머니、箱/상자 ：「内部空間」
　　　② 入れる/넣다、しまう/간직하다、片づける/보관하다

　　　①＋②＝ ┌─────────────┐ 入れる/넣다、しまう/간직하다、片づける/보관하다
　　　　　　　│ 内部空間 ┌ に/에 ┐ │
　　　　　　　│ 　　　　 └ へ/로 ┘ │
　　　　　　　└─────────────┘
　　　　　　　→ 「に/에」：内部空間のどこかに 「へ/로」：内部方向へ

「内部到着」概念が焦点化される場合には「に/에」が、また、「入部方向」概念が焦点化される場合には「へ/로」が選択されることが理解できる。その結果、下例(10)が表す事象に関しては、

(10)
$$
\begin{cases}
洞窟を奥 \begin{Bmatrix} に \\ へ \end{Bmatrix} 入る。 \\
동굴 속 \begin{Bmatrix} 에 \\ 으로 \end{Bmatrix} 들어간다.
\end{cases}
$$

上出5.1.1.の(7)でも述べたように、次の(11)として表記されることから、

(11)
$$
\begin{cases}
洞窟を \begin{Bmatrix} *奥に奥に(と) \\ 奥へ奥へ(と) \end{Bmatrix} 入る。 \\
동굴 \begin{Bmatrix} *속에 속에 \\ 속으로 속으로 \end{Bmatrix} 들어간다.
\end{cases}
$$

(10)-(11)の「に/에」・「へ/로」を用いた事象は次図(12)のイメージ・スキーマとして捉えることができる。

(12)

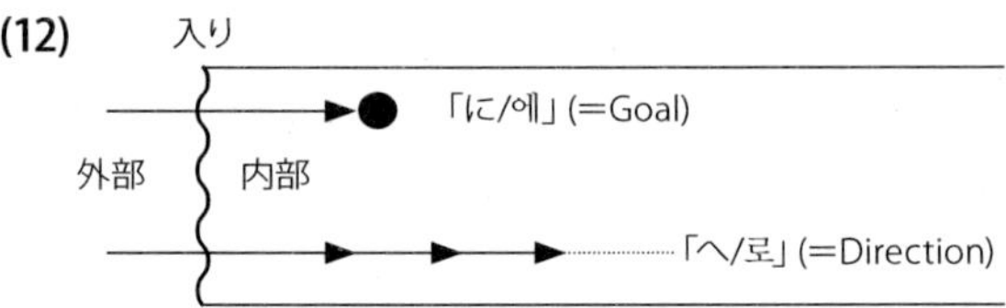

5.1.2.2. 「上部」概念に見る「に/에」と「へ/로」との概念の相違

5.1.2.1.で論述してきた「内部空間」に関わる事象に対して、内部と反対の「外部」の場所に関わる事象については、「に/에」・「へ/로」に前置する名詞指示物に注意を要する。その理由として、次の(1)が示すように、

 異言語間に共通する概念研究

(1) 大金を
- ベッドの上 / テーブルの上 / ベンチの上 ｛に／へ｝
- ピアノの上 / テレビの上 / コンピューターの上 ｛?に／??へ｝
- 床の上 ｛に／へ｝

置く。

큰돈을
- 침대 위 / 테이블 위 / 벤치 위 ｛에／로｝
- 피아노 위 / 텔레비전 위 / 컴퓨터 위 ｛?에／??로｝
- 마루 위 ｛에／로｝

둔다.

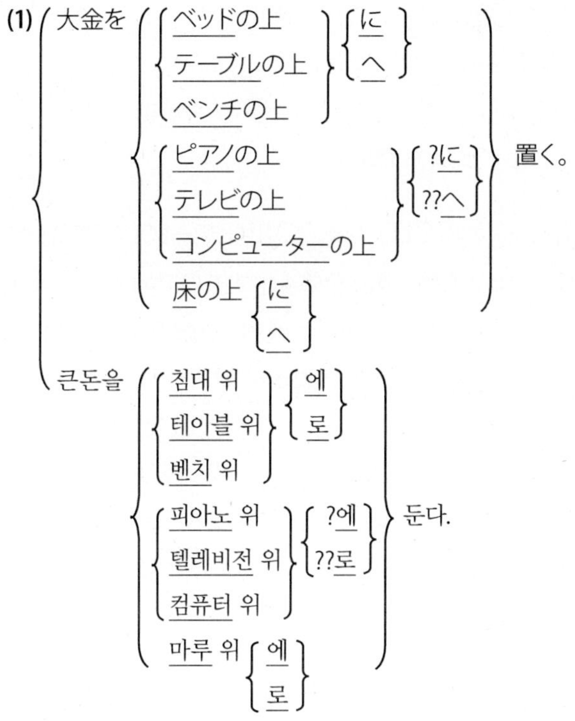

共起する名詞の指示物の種類によって「に/에」・「へ/로」の選択に正否のゆれ
が生じることが挙げられる。すなわち、(1)で用いられている「置く/두다」は下図
(2)が示すような、

(2)

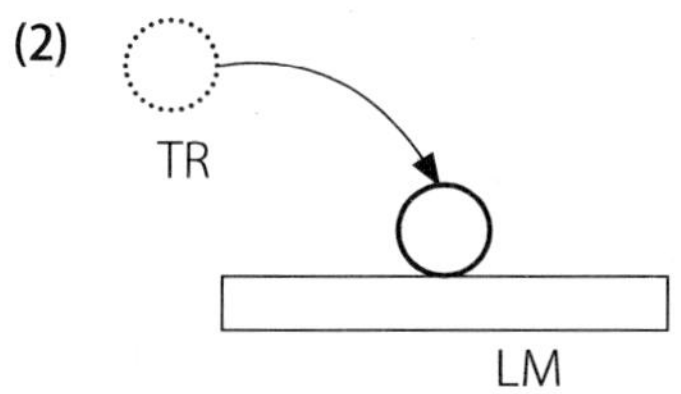

LMの「上部」に主体であるTRが移動してその位置を占めるイメージ・スキーマ
を要求する。つまり、次の(3)が示すように、

(3) ベッド/침대、テーブル/테이블、ベンチ/벤치、床/마루:
　　「上部」の使用様態性が強い

　　ピアノ/피아노、テレビ/텔레비전、コンピューター/컴퓨터:
　　「上部」の使用様態性が弱い

我々の知識の体系(frame)の中では、「ベッド/침대、テーブル/테이블、ベンチ/벤치、床/마루」の指示物は「上部」概念を強く示すものであるため、その上部に「到達位置」を表示することができる「に/에」は勿論のこと、その「到達位置」を暗示することができる「方向」概念表示助詞「ヘ/로」も共起可能であると判断される。逆に、「ピアノ/피아노、テレビ/텔레비전、コンピューター/컴퓨터」の指示物に至っては、「上部」概念が弱いという我々の認識が理由で、「に/에」・「ヘ/로」が直接共起すると正否のゆれが生じてしまうと考えられる。

　ここまでの論述を次の(4)が表す事象を使ってまとめると以下のようになる。

(4) Xに片付けておく/X에 보관한다.
　　=Xの上(部)に片付けておく/X 위(상부)에 보관한다.

　「ベッド/침대、テーブル/테이블、ベンチ/벤치、床/마루、地面/지면、棚/책상」といったXに代入される名詞の指示物が「上部」概念を強く表示する場合には、「片づけておく/보관하다」が示す事象に「置」概念が作用するため、「に/에」は共起可能であると判断される。一方、「ピアノ/피아노、テレビ/텔레비전、コンピューター/컴퓨터、ミシン/재봉틀、時計/시계、シャベル/삽」などの機械・器具・道具などを表す名詞からは上出(2)が示すような「置」概念のイメージ・スキーマに不可欠な「上部」概念が想起されにくいことから、「に/에」はそれらと共起しにくいと考えられる。また、たとえ「上部」概念を表示せずとも、「家/집、部屋/방、箱/상자、自動車/자동차」といった名詞の指示物は「内部空間」を持つ物体であることから、次図(5)のような、

(5) 「入れる/넣다」

「入る/들어가다」

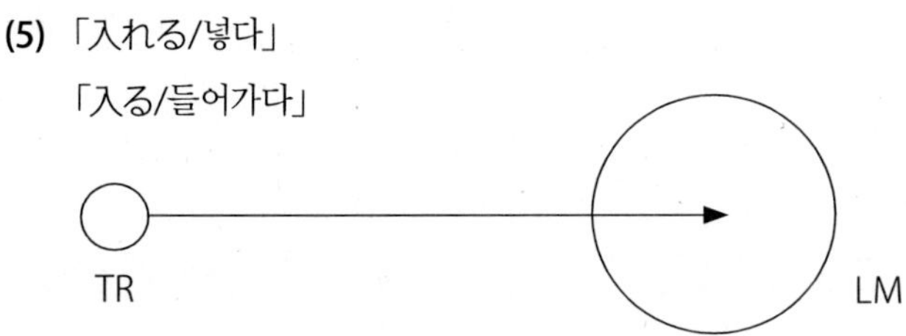

「入」概念が「片づけておく/보관하다」事象に作用し、「内部到着」概念を表示する「に/에」が共起可能となる。詰まるところ、これまで述べてきたような我々の知識の体系を基盤にした名詞指示物の「場所」概念と「に/에」との結びつきは、(6)のようにまとめることができる。

(6)

X { ベッド/침대 / テーブル/테이블 / ベンチ/벤치 : } 物体＋上部面 → { 置く/두다 / すわる/앉다 / 横になる/눕다 }

Xに片づけておく/
X에 보관하다

X { ピアノ/피아노 / テレビ/텔레비전 / コンピューター/컴퓨터 / ミシン/재봉틀 / 時計/시계 / シャベル/삽 } 物体(機械/器具/道具) ＋[-上部面] → ??置く/??두다

X { 床/마루 / 地面/지면 / 棚/선반 } (移動しない)場所＋上部面 → 置く/두다

X { 家/집 / 部屋/방 } (移動しない) 場所
　 { 箱/상자 / 自動車/자동차 } (移動可能な) 場所
＋内部→ 入れる/넣다
　　　　 入る/들어가다

5.1.3. 複合動詞の焦点化に伴う「に/에・에게」と「へ/로」の 概念選択

　5.1.1.-5.1.2.で論述してきたような「に/에・에게」、「へ/로」それぞれが表示する「到達位置」、「方向」概念は、下例(1)が示す動詞句にも見出すことができる。

(1) アメリカ {に / へ} 移住する。
　　 미국 {에 / 으로} 이주한다.

　なぜなら、(1)の「移住する/이주하다」は次の(2)-(2)′と定義され、さらには、この(2)の「移動」・「定住」、(2)′の「이동 (=移動)」・「정착 (=定着)」も、各々(3)-(3)′、(4)-(4)′、(5)-(5)′と定義されているからである[10]。

(2) 移住する(<移(動す)る＋定住する)
　　① 他の土地または国へ移り住むこと
　　② 開拓・征服などの目的で種族・民族などの集団がある土地から他の土地へ移動・定住すること

－『広辞苑』(下線筆者)

----

[10] もし(4)-(5)の定義が各々「…他の場所へおきかわる」、「一定の場所へ住居を定めて…」となっていたり、また、次の(1)

　(1) うつる[移る] : [物事の位置・状態が、他の位置・状態に]変わる。
　　 ていじゅう[定住] : ⊖一定の場所に居住していること。

－『新明解国語辞典』(下線筆者)

で示されるように、どちらの定義においても「に」が用いられていれば、ここの論旨はどうなるのか、という問題はある。しかし、この問題も、結局は、「に」は「到達点」を、「へ」は「方向」を、それぞれ焦点化するために選択するからであるという、まさに5.1.3.の論旨に帰することになる。このような循環論を避けるために、ここではこの辞書の定義をそのまま受け入れた論述を行なっている。

(2)′ 이주(移住):

　② 개인이나 종족, 민족 따위의 집단이 본래 살 던 지역을 떠나 다른 지역으로 이동하여 정착함.

　(個人や種族、民族などの集団が本来住んでいた地域を離れ他の地域へ移動し定着すること。)

—『표준 국어 대사전』(日本語訳、下線筆者)

(3) 移動： 移り動くこと

(4) 移る： 物がある場所から他の場所へおきかわる。

(5) 定住： 一定の場所に住居を定めて住むこと。

—『広辞苑』(下線筆者)

(3)′ 이동 (移動) : ① 움직여 옮김, 또는 움직여 자리를 바꿈.

　(動いて移すこと、または動いて場所を変えること。)

(4)′ 옮기다 (移る) : ① 어떤 곳에서 다른 곳으로 움직여 자리를 바꾸다.

　(ある場所から他の場所へ動いて場所を変える。)

(5)′ 정주 (定住) : 일정한 곳에 자리를 잡음.

　(一定の場所に居場所を定めること。)

—『표준 국어 대사전』(日本語訳、下線筆者)

　すなわち、「移住する」は「移(動す)る」・「定住する」という2つの動詞句によって構成された複合動詞と捉えられることから[11]、上記(4)-(4)′、(5)-(5)′の下線部「ヘ/로」・「に/에」が示すように、「移(動す)る」が表示する[+方向性]と「定住」が表示する[−方向性]、つまり、[+状態]の2つの概念を包含していると考えられる。その結果、上出(1)が表す事象に関して、前者の「(移動)方向」概念に焦点が当てられる時には「ヘ/로」が、逆に、後者の「定住」、つまり、移動の物体が到達点に位置する「到達位置」概念に焦点が当てられる時には「に/에」が選択されるのである。

---

11) 事実、(2)①の定義に見られるように、「移住する」は「移る」の連用形「移り」と「住む」の終止形「住む」の結合体(=「移り住む」)でも言い換えられる。

5.2.「ところ」と「に」・「へ」・「で」との概念的結びつき

　ここでは、「ところに」・「ところへ」・「ところで」が如何なる概念体系を構築しているのかを明らかにすることが主たる目的であるが、韓国語との対比は行わない。なぜなら、本セクションでは5.1.1.の注(1)で示した日本語の「もの」や「ところ」のように直前の格助詞と融合して脱範疇化を起こし、接続助詞化する現象はあまり見られないからである。特に日本語との対照をよく表しているのが形式名詞「것」であり、補文のマーカーとして用いられ、文を名詞化する機能を有するが、部分的に対応する日本語の「もの」や「の」とは異なり、直前の格助詞との融合現象はほとんど見られない韓国語と日本語の相違点から韓国語との対照は行われない。また、分析方法に関しては「ところに」・「ところへ」・「ところで」そのものを考察するような従来の研究とは一線を画する。換言すれば、「ところに」・「ところへ」・「ところで」はそれぞれ、「に」・「へ」・「で」各々が「ところ」に結びついた結合体であることから、三者の概念相違を明らかにするためには、「ところ」そのものが表示する概念を検証し、「に」・「へ」・「で」が表示する概念と如何なる結びつきを果たしているのかを考察することが論理的順序であると思われる。しかしながら、田中＆松本(1997)に代表されるように、「ところに」・「ところへ」・「ところで」それ自体の考察に重点が置かれている論考が無く、近年における研究は筆者が提案する観点に基づいた分析が十分でないように思われる。同時に、青木(2000)、『日本語教育事典』などに見られるように、「語用」的な考察は行なわれていても、概念的な分析が稀有であることも、「ところに」・「ところへ」・「ところで」各々が示す概念相違をぼんやりとして捉えにくくしている理由の一つであるように思われる。それ故、本節では、「ところ」そのものの概念考察を詳細に行なった後、第1章から第3章までで導き出された「に」・「へ」・「で」が表示するそれぞれの概念を基盤に「ところ」との概念的結びつきを解明することを主たる目的とする。

まず、「ところ」を用いた下例(1)に着目する。

(1) [花子と約束した時間にはまだ余裕があると思いながら]
のんびりと歩いて行った<u>ところ</u>、花子は待ち合わせした場所に既に到
着していた。

接続助詞「ところ」を用いた上文(1)が表す事象に対し、次の(2)

(2) 花子と約束した時間にはまだ余裕があると思っていた<u>が</u>、花子は待ち
合わせした場所に既に到着していた。

が表す事象においては、(1)の前提にある[　]内の節が助詞「が」の左節に言語
化され、逆に、(1)の「ところ」の左節が(2)においては省略されることが挙げられ
る。つまり、上例(1)-(2)それぞれが表す事象の関係は次の(3)

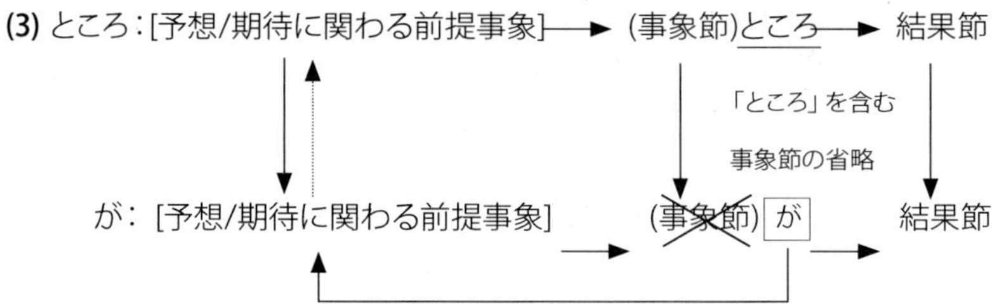

で表示されるような変形過程で捉えられることから、助詞(=「が」)が現れれ
ば「予想・期待」に関わる前提事象が姿を現し、逆に、助詞がなければその前
提事象は言外に隠れてしまうことが理解できる。このような概念図に従えば、
「ところ<u>に</u>」・「ところ<u>へ</u>」・「ところ<u>で</u>」に関しては常に、助詞がその姿を現わ
していることから、必然的に「ところ」のように前提に主体の予想・期待を必ず
しも存在させる必要はないと考えられる。つまり、ここでは、助詞の有無が重
要な問題であり、「ところ」のみが必要条件として前提事象を要求することか

ら、「ところに」・「ところへ」・「ところで」の結合体そのものを考察するのではなく、「ところ」が表示する概念を分析し、それを基に助詞との概念的な結合関係を分析することに主眼を置く必要があると思われる。そこで、まず、この「に」・「へ」・「で」と結びつくことができる日本語特有表現「ところ」(Cf. ところ: ① 物が在りまた事が起る(行われる)、ある広がりを考えた位置。もとは空間的、後に時間的・抽象的にも言う。(『広辞苑』(下線筆者))それ自体に焦点を当て、物理的場所を原義とする名詞「ところ」が如何にして接続助詞「ところ」へ転用されるのか、その拡張メカニズムを分析し、「内/外」の場所概念に基づいて「ところ」が包含する概念体系を考察する。更に、「ところ」を文全体の解釈に基づいて分析し、一見、常に交換可能であるように思われる「時」との概念比較を行なうことによって、「ところ」の中核概念を明らかにする(5.2.1.)。

　次に、5.2.1.から見出された「ところ」の中核概念と助詞概念との結合関係を明らかにするために、まず「ところ」と、同様に接続助詞的である「ところが」との概念差異を明確にする。そして、格助詞「に」・「へ」それぞれが「ところ」と共起した「ところに」・「ところへ」に関し、5.1.から見出された「到達位置」、「方向」各々の概念が如何なる役割を果たしているのかを考察した後、「ところで」が表示する概念メカニズムを分析することによって、異言語間における「で」と「에서・로」の概念的相違を明らかにする(5.2.2.)。そして、最終的には、「ところ」に後続することができる「に」・「へ」・「で」の助詞概念が「時」概念と如何なる意味的な整合/不整合を果たすのかの考察し、更にKimballの‘The Grammer of Existence’を基に英語との概念的並行性を分析することなどを通して、これまで論じてきた「で」が表示する概念の整理と再確認を行なう(5.2.3.)。

　異言語間に共通する概念研究

5.2.1.「ところ」の概念体系

一般に、「に」・「へ」・「で」が後続することのできる「ところ」は下記(1)

(1) ところ：

物が在りまた事が起る(行われる)、ある広がりを考えた位置。もとは空間的、後に時間的・抽象的にも言う。

—『広辞苑』(下線筆者)

ところ：

① 限られた空間。「空いているところが無い」
② 物の置いてある・(何かが行われる)場所。

—『新明解国語辞典』(下線筆者)

が示すように、基本的には「ある物体が存在する・ある事象が生起する「物理的場所」」を指示すると考えられる。そして、この「物理的場所」を原義とする「ところ」は、下例(2)-(3)

(2) とりあえずやってみたところ、上手くいった。
(3) 組合側が交渉してみたところ、会社側は承諾した。

で示されるように、接続助詞に転用される。このような節と節をつなぐ「ところ」に関して、『日本語教育辞典』では次のように記載されている：

(4) 前に述べてある事柄を、後で述べる事柄と、きっかけや前置きや時間的先後といった 関係でつなぐ。「ちょっと見たところ、とても良さそうに思えた」、「ひどく苦しんでいたところ、彼が助けてくれた」などがこれである。

—『日本語教育辞典』(1995: 403)(二重下線筆者)

確かに、上例(2)-(3)で用いられているような「ところ」は接続助詞であることから、「前に述べてある事柄を、後で述べる事柄と、きっかけや前置きや時間的先後といった関係でつなぐ」役割を果たすことは理解できる。しかしながら、(4)の記載だけ(そして、それが記載の全て)では、「物理的場所」を指示する名詞「ところ」が如何にして接続助詞「ところ」に転用されるのか、その概念メカニズムを説明するには十分とは言えず、ひいては、「ところ」に前置する節と後置する節の概念的な結びつきを明らかにするには至らないように思われる。その理由の一つとして、次の(5)-(6)

(5) ?とりあえずやってみたところ、予想通り上手くいった。
(6) ?半信半疑で組合側が交渉してみたところ、予想通り会社側は承諾した。

が示すように、上出(2)-(3)が表す事象に「予想通り」という副詞を添えた(5)-(6)の容認度が何故下がるのかを「きっかけや前置きや時間的先後といった関係」だけでは説明できないことが挙げられる。そこで、この「ところ」が表示する概念体系を明らかにするために、まず、接続助詞「ところ」への転用に関して如何に「物理的場所」の原義が活きているのか、その拡張メカニズムを分析する(5.2.1.1.)。そして、「ところ」の語用に関わる先行研究を検証した後、5.2.1.1.で導き出された「ところ」の拡張メカニズムに基づき、「ところ」とそれに前・後置する節が表す各々の事象間の概念的な結びつきを検証する(5.2.1.2.)。その後、前に述べてある事柄と後で述べる事柄とを結ぶ同じ接続助詞「時」(Cf.とき(接続助詞)(1)後で述べる事柄が成立する(した)時を示す)との概念的な比較を行なうことによって、「ところ」が表示する中核概念を分析する(5.2.1.3.)。

5.2.1.1. 「ところ」の原義とその拡張メカニズム

まず、下例(1)が表す事象に着目する。

(1) 花子が庭の芝刈りを始めた<u>ところ</u>、　{ ?雨が降ってきた。
　　　　　　　　　　　　　　　　　　　　<u>突然</u>雨が降ってきた。

(1)で「<u>突然</u>雨が降ってきた」が「雨が降ってきた」よりも自然な表現と判断されるのは、「ところ」に後置する節が表す事象を如何なる場所において観察者が認識しているかに拠っていると考えられる。つまり、上出5.2.1.(1)でも述べたように、「ところ」は本来、「物が在りまた事が起る(行われる)、ある広がりを考えた位置」(『広辞苑』)を指示することから、上例(1)で「ところ」に後置する節が表す事象は、観察者の存在する場所、すなわち、「花子が庭の芝刈りを始めた」場所において生じる必要がある。それ故、次の(2)

(2) 花子が庭の芝刈りを始めた<u>ところ</u>、　{ ?(突然)太郎が風呂に入った[12]。
　　　　　　　　　　　　　　　　　　　　(突然)太郎が風呂に入りに家の
　　　　　　　　　　　　　　　　　　　　中へ入って行った。

が表す事象においては、「(突然)太郎が風呂に入りに家の中に入って行った」という事象が花子の「目」によって捉えられるのに対し、観察者が存在しない場所で生じる「?(突然)太郎が風呂に入った」という事象は花子によって直接知覚されないことから、不自然な表現であると見なされる。その結果、ここでの「ところ」は下記のように定義することができる:

----

12) 風呂が(花子が芝刈りを始めた)庭にあるような状況や、この文の発話者(もしくはこの文が表す事象の観察者)が花子の行為と太郎の行為の両方を(同時に)知覚認識できる場所に存在するような状況は除く。

(3) ところ：左節の事象が生じている場所でしか、帰結節で述べられている事象は生じない[13]。

このような接続助詞「ところ」に関する一般化は、一見、帰結節が示す事象と観察者が存在する場所とが何ら関わりを持たないように思われる次の(4)が表す事象にも適用される。

(4) 花子が庭の芝刈りを始めた<u>ところ</u>、(突然)家の中で爆発音がした。

確かに「(突然)家の中で爆発音がした」という事象は観察者である花子の「目」によって直接捉えることができない。けれども、(4)が自然な表現として判断されるのは、観察者が存在しない場所で生じる、その帰結節が表す事象が花子の「耳」によって知覚されているためである。つまり、上記(3)で示した「ところ」の定義は、たとえ帰結節が示す結果の事象が左節の事象が生じていない場所で起きていても、それを観察者が五感によって可能、つまり、二つの事象の生起が「同じ場面」であるという理解が働けば成立することが見出される。したがって、接続助詞「ところ」は帰結節が表す結果を観察者が自身の視覚・聴覚領域で認識している事象を表示することから、やはり、そこにはその原義である「物理的場所」概念が活きていることが理解できる。しかしながら、左節が表す事象によっては、その「物理的場所」概念の拡張段階に差が見られることがある。例えば次の(5)-(6)の「ところ」に関して、

(5) 家を出た<u>ところ</u>、突然雨が降り出した。
(6) 風呂に入った<u>ところ</u>、風呂桶の底に穴が開いていることがわかった。

前者は次の(5)'

----

13) このことは(36)-(37)でも触れるが、(3)の極端な一例を(2)'として下に挙げる：
(2)' *花子が<u>大阪の実家の庭</u>の芝刈りを始めた<u>ところ</u>、(突然)<u>東京の自宅</u>で太郎が風呂に入りに家 の中へ入って行った。

 異言語間に共通する概念研究

(5)′ <u>家を出たところに</u>、突然雨が降ってきた。

が示すように、主体の「到達位置」を表示する「に」を共起させることが可能で
あるのに対し、後者は次の(6)′

(6)′ ??<u>風呂に入ったところに</u>、風呂桶の底に穴が開いていることがわかっ
た[14]。

が示すように、「に」を共起させると不自然な表現になってしまう。この理由とし
て、下記(7)

(7) 家：出発点 → 出たところ：到達点
　　風呂：到達点 → 入ったところ：?到達点

が示すように、(5)′ においては、「家」が「出発点」として表示されていることか
ら、「ところ」が指示する場所は主体の物理的な移動の「到達点」(=家の外)と
して見なされることが挙げられる。それに対し、(6)′ においては、「風呂」が「到
達位置」概念表示助詞である「に」によって主体の移動行為が完了した「到達
点」として示されるのと同時に、「到達点」表示があれば「出発点」表示も含意
されることから、(6)′ の「ところに」は冗漫な表現と見なされるのである。(文全
体の解釈に基づいた「ところ」が表示する概念については5.2.1.3.にて詳述)。そ
れ故、前者の「ところ」が「到達位置」概念を表示する「に」と共起可能であるの
に対し、後者の「ところ」は「に」と結びつきにくく、容認度にゆれが生じてしまう
のである。

---

14) (6)′を不自然にさせている他の理由として、帰結節にも左節中の「風呂」が再度生じている
　　ことが考えられる。

5.2.1.2. 「ところ」と「中」/「外」概念との結びつき

「物理的場所」から転用した接続助詞「ところ」に関して、青木(2000:89-90)は次の(1)

(1) 缶詰を開けた<u>ところ</u>、中から金貨が出てきた。

を挙げ、以下のような説明を加えている:

(2) …この例文では、「缶詰を開けた」というように行為が完了態で描かれている。つまり、中身が何かを見ようと思って遂行された行為がある時点で終結するわけである。<u>この例で＜ところ＞が視野に入れている全体は何か。それは中身を知ろうとして缶詰を開けるという主体の行為の一連の過程である。</u>このレベルでは、まだ結果が現れていないという意味で、行為全体は概念的に流れの全体として捉えられている。その全体を視野に入れながら、<u>＜ところ＞は行為の完遂時を、特定の状況として区別する。</u>なぜならば、この状況のみが、実際に結果(中身が何であるかを知る)にアクセスする特定の状況だからである。この場合、<u>しばしば意外な結果の発見という</u>ニュアンスがあり、「〜たら」にかなり接近する。

　(31) 缶詰を開け<u>たら</u>、中から金貨が出てきた。

しかし、「〜たら」では、(32)のように<u>前件と後件に偶発的関係が成り立っていればよい。</u>

　(32) 家に着い<u>たら</u>、電話が鳴った。

それと比較して、＜〜ところ、〜＞では、「何らかの目的をもって缶詰を開ける」のように、<u>主体の意図的な活動の過程全体が視野に入れられ</u>なければならない。＜〜たところ、〜＞のパターンでは、特に、ある結果を得るための思考と実際の結果の確認が問題となる。

(33) 電話で問い合わせた<u>ところ</u>、沖縄行きは満席でした。

(34) ジョギングを始めた<u>ところ</u>、とても快調だ/かえって調子が悪く
なった。

(33)では、沖縄行きの飛行機の予約状況を知ろうと問い合わせる場面である。「問い合わせる」は、結果がまだでない限り、主体とのみ結びついた行為である。＜ところ＞は、この関係を基盤にして、問い合わせが実際に実現した状況を特定化する。つまり具体的に結果が現れる状況である。<u>＜ところ＞が表すのは、この特定的な状況である。</u>(34)では、健康増進を目的としてジョギングをする。<u>＜〜ところ＞は、結果が出る状況を特定化する。結果は、期待通りでもよければ(「とても快調だ」)、期待に反していてもよい(「かえって調子が悪くなった」)が、結果が表わされなければならない。</u>

このように見てくると、<u>このパターンにおける＜ところ＞は、一方で、ある意図をもって主体が行為を行い、その一連の過程が背景となり、その次にある特定な状況(行為の完了・結果の実現)の成立、すなわち時空間への定位が行われると理解される。</u>そこから実際に生じる結果の確認が、話者の伝達意図の最も重点の置かれるところである。

− 青木(2000: 89-90)(下線筆者)

すなわち、この青木(2000: 89-90)の記載に従えば、「〜したところ、〜」で用いられる「ところ」の接続助詞の用法には次の3つの特徴があると言える:

(3) 「ところ」に前置する節が表す事象に関して、主体の意図的な活動の
過程全体を視野に入れられなければならない。

(4) 「ところ」は主体の行為の一連の過程において、その行為の完遂時を
特定の状況として区別する役割をもつ。

(5) しばしば「意外」な結果の発見というニュアンスがある。

　　また、青木(2000: 90-92)では、次例(6)

　(6) 食事をしていた<u>ところ</u>、いきなり電話が鳴った。

のような「〜していたところ、〜」の型にも触れ、次のような説明を記載している：

　(7) このパターンで特徴的なのは、「食事をしていた」のように、進行相の行為が過去に置かれていることである。そのような違いはあるものの、基本的な＜ところ＞のはたらきは同じように思われる。＜ところ＞は、背景となる行為が行為主体の意図から実行される。(35)[＝上例(6)]では、「食事をする」という行為それ自体が目的性を備える行為である。ここで重要なのは、目的は実現すれば目的に適った結果を生じるという点である。すなわち何らかの結果を求めて行為者の視点によって方向付けられた進行中の行為に関して、＜ところ＞は、ある時点(Ti)において、進行中の行為を時間的に特定化する。特定化とは、他と区別をすることに他ならない。つまり、ここでは、行為者の視点による進行中の行為と区別された事態が生じるということである。そこから、主体の目指す目的・結果は中断あるいは遮断され、食事とは関係ない意外な事態と結びつくことになる。次例は、モーパッサンの『女の一生』の一節である。翻訳ではあるが、日本語の＜ところ＞の例としても自然に容認できる文だと判断される。

　　(36) ある火曜日の夕方、皆が篠懸の木の下の、小さなコップ二つとブランディの小壜がのっている木のテーブルのまわりに腰かけていたところ、突然ジャンヌが、何か叫びに似た声をあげた。

　　　　　　　　　　　　-(モーパッサン『女の一生』(新庄嘉章訳))

　　この例において、「皆が木のテーブルのまわりに腰かけていた」は、「腰掛けている」という動作の進行相ではない。「皆」の視点から見て

「テーブルのまわりに腰かける」という行為が夕食前のひととき、食前酒を楽しむ活動というように理解される。その状況の中で、＜ところ＞は、その過程の一時点を特定化する。そこから「皆」の視点とは関係のない別の事態の出現と結合する。…

　このようにしてみると、＜〜ところ、〜＞では、ある意図(計画)をもって遂行された行為の一連の過程が全体として捉えられ、その中の一点が時間的に特定化されるという図式が浮き彫りにされる。つまり背景として、行為主体側の視点によって行為・活動が進行し、時間的に特定化された状況では、行為主体の視点はいわばキャンセルされて、話者(あるいは語り手、観察者)によって客観的に(あるいは中立的に)確認、記述されることになる。結果として、ある状況が、一方では、行為者の視点から捉えられ、他方では、事実が確認されるという二重性を持つことになる。

− ibid(2000: 90-93)(下線筆者)

　ここでは、上出(3)-(5)の3つのポイントを基盤にこの記載を重ね併せて考えるならば、「〜した／〜していたところ、〜」からは次の(8)-(9)の特徴が導き出される。

(8) ある意図(計画)を持って遂行された行為の一連の過程が全体として背景に潜み、その中の一点が時間的に特定化される。

(9) 特定化とは、他と区別をすることである。それ故、「ところ」に前置する節が表す行為主体者側の視点による進行中の行為は中断され、「ところ」の後置節では話者(あるいは語り手、観察者)によって客観的に(あるいは中立的に)確認、記述されることになる。その結果、後置節では、主体の目指す目的・結果とは関係ない「意外」な事象がしばしば生じる。

この(8)-(9)の記述に従えば、確かに、次の(10)

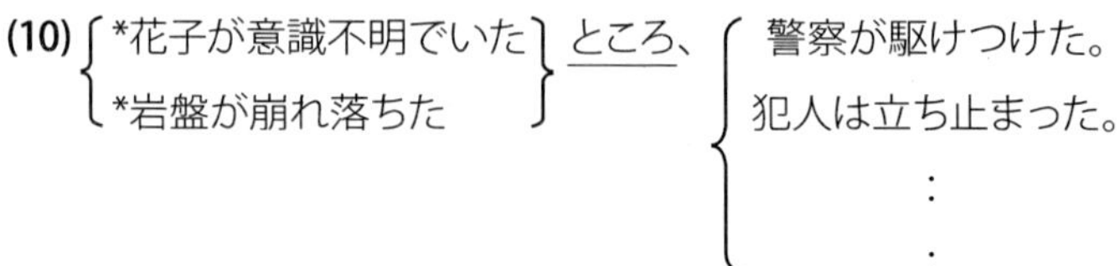

が示すような「ところ」の「語法」的な説明が可能となる。つまり、この(10)が表す事象においては、「ところ」の左節は「主体が意志をもって行った行為」が示されなければならないのに対し、「花子が意識不明でいた」では主体の意志が表されず、ましてや「岩盤が崩れ落ちた」という無生物主語では意志そのものが全く関与する余地が無いため、非文と判断される。しかしながら、このような上出(3)-(5)、(8)-(9)の要点はあくまでも「語法」的な特性であって、「ところ」に関する概念的な捉え方ではない。換言すれば、上記(1)-(2)、(6)-(7)の語法に関わる記述だけでは、次の(11)

(11) 彼を
- *訪ねるであろう<u>ところ</u>、大変喜んでくれるであろう。
- *訪ねる<u>ところ</u>、大変喜んでくれる。
- 訪ねた<u>ところ</u>、大変喜んでくれた。

で示されるように、「ところ」が何故過去時制としか共起せず、ひいては、帰結節で主体の目指す目的・結果とは関係ない「意外」な事象を生じさせるのかを説明するには不十分であることから、「ところ」の根源的な概念メカニズムを解明するには至らないように思われる(なぜ「ところ」節全体が過去時制しか示さないのかは5.2.2.1.にて詳述)。そこで、「ところ」に共起する左節と帰結節各々が示す事象の概念的な結びつきを明らかにするために、まず、下例(12)が表す事象に着目する。

(12) [開いているか閉まっているか確証は無かったけれど]

とりあえず行って { みたら、{ 開店していた。 / 閉店していた。 } みたところ、{ ?開店していた。 / ?閉店していた。 } }

　上例(12)においては、「〜たら」が「開店・閉店していた」両方と共起可能であるのに対し、「ところ」はどちらと結合しても不自然な表現と判断される。確かに、「〜たら」は、上で引用した(2)の(31)-(32)でも記載されているように、「前件と後件に偶発的関係が成り立っていればよい」ため、「開・閉店」双方の事象と意味的に整合する。けれども、ここでの「ところ」は「開店していた・閉店していた」と共起すると容認度が落ちてしまうことから、「〜たら」と同義ではなく、単なる「偶発的関係」の意を示しているだけではないことが見出せる。すなわち、[　]内が示す内容を「開店している」事象に置き換えた次の(13)

(13) [開店していると思って]

{ ?とりあえず/?思い切って/?半信半疑で/?試しに / 喜び勇んで/友人を誘って/何を注文するかを考えながら / 行ってみたところ、{ ??(やはり/思っていた通り)開店していた。 / (意外なことに/予想に反して)閉店だった。 / 閉店していた(のは意外/予想外だった)。 } }

においては、帰結節に「閉店だった・閉店していた」という事象が選択されることから、「ところ」は「言外」にある前提の存在を要求する助詞ではないかという推測が成り立つ。つまり、「前提として」主体の「予想・期待」に関わる事象がまず存在し、その「予想・期待」を遂行するための事象が左節に示されるが、最終的には主体の「予想・期待」に反する「結果」事象が帰結節で表されるのではないかと考えられる。したがって、(13)においては、前提に[開店

していると思って]という主体の「予想・期待」に関わる事象が存在するため、次の(14)

(14) 前提にはっきりとした「予想/期待」を持っているのかが不明であるような意を示す副詞句「?とりあえず/?思い切って/?半信半疑で/?試しに」を左節に添えることができず、ひいては、上出(10)

(15) (=(10)) { *花子が意識不明でいた <u>ところ</u>、 }{ 警察が駆けつけた。
           { *岩盤が崩れ落ちた   }{ 犯人は立ち止った。
                                              ⋮

が示すように、言外の「予想・期待」節と「ところ」節の「事象」節はその「予想・期待」を完遂するための主体の「意志」によって結び付けられ、「主体の意志」に関わらない事象を「ところ」の左節で示すことができない。それ故、このような文全体の解釈に基づいた「ところ」の概念は下記のスキーマで一般化を図ることができる:

(16) [予想/期待](前提) → 事象(左節) → 予想/期待に反する結果(帰結節)

この(16)が示す「ところ」のスキーマは次の(17)-(18)が表す事象によっても支持される。

(17) [こんな快速球はとても打てないと思い][15]

目をつぶってバットを振った<u>ところ</u>、 { ??思った通りのことが起こった。

思っても見なかったことが起こった。(つまり、バットにボールが当たった)

(18) [叱られることを覚悟して]

正直に事実を話した<u>ところ</u>、 { ??父にひどく叱られた。

??文句ばかり言われた。

父は何も言わなかった。

父は「そうか」と言っただけだった。

　なぜなら、物理的「場所」を中核義とする「ところ」は、上述してきたように、"SITUATIONS ARE LOCATIONS"という概念メタファー(Cf. Lokoff and Johnson (1999:170-234))を通して、その前置節が示す事象が生起する「状況・場面」として捉えられるからである。その結果、これまで論述してきた次の(19)

(19) [A] ところ [B]

が示す接続助詞「ところ」の用法に関して、上例(17)-(18)からは下記(20)が示すような「ところ」の概念メカニズムを導き出すことができる。

----

15) この(17)及び次の(18)の前提内容が逆になる次の(a)-(b)、

(a) [こんな快速球でも自分なら打てると思って]

自信をもってスイングした<u>ところ</u>、思っても見なかったことが起こった。

(つまり、バットにボールが当たらなかった。)

(b) [叱られることはないだろうと予想して]

正直に話した<u>ところ</u>、 { 父にひどく叱られた。

文句ばかり言われた。

??父は何も言わなかった。

??父は「そうか」と言っただけだっだ。

の場合には、勿論、結果の事象はそれぞれ(17)-(18)のそれとは逆の内容になる。

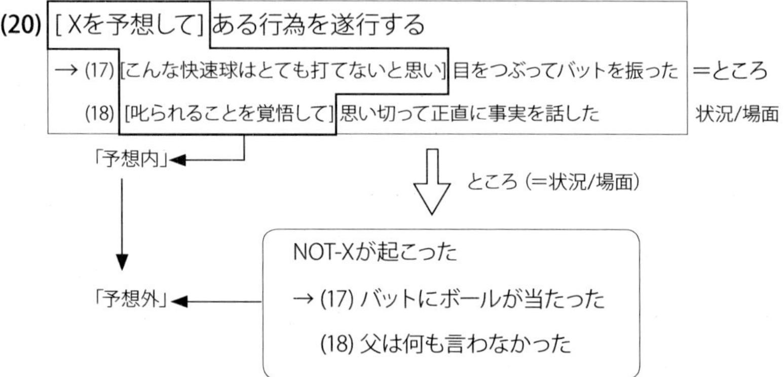

　このような「ところ」の概念メカニズムが示す「予想内」と「予想外」の対立概念に従えば、既出5.2.1.の(2)-(3)が表す事象も明らかになる(それぞれ下例(21)-(22)として再掲載)。

(21) とりあえずやってみたところ、上手くいった。
(22) 組合側が交渉してみたところ、会社側は承諾した。

　なぜなら、(21)-(22)が示す文全体の意味解釈に基づけば、「ところ」の左節と帰結節の概念的な結びつきはそれぞれ、次の(21)′-(22)′

(21)′ とりあえずやってみたところ、 ｛案外／意外にも／思いの外｝ 上手くいった。

(22)′ 思い切って組合側が交渉してみたところ、 ｛案外／意外にも／思いの外｝ 会社側は承諾した。

として考えられるからである。上例(21)′-(22)′ からは、「とりあえずやってみた」・「組合側が交渉してみた」という「状況・場面」に対し、「ところ」に後続する節は「案外・意外にも・思いの外」と結びつくため、左節が表す事象と帰結節が表す事象との関係は下図(23)

(23)

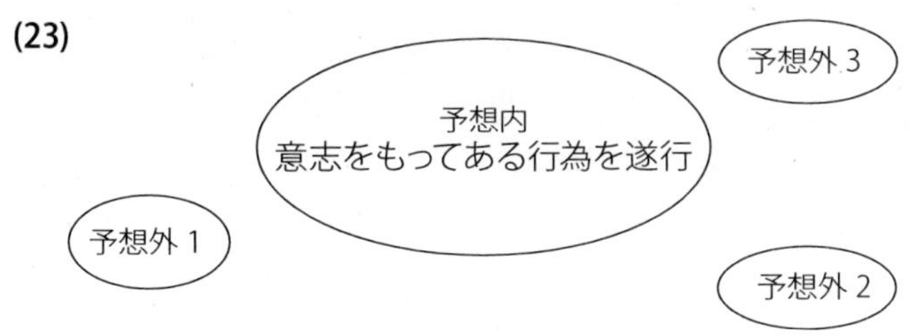

で示されるような「内」と「外」とが相対する場所概念で捉えられていることが判明する。つまり、(21)-(22)'においては、上出(15)-(16)でも論じたように、左節は「主体が意志をもってある行為を遂行する」事象を表すことから、「ところ」に後置する節は、その「外」、つまり、何らかの「予想・期待」を実現させるための場所とは異なった「予想外」という場所である「結果」が生じる事象を表し、前提である「予想・期待」に関わる事象は「案外・意外にも・思いの外」という副詞句の形をとって言語化されていると考えられる:

> **(24)** 「案外/意外にも/思いの外」:前提である「予想/期待」に関わる事象が副詞句の形をとって言語化

その結果、上出(21)′-(22)′で述べた「前提にはっきりとした予想・期待を持っていない・掴めない・が不明である」意を示す波線部の「とりあえず」・「思い切って」がここで用いられても、上出(13)とは異なって自然な表現と判断される。それ故、帰結節においては、次の(25)-(28)

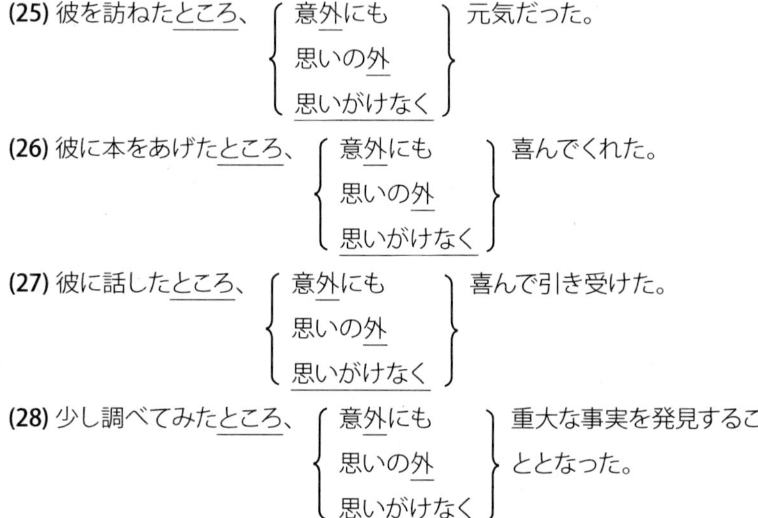

(25) 彼を訪ねたところ、{ 意外にも / 思いの外 / 思いがけなく } 元気だった。

(26) 彼に本をあげたところ、{ 意外にも / 思いの外 / 思いがけなく } 喜んでくれた。

(27) 彼に話したところ、{ 意外にも / 思いの外 / 思いがけなく } 喜んで引き受けた。

(28) 少し調べてみたところ、{ 意外にも / 思いの外 / 思いがけなく } 重大な事実を発見することとなった。

においても、言外の「予想・期待」に関わる事象が「意外にも」・「思いの外」といった副詞句で言語化され、更にこの「外」概念は次の(29)-(30)

(29) とりあえずやってみたところ、{ ?思い通りに / 思いがけなく } 上手くいった。

(30) 半信半疑で組合側が交渉してみたところ、{ ?思い通りに / 思いがけなく } 会社側は承諾した。

が示すような「思いがけない」概念に収束するため、既出5.2.1.(5)-(6)(それぞれ下例(31)-(32)として再掲載)は不自然な表現として容認度が落ちるのである：

(31) ?とりあえずやってみたところ、予想通り上手くいった。

(32) ?半信半疑で組合側が交渉してみたところ、予想通り会社側は承諾した。

したがって、上で引用した(2)の(34)(下例(33)として再掲載)が表す事象に関し、

(33) ジョギングを始めた<u>ところ</u>、とても快調だ/かえって調子が悪くなった。

「ところ」に後続する節は「期待通りでもよければ[=「とても快調だ」]、期待に反していてもよい[=「かえって調子が悪くなった」](青木(2000: 90)([　]及び[　]内表記筆者))と記載されているが、それはあくまでも「ジョギング＝健康」という「現実世界」における捉え方であって、これまで述べてきたような「言語世界」における概念的な捉え方ではない。つまり、この「ところ」を「内-外」の対立概念表示語であるという観点から眺めれば、次の(34)-(35)

(34) [健康に悪影響を及ぼすかもしれないと予想して]

ジョギングを始めた<u>ところ</u>、 ｛ とても快調だ。

　　　　　　　　　　　　　　　　　　?かえって調子が悪くなった。

(35) [健康を維持できると期待して]

ジョギングを始めた<u>ところ</u>、 ｛ ?とても好調だ。

　　　　　　　　　　　　　　　　　　かえって調子が悪くなった。

が示すように、言外に前提として存在する「予想内」の出来事を主体が遂行するために意志をもってある行為を行なうも、帰結節が示す結果事象がその「外」、つまり、「予想外」に生じることが見出される。その結果、「とても快調だ・かえって調子が悪くなった」という「ところ」に後続する節は主体の「意志・思い・案・心」の「外」に関わる事象を表すため、やはり、「思いがけない」概念に収束することが理解できる。詰まるところ、上出(13)を変化させた次の(36)とその事象を図示したスキーマ(37)

(36) *[太郎はそのレストランが開いていると思って]

喜び勇んで行ってみた<u>ところ</u>、(思いがけなく)家では花子と次郎が喧嘩を始めていた。

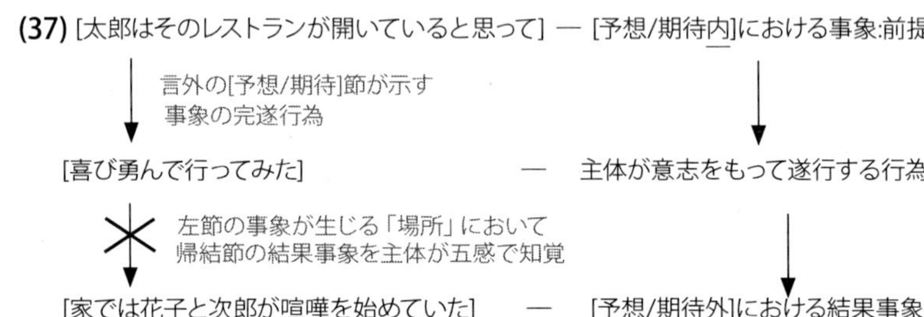

が示すように、たとえ上出(16)で表された「[予想・期待](前提)→事象(左節)→予想・期待に反する結果(帰結節)」の概念プロセスを経ていても、「予想・期待」節が示す事象を遂行するために主体が意志をもってある行為を行った「場所・状況・場面」において「予想外」の結果事象が自身の五感で知覚されていなければ非文と判断されることから、5.2.1.1.で見出された「物理的場所」の原義が接続助詞「ところ」の中でも活きていることが導き出されるのである。

5.2.1.3. 異言語間に見る「ところ」の中核概念と「時」概念

「物理的場所」を原義とし、「中」・「外」の対立概念で捉えられる「ところ」に関して、田中＆松本(1997: 59-60)は、下例(1)-(2)

(1) 読書をしているところに、太郎がやって来た。
(2) 読書をしている時に、太郎がやって来た。

－田中＆松本(1997: 59)(下線筆者)

を挙げ、更に、これに続く次の(3)

(3) …「時間的な広がり」を示すものとして、「ところ」には「時に」に近いような用法がある。…しかし、「ところに」と「時に」が両方可能だとしても、この2つの対比表現が意味的に同一内容を表すということを保証するものではない。「読書をしているところに」という表現は、空間的な意味合いを喚起し、＜読書をしている場に、太郎がやってきた＞ということを含意すると考えることができよう。

－ibid(1997: 60)(下線筆者)

で「時に」に近いような用法があると述べている。つまり、田中 & 松本は「時に」と「ところに」との対比を下記(4)

(4) ～時に： ＜ある出来事が起こる時点を指定する＞

    ～ところに： ＜ある出来事が起こる時点を場所的にとらえ、その場に出来事が貫入してくるという事態を描写する＞

－ibid(1997: 60)(下線筆者)

のように位置付け、「ところ」は「場所的な意味合い」を残した「時間的意味合い」を表示するとしている(「ところに」が表示する概念については5.2.2.2.にて、また、「ところに」と「時に」の概念的な相違については5.2.3.2.にて詳述):

(5) 「ところ」は＜場所＞を端的に表現する空間名詞であり、それが時間的意味合いで使用された場合でさえ、場所的な意味合いが完全に消えるわけではない、と言えそうである。

－ibid(1997: 61)(下線筆者)

つまり、次の(6)-(7)

(6) 真夜中の12時に花子が読書をしている { ところ / 時 } に、太郎がやって来た。

(7) 自宅の書斎で花子が読書をしている { ところ / 時 } に、太郎がやって来た。

においては、二重下線部でそれぞれ示されるように、更なる時間表現(=「真夜中の12時」)や場所表現(=「自宅の書斎」)を付加しても「ところ」・「時」共に選択可能であり、更には、上例(6)-(7)を重ね合わせた下例(8)

(8) 真夜中の12時に自宅の書斎で花子が読書をしている $\left\{ \begin{array}{l} \underline{ところ} \\ \underline{時} \end{array} \right\}$ に、
太郎がやって来た。

においても「ところ」・「時」が用いられることから、田中＆松本が指摘するとおり、この「ところ」は場所的な場合であっても良いし、時間的な場合であっても良い。換言すれば、上例(8)が表す事象は次の(8)′

(8)′ [[真夜中の12時に自宅の書斎で花子が読書をしている]という $\left\{ \begin{array}{l} 場所 \\ 時間 \end{array} \right\}$]に、太郎がやって来た。

が示す意味構造で捉えられることから、「文字通りの場所」なのか「時・時間」を指示するのかはどちらでも良いし、どちらかでないといけないわけでもない。まことに漠然とした「状況・場面」指定ではあるけれども、まさしくこれが「ところ」が包含する概念なのである。したがって、「ところ」は本来下例(9)

(9) ピッチングをしている<u>ところ</u>に虫の大群がやって来た。
　　(=ピッチングをしている<u>場所</u>に虫の大群がやって来た。)

が示すような本来「物理的場所」を指示することから、接続助詞「ところ」の中には'TIME IS SPACE'メタファー(Cf. Lakoff and Johnson(1999: 159-161)"The Space-Time Metaphor")が活きていることが理解できる。つまり、'TIME IS SPACE'メタファーとは、例えば、次の(10)-(11)

　　　　(10) くりから峠という<u>地点</u>

　　　　　　　　　↓　転用

　　　　5時という<u>時点</u>

　　(11) I saw him *at London*.

　　　　　　　　↓　転用

　　　　I saw him *at twelve o'clock*.

が示すように、物理空間と時間空間の2つの空間に身を置いて生活している我々の日常経験を基盤に「場所」概念が「時間」概念に転用される概念メカニズムを指し示すことから、この「ところ」に関しても、上出5.2.1.1.で明らかになった「物理的場所」の原義が時間世界に転移した結果、ある「状況・場面」を表示する役割を果たすようになったと考えられる。このような'TIME IS SPACE'の観点に立てば、上出(8)の「ところ」は次の(12)

　　(12) 真夜中の12時(頃)に自室で花子が読書をしている(という)<u>状況/場面</u>
　　　　に太郎がやって来た。

で示されるような「状況・場面」に解されることから、接続助詞「ところ」は「その前に言っていること、すなわち、＜真夜中に自室で彼女が読書をしている＞という事象を一まとめの状況・場面として陳述する」機能を持っていると考えられる:

　　(13) ところ: 左節が示す事象を一まとめの状況/場面として陳述する

この現象は時間表現と並行する。次の(14)

　　(14) 太郎が〔深夜(11時)〕に帰宅した〔時に〕、偶然友人が訪ねてきた。

유머학 개론

초판 발행　2018년 9월 10일

지은이　…太郎…
펴낸곳　㈜ 박이정 ┃ 주소　서울시 동대문구 천호대로 16가길 4
전화　02) 922-1192~3 ┃ 팩스　02) 928-4683 ┃ 홈페이지　www.pjbook.com
이메일　pijbook@naver.…　등록 2014년 8월 22일 제2014-000028호

* 책값은 뒤표지에 있습니다.

で用いられている「時に」が「＜太郎が深夜(11時)・真夜中・夜9時に帰宅した＞
という事象を一まとめの時として陳述する」働きを持っていると捉えることがで
きる。つまり、「ところに」、「時に」のいずれもがある事象を一まとめにするとい
う「総括」概念を表示する役割を担っていることが明らかになる。このような、
前に述べられている事象全体を受ける「ところ」の「総括」概念は次の(15)の記
述からも支持される。

> **(15)** トコロの中心的意味は、ある全体を視野に入れながら、その一部分に
> スポットライトを当てるときのそのスポットライトのあたる部分、とい
> うように捉えるのが正しいと思われる。その全体と部分は、空間的な
> 広がりでも、時間的な広がりでも、またもっと漠然とした状況でも良
> い。
>
> －寺村(1984: 290)(下線筆者)

　しかしながら、上出(1)-(5)で記載した田中＆松本(1997)が行なっているよう
な検証だけでは、「ところ」が表示する概念についての分析が十分ではないよう
に思われる。なぜなら、田中＆松本(1997)のように、「ところ」それ自体の考察
を行なうのであれば、「時」についても述べる必要があると考えられるからであ
る。換言すれば、たとえ、「ところ」の「物理的場所」原義が'TIME IS SPACE'メ
タファーを通して「時間」概念に転移しているといっても、次の(16)

> **(16)** 太郎が花子に会いに行った ｛ところ／?時｝、彼女は ｛美人だった。／背がやたら高かった。／太っていた。｝

が示すように、「ところ」と「時」それぞれの概念は全てがすべて常に並行す
るわけではない。つまり、(16)の「太郎が花子に会いに行った時」はある「一
点」を指し示すことから、下例(17)

(17) 太郎が花子に(初めて)会いに行った時、

> 彼女は (将来)美人になりそうな顔をしていた。
> 背が高くなりつつある時/頃だった。
> 太り始めていた時/頃だった。

が示すように、帰結節にはその「時点」で生起するような「＋一時的事象」を表す節が要求される。逆に言えば、帰結節に(16)で示されるような「－一時的事象(＋恒常的事象)」を示す節が用いられるのであれば、「時」の左節にも、次の(18)

(18) 太郎が { 若かった / 生きていた } 時、彼女は { 美人だった。/ 背がやたら高かった。/ 太っていた。 }

で示されるような「－一時的事象(＋恒常的事象)」を示す節が必要となる。したがって、上出(16)の接続助詞「時」は「ところ」と同じ「総括」概念を表示しながらも、文全体の意味解釈に基づいた下記(19)

(19) 左節[＋一時的]＋時＋帰結節[＋一時的]
　　　左節[＋一時的]＋時　[共起が不自然]　帰結節[無時制]

のような構造を要求することから、「美人だった・やたら背が高かった・太っていた」といった[－一時的事象]を示す節を従えることができないのである。そして、上で触れた「時」が表示する「総括」概念は英語の'when'においても見出すことができる。次の(20)

(20) I was beginning to fall asleep *when* Taro came home *at nine*.
　　　(太郎が9時に帰宅した時、私は眠り始めていた。)

が表す事象において、もし、'when' が単に「時間・時刻」を表すだけであれば、'at nine' が付加されることにより(20)は冗漫な表現として容認度が落ちてしまう筈であるが、実際はそうではない。事実、'when' を制限的に用いた次の(20)′ は非文となる。

(20)′ *I was beginning to fall asleep, *when* the earthquake occurred *at nine*.[16]

（私は眠り始めていた。(そして)その時地震が9時に起こった。）

その理由は 'when' と 'at nine' が同一節内で共起しているからである。

5.2.2. 「ところ」と助詞「が」・「に」・「へ」・「で」との 概念的結びつき

5.2.1.においては、接続助詞「ところ」は、概して次の(1)-(2)

(1) 「予想/期待 →事象 → 結果」の概念プロセスの流れに従って、「予想/期待」節が示す事象を遂行するために、主体が意志をもってある行為を行いながらも、"SITUATIONS ARE LOCATIONS"という比喩のフィルターを通して概念化される「ところ」の前置節の事象が生起する「状況/場面」において、帰結節が示す結果事象がその「外」、つまり、「予想外」で生じる事態を表示する。

(2) 'TIME IS SPACE'メタファーを通して、原義である「物理的場所」概念が「時間」概念に転移することによって左節が示す事象を一まとめの状況/場面として陳述する「総括」概念を表示する。

---

16) コンマで区切ると、統語上 'when' が結合する節が後続詞に限られてしまい、「, when」は副詞的要素を含む「and then」に近い意味になる。他方、(20)のような非制限用法の 'when' は二つの節を結びつける、本来の接続機能を保持しているということである。

で示されるような概念体系を構築していることが理解できた。ここでは、このような(1)-(2)の概念体系を基盤に「ところ」と助詞が如何なる概念的結びつきを果たしているのかを解明するために、まず、一般に「しかるに。そうであるのに。」(『広辞苑』)の意を示すとされる接続助詞「ところが」と比較考察することによって、「ところ」の更なる概念メカニズムの解明を試みる(5.2.2.1.)。その後、導き出された「ところ」の概念メカニズムを基盤に、「に」・「へ」各々が共起する「ところに」と「ところへ」の概念的な相違を分析することによって、これまで論じてきた「に」・「へ」が表示する概念体系を再認識する(5.2.2.2.)。

　更に「ところ」と「で」の結合体である「ところで」が、なぜ「ある出来事が起こる時点を場所的にとらえ、その場内で別の動作が起こるという事態を描写する」(田中＆松本(1997: 60)(下線筆者))のか、その概念メカニズムを分析することによって、異言語間における「で」と「에서・로」の概念的相違を明らかにする(5.2.2.3.)。

5.2.2.1.「ところ」と「ところが」の概念比較

『日本語教育事典』では、「ところが」は次の(1)のように記載されている。

(1) a. 前に述べてある事柄を、後で述べる事柄ときっかけや前置きや時間的先後といった関係でつなぐ。「山田に会いに行ったところが、山田は病気で寝ていた」、「応募したところが、もう締め切った後だった」などがこれである。

　b. 未成立の事柄を条件として仮定し、それが、後件で述べているように無用・むだに終わってしまうことを示す。「いくらお金をもうけたところが、それで幸福になれるわけではない」、「今から急いだところが、もう間に合うまい」などがある。

－『日本語教育事典』(二重下線筆者)

しかしながら、(1)の定義だけでは、上出5.2.1.(4)(下記(2)として再掲載)

(2) <u>前に述べてある事柄を、後で述べる事柄と、きっかけや前置きや時間</u>
<u>的先後といった関係でつなぐ。</u>「ちょっと<u>見たところ</u>、とても良さそう
に思えた」、「ひどく<u>苦しんでいたところ</u>、彼が助けてくれた」などがこ
れである。

ー ibid(二重下線筆者)

が示す「ところ」と比較した場合、その記述内容が同一であるため、「ところ」と
「ところが」の概念的な相違を見出すことは難しい。そこで、5.2.1.で導き出され
た「ところ」の概念体系に対して、この「ところが」が如何なる概念を呈するのか
を明らかにするために、まず、次の(3)が表す事象に着目する。

(3) (太郎君とは10年間会っていなかったので)太郎君と(実際に)会ってみ
た<u>ところが</u>、彼の背丈は　?全く予想通りだった。
　　　　　　　　　　　　　　遥かに予想を越えていた。
　　　　　　　　　　　　　　意外と低かった。

　上出(1)-(2)の『日本語教育事典』では「ところが」は「ところ」と同じ定義づ
けをされているが、確かに左節が示す事象と相対する「予想外」の結果事象が
帰結節において生じるという点においては、一見、「ところが」と「ところ」は同
義に思えるかもしれない。しかしながら、ここで最も注目すべきことは、「ところ
が」そのものに「ところ」節の前提であった「予想・期待」に関わる事象が「含意
されている」ということである。換言すれば、上例(3)の事象が、「ところ」を用い
た次の(4)

(4) (太郎君とは10年間会っていなかったので) [多分これぐらいの背丈に
なっているだろうと思って]

太郎君と(実際)会ってみた<u>ところ</u>、

彼の背丈は $\left\{\begin{array}{l} \text{?全く予想通りだった。} \\ \text{遥かに予想を越えていた。} \\ \text{意外と小さかった。} \end{array}\right.$

が示す意味内容と交換可能であると考えるならば、「ところ」節における言外の
「予定・期待」節が示す事象は「ところが」それ自体に暗示されていることが理
解できる。つまり、「ところが」の「が」は、下記(5)

(5) が ❷(接続助詞)活用語の連体形を受ける。
　　　②…<u>前後が反対の結果になり、食い違う事柄に移行したりする</u>意味を表す。

－『広辞苑』(下線筆者)

で示されるように、それ自体で逆説的意味合いを表すことから、「ところが」の
ように「が」を表示すると「予想外」の事象を示す帰結節と相対する事象、つま
り、主体の意識の「予想内」の事象がそこに含意され、「ところ」節で見出され
た「予想・期待」に関わる事象を言外に、つまり前提として想定する必要がなく
なるのである。逆に、この逆説的意味合いを持つ「が」を省略した「ところ」節
の場合、左節には主体が意志をもってある行為を遂行する事象だけが示され、
「ところ」そのものには主体の「予想・期待」に関わる事象が表示されないこと
から、帰結節が示す結果事象と相対する事象が言外に前提として必要になると
考えられる。その結果、上例(3)の「ところが」が表示する概念は、上出(1)で記し
た「ところ」の概念メカニズムを基盤にした次の(6)が示すスキーマによって捉え
られる。

(6) [予想]：[多分これぐらいの背丈になっていると予想していた が]

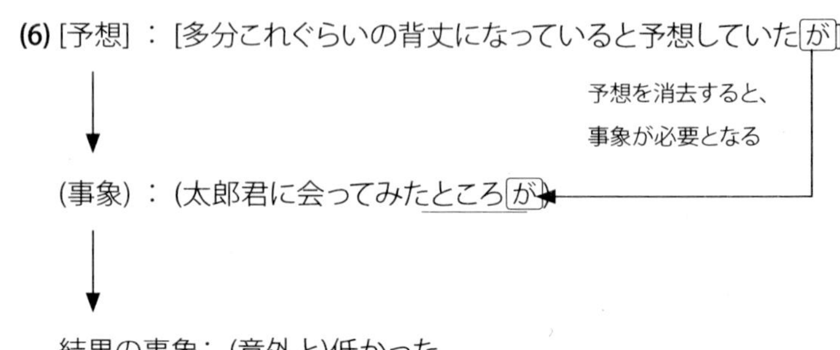

(事象)：(太郎君に会ってみたところ が)

結果の事象：(意外と)低かった。

このような(6)が示す概念メカニズムは、「ところ」を用いた上出5.2.1.2.の(13)を変化させた下例(7)

(7) [開店していると思って]
そのレストランに行ってみたところ、
{ (意外なことに/予想に反して)閉店だった。
閉店していた(のは意外だった)。

において、[　]内の主体の「予想・期待」節が示す前提事象を省き、「ところ」を「ところが」に置き換えた次の(8)

(8) そのレストランに行ってみたところが、
{ (意外なことに/予想に反して)閉店だった。
閉店していた(のは意外/予想外だった)。

が自然な表現と判断されることからも支持される。すなわち、「ところが」は「ところ」と異なり、主体の「予想・期待」が「が」に含意されているからこそ、下例(9)

(9) そのレストランに行ってみた。{ ところが、 / *ところ }(意外なことに)閉店だった。

で示されるような副詞にも転用されると考えられる。

　更に、上記(6)の概念メカニズムに従えば、上出5.2.1.2.(11)(下例(10)として再掲載)と上例(9)を変化させた次の(10)-(11)

(10) 彼を ┌ *訪ねるであろうところ、大変喜んでくれるであろう。
　　　　 ┤ *訪ねるところ、大変喜んでくれる。
　　　　 └ 訪ねたところ、大変喜んでくれた。

(11) そのレストランに ┌ *行ってみるであろうところが、意外にも閉店であろう。
　　　　　　　　　　 ┤ *行ってみるところが、意外にも閉店である。
　　　　　　　　　　 └ 行ってみたところが、意外にも閉店であった。

を注意深く観察すれば、なぜ「ところ」節・「ところが」節共に過去時制しか示さないのか、その理由を知ることができる。つまり、これまで論述してきたように、「ところ」節であろうが「ところが」節であろうが帰結節には「結果」に関わる事象が表示される。そして、「ところ」節では言外に、また、「ところが」節においては「が」に主体の「予想・期待」に関わる事象が含意される。つまり、概念的には、主体が「予想・期待」している事象が帰結節では「予想外」の「結果」として生じることから、「ところ」節・「ところが」節の文全体が過去時制を示すのは当然の結果であると言える。ただし、下例(12)

(12) あなたの行くところ、私はどこへでもついて ┌ 行くつもりです。
　　　　　　　　　　　　　　　　　　　　　 └ 行く決心をしています。

が表すような事象は未来、現在のいずれの時制でも示されうるが、これは次の(12)′

(12)′ あなたの行くところなら、私はどこへでもついていきます。

で表されるような「〜なら」の省略形として考えられるため、これまで論じてきた

「ところ」と区別する必要がある。つまり、「ところ」節に関しては、例えば、上出(8)に「〜なら」を付加した次の(13)

    (13) [開店していると思って]
        *そのレストランに行ってみたところなら、
            (意外なことに/予想に反して)閉店だった。
            閉店していた(のは意外だった)。

が非文と見なされることから、やはり、文全体が過去に関わる事象でなければならないことが理解できる。

5.2.2.2.「ところ」と「に」・「へ」との概念的結びつき

「に」・「へ」それぞれが「ところ」と共起する「ところに」・「ところへ」に関しては、次の(1)-(2)

    (1) [花子が下宿に遊びに来ると予想して]
        太郎が掃除をして{いるところ／いたところ}{に／へ}、(意外にも)雅子が(突然)やって来た。

    (2) [花子が下宿に遊びに来ると予想して]
        太郎が掃除をして{いるところ／??いたところ}{に／へ}、花子がやって来た。

が示すように、「ところ」が帰結節に主体の「予想・期待」に反する事象を必要とするのに対し、「ところに」は必ずしもそれを要求しない。つまり、5.2.2.1.で論述してきた「ところ」とは異なり、「ところに」・「ところへ」は(1)の「(意外にも)花子が(突然)やって来た。」という帰結節が表す事象、すなわち、「意外」という副詞句が示す「予想外」事象が認識されて初めて、前提に主体の「予想・期待」に関わる事象が存在していることが理解できる。それ故、「ところに」・「ところへ」は「ところ」のように、主体の「予想・期待」に関わる前提事象とそれに反する帰結節の結果事象が密に関係付けられる必然性が無いため、それらを結ぶ左節の事象節は過去時制で示される必要はない。この「ところ」と「ところに」・「ところへ」の「予想・期待」に関わる意味解釈上の順序はそれぞれ、下記(3)-(4)

(3) ところ

　[まさか誰もやってこないだろうと思いながら]

　　　　　↓

　太郎が勉強していた。

　　　　　↓

　(意外にも)花子が(突然)やって来た。

(4) ところに/へ

　太郎が勉強していた。

　　　　　↓

　花子が(突然)やって来た。

　　　　　↓

　そのことは｛意外なことだった。
　　　　　　意外なことではなかった。

のような方向性で示すことができる。すなわち、「ところに」に関しては、「に」が「一点」概念を表示することから、一点化された場所にどのような事象が起こるのかという焦点が左節の指示する場所に当てられていると考えられる。その結果、「ところ」は助詞を同伴しないため、(前提事象を言語化しないままでは)左節と帰結節が本来、意味的にワンクッションおくような結びつきをするのが特徴的であるのに対し、「ところに」はそのような前提事象との関係を持たないことから、[±意外]の事象を示す帰結節と共起可能であると考えられる。このような「総括」概念表示語である「ところ」と「に」の結合体である「ところに」に関して、田中＆松本(1997: 56-62)は次の(5)

    (5) 読書をしているところに、太郎がやって来た。

－田中＆松本(1997: 59)(用例(70a)を(1)として掲載)(下線筆者)

を挙げ、下記(6)

    (6) ～ところに：　＜ある出来事が起こる時点を場所的にとらえ、その場に
              出来事が貫入してくるという事態を描写する＞

－ibid(1997: 60)(下線筆者)

のように述べている。つまり、次の(7)-(8)

    (7) 「読書をしているところに」という表現は、空間的な意味合いを喚起
       し、＜読書をしている場に、太郎がやって来た＞ということを含意する
       と考えることができよう。

－ibid(1997: 60)(下線筆者)

    (8) 「ところに」には時点を場としてとらえ、そこにある出来事が貫入する
       という意味合いがあるため、「やって来た」はよいが「出て行った」で
       はうまく整合がとれない。

－ibid(1997: 61)(下線筆者)

の記載からもわかるように、田中＆松本は「ところに」が「左節の事象が生起する場所に帰結節が示す出来事が貫入する事態を描写する」役割を持つと見なしている。このような理由から、下例(9)-(10)

　異言語間に共通する概念研究

(9) ?彼女が掃除をしているところに、彼は出て行った。

(10) 彼女が掃除をしているところに、彼はやって来た。

−ibid(1997: 61)(下線筆者)

においては、「出て行った」が「ところに」と意味的に整合しないとしている。確かに「に」が[+移動](正確には「移動の到達点」)概念を包含していることから、ある出来事が貫入する意味合いを表すことができるのは事実である。しかしながら、次の(11)

(11) 太郎が真夜中の12時(頃)に自室で勉強をしているところに花子も
　　　(一緒に)居た。

が示すように、帰結節には何も「移動」に関わる事象に限らず、「居た」のように「(存在)状態」に関わる事象も選ばれることから、「ところに」を上記(8)が示す「ある出来事が貫入する」の意味合いだけで捉えることはできない。では、帰結節に「移動・状態」両方の事象を従えることができる「ところに」は、一体どのような概念で解釈することができるのであろうか。冒頭でも述べたように、「ところに」は「総括」概念を表示する名詞「ところ」に助詞「に」が付加した結合体であることから、「ところに」が包含する概念を明らかにするためには、やはり、「に」が本来表示する概念に遡及する必要がある。具体的に言えば、5.1.1.でも述べたように、「に」は次の(12)

(12) に：[＋状態]・[－方向性]　←　　「到達位置」概念表示助詞

を表示し、「到達位置」概念を包含することから、「状況・場面」を示す「ところ」の中核概念を重ね併せて考えるのであれば、「ところに」が表す事象は次図のようなイメージ・スキーマで捉えることができる：

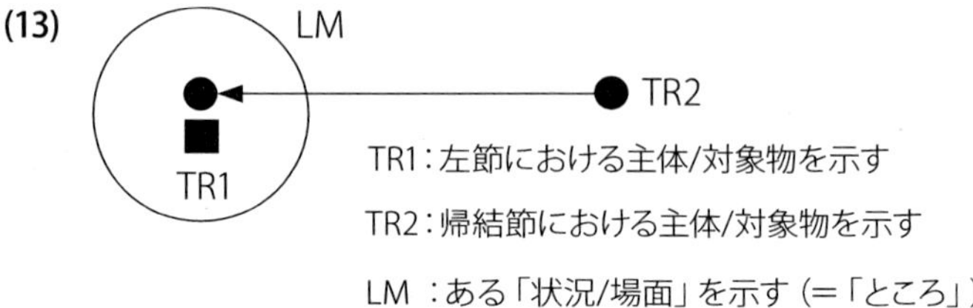

つまり、「に」は第1章、第3章でも述べたように、広い意味での「近接」概念と「一点」概念を包含することから、上図でいうTR2がLMのある「一点」に「到達」し、そのLMに「存在・位置」する概念を表示していると考えられる。それ故、「に」は下記(14) で示されるような

(14) 「に」：「存在/位置」概念表示助詞

「存在・位置」概念表示助詞であることが再確認される。したがって、「ところに」は、次の(15) で示されるように、

(15) 「ところに」： LMにTR2が存在/位置するようになる事象を表示

「ところ」が表示する、ある「状況・場面」に帰結節の主体・対象物が「存在・位置」する事象を表していることが理解できる。その結果、次の(16)

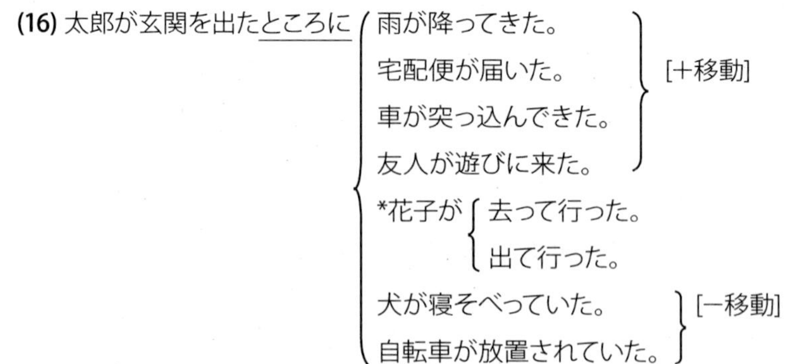

については、「雨が降ってきた」、「宅配便が届いた」、「車が突っ込んできた」、「友人が遊びに来た」という「移動」に関わる事象であれ、「犬が寝そべっていた」、「自転車が放置されていた」という「状態」に関わる事象であれ、「玄関を出た」という「状況・場面」において帰結節の主体・対象物が「存在・位置」するような概念で捉えられることから、それらの動詞句は「ところに」と共起可能であると判断される。逆に、(前出田中＆松本(1997: 60-61)も指摘する通り)「去って行った・出て行った」は「ところ」が表示する「状況・場面」から「存在・位置しなくなる」事象を示すことから、「ところに」に後続すると不自然な表現になってしまうのである。ただし、左節が示す事象に主体の「移動」が示されているかどうかには注意を要する。なぜなら、上例(16)を変化させた下例(17)

> **(17)** 太郎が玄関を出た<u>ところに</u> ⎰ 花子が<u>居た</u>。
> ⎱ 犬が<u>寝そべっていた</u>。

では、「（花子が）居た」・「（犬が）寝そべっていた」両方の動詞句が「ところに」と共起可能であるのに対し、上出(11)

> **(18)** (＝(11))太郎が真夜中の12時頃に自室で勉強をしている<u>ところに</u>花子が(一緒に)<u>居た</u>。

においては、次の(19)

> **(19)** 太郎が真夜中に自室で勉強をしている ⎰ ?<u>ところに</u> ⎱ <u>ところで</u>
>
> 花子 ⎰ が眠っていた。
> ⎱ も勉強していた。

が示すように、「居た」という動詞句の代わりに「眠っていた・勉強していた」などの動詞句を用いると「ところ<u>に</u>」ではなく、「ところ<u>で</u>」が自然な表現として選択されるためである。換言すれば、左節で主体の[＋移動]に関わる事象が示された場合(=(17))、「無指定の場所」に関わる事象を表す「居る」、及び一種の「空間利用」に関わる事象を表す「寝そべっている・放置されている(=(16))のどちらにも「無指定の場所」概念表示助詞「に」が共起する「ところに」が共起可能であるのに対し、左節で主体の[-移動]に関わる事象が示された場合(=(19))、「ところに」は自然な表現として選択されず、「同一空間領域の利用形式・形態」概念表示助詞「で」が共起した「ところで」が容認可能な表現として判断される(「ところで」が表示する概念に関しては5.2.2.3.にて詳述)。それ故、左節が示す主体の[±移動]事象に拠った、「ところに」と帰結節の「空間利用」に関わる事象との意味的な結合関係は下記のようにまとめることができる:

(20) ところに:

左節が示す「±移動」事象の種類　　帰結節が示す「±空間利用」事象の種類

[＋移動] ─────────────── [＋空間利用]/[−空間利用](＝[無指定の場所])

　　　↓　　　　　　　　　　＊　　　　　↓

[−移動] ─────────────── *[＋空間利用]/[−空間利用](＝[無指定の場所])

このような上出(11)が表示する「ところに」の概念は、次の(21)

(21) *太郎が玄関を出た<u>ところに</u>{ 台所(の中)<u>で</u>火事が起きた。
家の中で太郎と次郎が喧嘩を始めた。

で示されるように、「玄関を出た」という「状況・場面」の外、つまり、「台所(の中)」・「家の中」で生じた事象を表す帰結節が「ところに」と共起不可能であることからも当然のこととなる。他方、「ところ」と「へ」の結合体である「ところへ」に関しては、これまで論じてきた「ところに」と異なった概念で捉える必要がある。その理由として、上出(16)を変化させた下例(22)

(22) 太郎が玄関を出た<u>ところに</u> 雨が降ってきた。

宅配便が届いた。

車が突っ込んできた。

友人が遊びに来た。

*花子が 去って行った。

出て行った。

*犬が寝そべっていた。

*自転車が放置されていた。

においては、「（犬が）寝そべっていた」・「（自転車が放置されていた」という「状態」に関わる事象を示す動詞句が帰結節に選択されないことが挙げられる。つまり、5.1.1.で述べたように、「へ」は上出(12)の「に」とは異なり、次の(23)

(23) へ:[−状態]・[+方向性] → 「方向」概念表示助詞

で示されるような「方向」概念表示助詞として見なされることから、「ところへ」が示す事象は下図のイメージ・スキーマで表される：

(24)
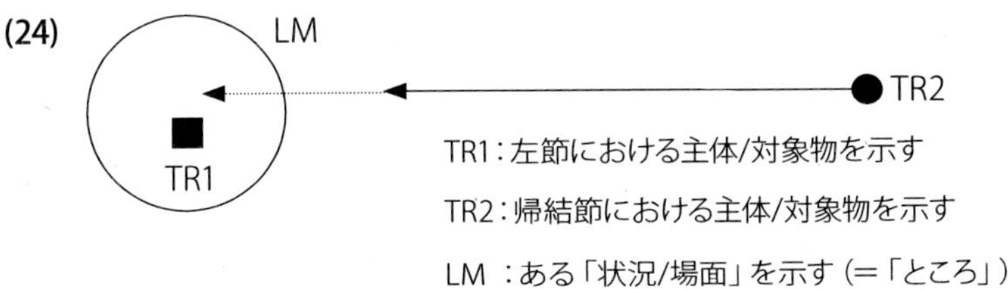

したがって、「ところへ」は、「ところに」が示すような「ところ」が表示する、ある「状況・場面」に帰結節の主体・対象物が「存在・位置する」事象を表示できず、次の(25)

(25)「ところへ」：ところ(＝状況/場面)を $\left\{\begin{array}{l}狙って/狙ったように\\目がけて/目がけたように\\見計らって/見計らったように\end{array}\right.$

で示されるような、「「ところ」が表示するある状況・場面へ目がける」事象を示す「方向」概念で解釈されることから、次の(26)

(26)「ところへ」＋移動動詞

に示すように、後続する動詞句には意味的に整合する「移動」動詞が選ばれる。逆に、[−方向性]・[＋状態]に関わる事象を示す動詞句は共起不可能となる。その結果、上出(22)においては、「ところ」が表示する「状況・場面」を目がける「方向」が示されない「去って行った・出て行った」は「ところへ」と共起することができず[17]、更には[＋状態]・[−方向]を示す「犬が寝そべっていた・自転車が放置されていた」という状態事象も不自然な表現として判断されるが、これも結局は助詞「へ」の本来の用法がそのまま活きていることに帰する。これまで論述してきた「ところに」と「ところへ」の概念相違は次の(27)からも立証される。

(27) ちょうどタバコを吸おうとしたところ $\left\{\begin{array}{l}\underline{に}\\??\underline{へ}\end{array}\right\}$

　　　「禁煙」の注意書きがあった。

　それは、言うまでもなく、状態を表示する動詞句が帰結節に用いられる場合は「方向」概念表示助詞「へ」ではなく、「存在・位置」概念表示助詞「に」が選択されるからである。

----

17)「ところへ」の左節の事象が「へ」が表す「目がける」という概念に合致するような事例(a)
　　　(a) 太郎が没した<u>ところへ</u>花子は<u>去って行った</u>。
　のような「ところ」が物理的場所の色彩を強く帯びるような場合は、ここでは除く。

　異言語間に共通する概念研究

すなわち、上例(27)が表す事象は、次の(27)′

(27)′ ちょうどタバコを吸おうとしたちょうどその場所 { に / ??へ }

「禁煙」の注意書きがあった。

と意味的に等価であると考えるならば、上出(13)の概念図を基盤に主体の「到達位置」が焦点化された下図(28)のイメージ・スキーマで捉えることができる:

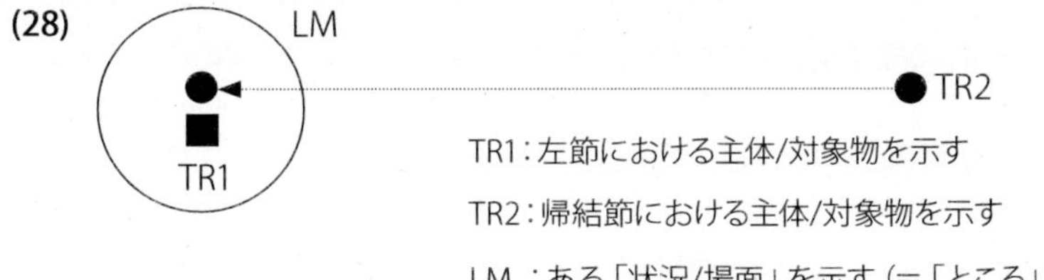

詰まるところ、「ところに」・「ところへ」においても、これまで論述してきた「に」・「へ」の概念が活きているからこそ、前者は「ところ」が表示する「場所・状況・場面」における「存在・位置」概念に基づいて、また、後者はその「場所・状況・場面」へ向かう「方向」概念に基づいて、それぞれ意味解釈することができるのである。

5.2.2.3.「ところで」に見る「で」との概念的相違

5.2.2.で述べたように、田中＆松本(1997: 60)は「ところで」は下記(1)

(1) 〜ところで:＜ある出来事が起こる時点を場所的にとらえ、その場内で別の動作が起こるという事態を描写する＞

―田中＆松本(1997: 60)(下線筆者)

が示すような意味を表すと記載している。このような「ところ」と「で」の結合

体である「ところで」が包含する概念を明らかにするために、まず、第1章の
1.3.2.1.(7)で述べた「同一空間領域の利用・使用の形式・形態」を表示する
「で」を用いた次の(2)が表す事象に着目する。

    (2) 太郎は屋根(の上)<u>で</u> { 逆立ちをしている/飛び跳ねている。
                            { *居る/*位置している。

「逆立ちをしている・飛び跳ねている」は「空間利用」に関わる事象であるた
め「で」と共起可能であるが、「居る・位置している」は単なる存在状態を示す
に過ぎず、空間利用とは概念的に結びつかない。つまり、次の(3)

    (3) 太郎は屋根(の上)<u>に</u>居る/位置している。

が示すように、「居る・位置している」は無指定の場所を指示する「存在・位
置」概念表示助詞「に」と共起するため、「存在」に関わる事象であることが理
解できる。けれども、このような「同一空間領域の利用・使用の形式・形態」概
念を表示する「で」を更に深く考察するならば、主体の「存在」事象に関わる
「居る・位置している」が何故上例(2)で用いられないのかが一層明確になる。
なぜなら、「で」の語源は下記(4)

    (4) で：《格助》 (格助詞「に」に「<u>て</u>」がついて変化したもの)中古末に現
           われ、現代に到る。

－『日本国語大辞典』第十四巻(下線筆者)

が示すように、「にて」と同じ起源に遡及することから、その転化したものが
「で」であると考えられるためである。つまり、「て」は次の(5)

(5) て：《助詞》　❶(接続助詞)前の語句を受けて後の語句に続ける。

① 後に述べる内容よりも先行する内容を表す語句を受ける。

古事記(下)「出で立ちてわが国見れば…」「家に帰って見せる」

－『広辞苑』

が示すように、2つの節をつなぐ役割を果たすため、上出(2)が表す事象も概念的には節形式で捉えることができるのではないかと考えられる。具体的に言えば、上出(2)

(6) (＝(2)) 太郎は屋根(の上)で 　{ 逆立ちをしている/飛び跳ねている。
　　　　　　　　　　　　　　　　　*居る/*位置している。

が表す事象は、その前提として「太郎」という主体が「屋根(の上)」の指示空間に「存在」する必要があることから、(6)の「で」に前置する言語表現は次の(7)

(7) 太郎は屋根(の上)に居て(＝に在って)、
　　{ (そこで) 逆立ちをしている/飛び跳ねている。
　　　*(そこで) 居る/*位置している。

が示すように、統語的に[節＋「て」＋節]形式に変形しても意味的に等価であると考えることが可能である。すなわち、(7)の「て」に前置する節、つまり、「太郎は屋根の上に居る」は主体の「存在」に関わる事象を表すため、後続する節には、「居る」や「位置している」といった同じ「存在」に関わる事象を重複させるのではなく、それとは異なった別の事象を表す言語表現が必要となる。このような「同一空間領域の利用・使用の形式・形態」を示す「で」とその前後の言語表現が表すそれぞれの事象との関係を(8)として下記にまとめる。

(8) A[＋存在事象] ＋「で」＋ B[存在空間利用事象]

そして、この(8)が示す図式は、第1章の1.3.1.(6)、(10)(それぞれ下例(9)-(10)として再掲載)が表す抽象的事象にも適用される。

> **(9)** ナントきた八、一文なしで出かけよふ。
>
> **(10)** 生涯一捕手で引退する。

つまり、上例(9)-(10)を各々、次の(11)-(12)

> **(11)** ナントきた八、一文なしの状態に居て出かけよふ。
>
> **(12)** 生涯一捕手の状態に居て引退する。

が表す事象と意味的に等価であると考えるならば、概念的には「状態」という「抽象的場所」[18)]に主体が「存在」する事象を示していることが見出されるからである。つまり、(11)-(12)においては、「て」の前置節が[＋存在事象]を表すのに対し、後置節「出かけよふ」・「引退する」が[−存在事象]を表すため、上記(8)の概念図式が上例(11)-(12)の抽象的事象にも適用される。それ故、次の(13)

> **(13)** 私が入院するように忠告したところで、
> - 彼は決心を変えないよ。
> - 彼は耳を貸さないだろう。
> - *彼は快く受け入れてくれるよ。

の「ところで」が、何故上述(1)

> **(1)** (＝(14)) 〜ところで: ＜ある出来事が起こる時点を場所的にとらえ、その場内で別の動作が起こるという事態を描写する＞
>
> —田中＆松本(1997: 60)(下線筆者)

---

18) 「状態」が「抽象的場所」として捉えられることについては、Lakoff and Johnson(1999: 180-183, "States Are Locations")参照。

 異言語間に共通する概念研究

で表示した役割を持つのかは偏に上記(8)の「で」に関する概念図式に収束する。なぜなら、この(14)が表す事象と上出(6)で[-存在]を示す動詞句を用いた事象とを比較考察するならば、次の(15)

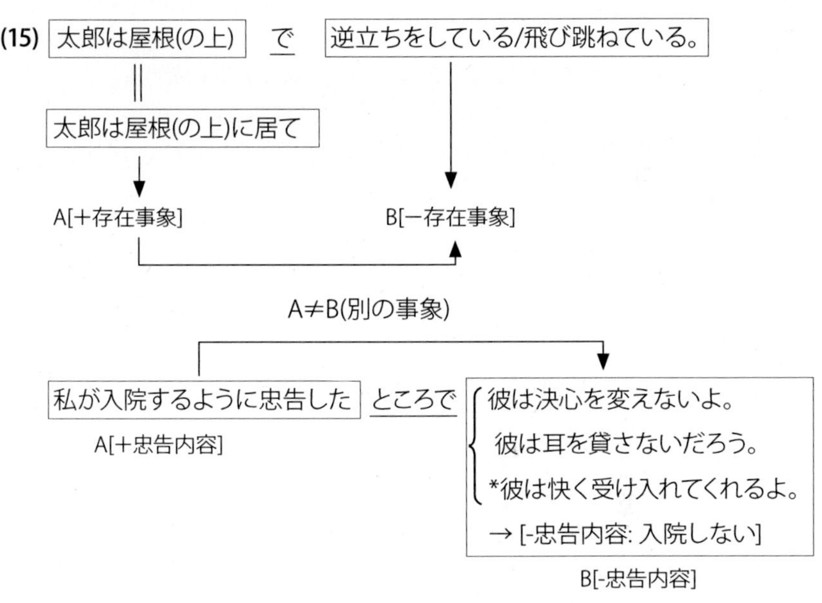

が示すように、「彼は決心を変えない・彼は耳を貸さない」という節が表す事象は「私が忠告した」という節が表す事象とは意味内容が全く逆(つまり肯定(=入院する)と否定(入院しない))という点で概念的に並行するからである。それ故、上述したように、「ところ」が「総括」概念表示語であることを併せ考えるならば、(13)は「私が忠告した」という「状況・場面」において、その「忠告内容」に反する「彼は決心を変えない・彼は耳を貸さない」という事象が生起する事態を表していることが理解できる。つまり、上出(13)を変化させた次の(16)

(16) 私がXを忠告したところで、彼は決心を変えないよ。

が表す事象は下記の(16)′、

    (16)′ 私がXを忠告した<u>ところで</u>、彼はそのXを実行に移さないよ。

更には(16)″

    (16)″ 私がXを忠告したところで、彼は[NOT-X]を行なうよ。

が示す事象と等価であると考えられることから、次の(17)として解釈することができる。

    (17) 私は彼にXを忠告する、その「状況/場面内」(=「ところ」)に[NOT-X]
        (=別の事象)が起こる。

その結果、下記(18)

    (18) | A | ところで | B |

で示される文全体の意味解釈に基づいた「ところで」の概念は「ところ」によって表示される、ある「状況・場面に存在・位置する」主体が別の事象を発生させるために「同一状況・場所を利用」しているという捉え方ができる(この件は5.2.3.にて詳述)。それ故、「ところで」が示す事象は上出5.2.2.2.(13)、(24)各々が示す「ところに」・「ところへ」の概念図とは異なった次図(19)のイメージ・スキーマで捉えることができるのである。

    (19) 「ところで」： LMをTR2が制限利用

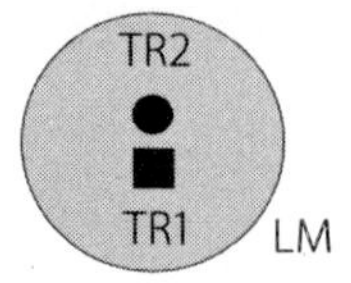

TR1：左節における主体/対象物を示す

TR2：帰結節における主体/対象物を示す

LM ：ある「状況/場面」を示す（=「ところ」）

◯ ： TR2が「制限利用」する「状況/場面」の範囲を示す

　しかしながら、このような「ところで」の「で」に見られる概念が「で」の用法全てに渡って存在するかと言えば、一見、そうではないように思える。その一例として次の(20)が挙げられる。

　　　(20) 太郎はナイフ<u>で</u>鉛筆を削った。

　しかしながら、(19)の「ナイフ<u>で</u>」は第1章の1.3.2.2.の(18)の概念的認知プロセス(下記(21)として再掲載)

　　　(21) 格助詞「で」の概念的認知プロセス

「同一空間領域の利用形式/形態」概念

↓　空間

主体と場所の「近接」概念

↓　物体

「非対等同伴」関係に基づく「手段」概念　　　　「物理的近接」関係に基づく「手段」概念

↓

「抽象的近接」関係に基づく動作主概念

に従えば、同じ「形式・形態」概念を基盤にした「非対等同伴」関係に基づく「手段」概念を表示することから、主体と場所の「近接」概念で捉えることができる。なぜなら、もし第2章の2.2.1.(17)(下記(22)として再掲載)

　　　(22) 「で」←「をもって」←「にて」

で示されるような「場所」から「手段・道具」への共時的な概念変化[19]のプロセ

---

19) 主体者が存在する具象的場所(例、太郎は家の中で遊ぶ)と主体者が用いる具象的物体(例、太郎はハンマーで釘を打つ)は、いずれも主体者と近接関係を成す。日本語ではいずれの場合でも「で」を用い、韓国語では場所に「에서」、物体に「로」を使い分けて形態上の区別はするが、両言語とも「主体者と場所・物体との近接性」の概念に変わりはない。第

スを考慮に入れるのであれば、この(20)が表す事象は、次の(23)

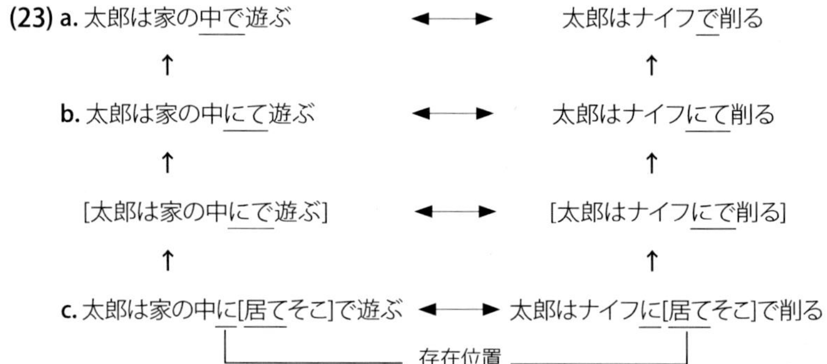

で示されるように、概念的には、「太郎」という主体が「家の中」という「場所」に「存在位置」する関係に並行すると考えられるためである。つまり、(23c)の「に」は、次の(24)-(25)

(24) 太郎は花子 { が居るところに / の居るところに } 歩いて行く/居る。

⇩

太郎は花子のところに歩いて行く/居る。

(25) メアリーは樫の木 { が在るところに / の在るところに } 歩いて行く/居る。

⇩

メアリーは樫の木のところに歩いて行く/居る。

1章で述べた「利用形式•形態」は「手段」とも言い換え可能であるから、両言語には「手段は近接的である (INSTRUMENTALITY IS A COMPANION)」というメタファーが共通して働いていることになる。この捉え方が歴史的にも正しいのかどうかの証明には史的実例が必要となるが、この件についてはこれからの課題としたい。

が示すように、主体がある「到達点」に移動し、その「到達点」における「存在位置」を表示することから、(20)が表す事象は、やはり、下記(26)

(26) に： 太郎(＝主体)と「ナイフ」(＝物体)との存在位置関係を示す

で示されるような「存在位置」概念に収束する。したがって、日本語格助詞「で」は「同一空間領域の形式・形態」概念を中核義とし、[＋主体の存在]に関わる事象を潜在的に表示することから、「ところ」と結びつくことによってある「状況・場面」内で別の事象が生起する事態を表す概念メカニズムを包含していることが導き出される。その結果、韓国語は「場所」概念と「手段」概念が部分的に重なり合うことはあっても、それぞれの概念が「에서」・「로」と別個の助詞で表示されるのに対し、日本語においては、空間表示の格助詞「で」は、第2章で論述してきたように、「にて」・「において」などさまざまな変異形と概念的なつながりを持ち、「同一空間領域の利用形式・形態」概念を基盤に主体と「場所」・「物体」との「存在位置」関係を表すことから、「場所」と「手段」の両概念を表示することができると考えられるのである。

5.2.3. 再び空間表示の格助詞「で/에서·로」

ここでは、これまで論述してきた「に」・「へ」・「で」全てと共起する「ところ」、及び「に」だけとしか共起しないとされる「時」(Cf. 田中 & 松本(1997: 60))との概念相違を考察し、助詞概念と「時」概念との結びつきを分析する(5.2.3.1.)。その後、Kimballの 'The grammar of existence' を基に「に/에」、「で/에서·로」と英語との概念的並行性を明らかにすることによって、空間表示の格助詞「で/에서·로」が表示する概念を体系的に考察する(5.2.3.2.)。

5.2.3.1.「ところ」概念と「時」概念との相違に見る
「に」・「へ」・「で」の助詞概念

　空間表示の格助詞「で」が示す中核概念を体系的に考察するために、これまで論じてきた「ところに」・「ところへ」・「ところで」それぞれを用いた次の(1)-(3)が表す事象に着目する。

　　(1) ちょうど玄関を出たところに友人が遊びに来た。
　　(2) 太郎が勉強をしているところへ花子がやって来た。
　　(3) 私が忠告したところで、彼は決心を変えないよ。

　上例(1)-(2)が表す各々の事象について、上出5.2.2.2.(15)、(25)では、前者の「ところに」が「「ところ」が表示する、ある「状況・場面」に「存在・位置」する」概念で捉えられるのに対し、後者の「ところへ」は「その「状況・場面」を目がける「方向」」概念で解釈されることが見出された。また、(3)の「ところで」に関しては、5.2.2.3.で述べたように、「ところ」が表示する、ある「状況・場面」で別の事象が生起する事態が描かれることが理解できた。それ故、(1)-(3)の「ところ」は共通して、左節内の陳述を一まとめとして陳述する「総括」概念を包含し、左節が示すある「状況・場面」を表示することが導き出される。しかしながら、このような概念を表示する「ところ」と「に」・「へ」・「で」各々の共起関係とは異なり、「ところ」を「時」に置き換えた次の(1)′-(3)′

　　(1)′ ちょうど玄関を出た時に友人が遊びに来た。
　　(2)′ ??太郎が勉強をしている時へ花子がやって来た。
　　(3)′ ??私が忠告した時で、彼は決心を変えないよ。

においては、「ところに」の「に」だけが「時」と共起可能[20]であることから、「ところへ」・「ところで」の「ところ」は「時」と交換不可能であるように見える。まず、「ところに」と「時に」の対比関係に関して、一見、「ところ」と「時」は全ての事象に渡って交換可能であるように思えるかもしれないが、実際はそうでない。つまり、上出5.2.1.1.の(6)′-(7)′で述べたように(それぞれ下例(4)-(5)として再掲載)、

    (4) 家を出た<u>ところ</u>に、突然雨が降って来た。
    (5) ?風呂に入った<u>ところ</u>に、風呂桶の底に穴が開いていることがわかった。

(5)の「ところ」は、(4)と異なり、「風呂に」という主体の「到達位置」が既に述べられていることから、冗漫な表現として見なされ、正否のゆれが生じるのに対し、上例(4)-(5)の「ところ」を「時」に置き換えた次の(6)-(7)

    (6) 家を出た<u>時</u>に、突然雨が降って来た。

    (7) 風呂に入った<u>時</u>に、風呂桶の底に穴が開いていることがわかった。

においては、両文共に自然な表現と判断される。したがって、「に」に前置する「時」は「ところ」同様、「総括」概念を表示しながらも、上出(5)の「ところ」が示すような意味的な制約に縛られないことが見出される。対照的に、上出(2)′

    (8) (=(2)′)??太郎が勉強をしている<u>時</u>へ花子がやって来た。

----

20)「ところ」が「時」に概念の転移したという観点に立つと、「ところに」、「ところへ」、「ところで」の場合と同じく「時に」、「*時へ」、「(*)時で」を扱う前に、助詞を伴わない「時」そのものの詳細な考察を行うべきかもしれない。しかし、本書の目的は「に」、「で」、「へ」を中心とした概念の考察と、それらの助詞が構築していると考えられる概念体系の発見にあるので、本書では、「に」、「で」、「へ」が表示する概念体系を詳細に分析した後に、5.2.3.3.で「時」と「時に」との概念を比較考察することを通して、「時」それ自体が表示する概念を明らかにする試みを行なう。

においては「時」と「へ」の共起は認められず、「*時へ」という結合体は「時に」と異なり明らかに不自然な表現であると見なされる。しかしながら、同じ「時」と「へ」が結びついた表現であっても、次の(9)

(9) ?太郎が出発する時間である9時 $\left\{\begin{array}{c}へ\\に\end{array}\right\}$ 向かって花子も仕事を進めていた。

で示されるような「時刻表現」においてはその容認度が上がり、上出(6)-(7)で論じた「に」と交換可能であると考えられる。このような「時＋へ」が構築している概念を明らかにするために、次に、下例(10)-(11)

(10) 未来へ進む。
(11) *9時へ進む。

が示す事象に着目する。後者(11)の容認度が落ちるのに対し、前者(10)が自然な表現であると判断されるのは次の(12)

(12) 東京へ移動する。

が自然な物理的移動であるということと並行するからで、ここに 'TIME IS SPACE' メタファーが機能している現象が見られる。一見、(11)のように「9時」という一点的性格を持つ「時刻」は「へ」に前置せず、(10)の「未来」のように漠然とした広がりをもつ時間帯は「へ」に前置することから、「一点」と「漠然とした広がり」との対立が文法性を決定する要素と捉えることができるかもしれない。しかしながら、この考えが適切でないことは次の(13)

(13) ?9時へ向かって進む。

が(11)より少し容認度が上がり、更に(14)

（**14**）9時へ向かって仕事を進める。

が更に容認度が上がることから証明可能である。このことは(15a)-(15c)

（**15**）a. *9時へ仕事を始める。
 b. 9時へ向かって仕事を始める。
 c. 9時に向かって仕事を始める。

にそれぞれにおいて、aの「9時」という一点的時刻は東京のような場所概念に転移しにくいが、「向かって」という明白な「方向指示」表現を添えて文法性を上げるか、もしくは「方向」表現は方向の先に「到達点」を暗示するものであるから、「へ」に替えて「に」を用いると、場所概念が乏しい「9時」でもそれら二つの「方向」、「到達点」表示の助けを受けて到達点として解釈を許されることになる。

5.2.3.2.「に/에・에게」、「で/에서・로」の体系的概念考察と英語との概念的並行性

ここでは、これまで論述してきた「ところ」・「時」と共起することができる「に/에」・「で/에서・로」各々が表示する概念を体系的に考察するために、まず、次の(1)が表す事象に着目する。

（**1**）｛明日で公演が終わりだ。
  내일로 공연은 끝이다.

(1)の「で/로」は、第1章の1.2.2.(8)(下記(2)として再掲載)

（**2**）格助詞「で/로」：［＋継続］、［＋限度・限界・最終］

でも述べたように、「限度・限界・最終」概念を表示していると考えられる。この
ような概念を表示する「で/에서・로」には、同じ完了相(正確には、「始動相」とい
う語彙相)であっても、次の(3)

(3) ??明日で公演が<u>始まる</u>[21]。
    ??내일로 공연이 <u>시작된다</u>.

で示されるような動詞句は共起しにくく、(1)の「終わりだ/끝이다」のような「存
在していたものがなくなる」事象を示す動詞句が選択されることになる。しかし
ながら、ここである問題が生じる。それは、「で/에서・로」の中核義である「同一
空間領域の利用形式・形態」概念と(3)の「始まる/시작되다」のように「あるもの
が存在するようになる」事象が概念的に何故結合しにくいのか、ということであ
る。このような問題を解決するために、次に韓国語文を加えた下例(4)が表す物
理事象に着目する。

(4) 太郎は屋根の上 { ??<u>に</u> / で } 逆立ちをしている。
    타로는 지붕 위 { *<u>에</u> / 에서 } 물구나무서기를 하고 있다.

　第1章においては、(4)の「で/에서・로」が「同一空間領域の利用形式・形
態」概念を包含しているのに対し、「到達点」、つまり、「無指定の場所」概念を
包含する「に/에・에게」が「逆立ちをしている/물구나무서기를 하고 있다」という
空間利用に関わる事象を示す節に先行すると容認度が落ちてしまうことが理解

---

21) (3)が容認される場合でも「継続」概念(=公演が始まらない状態がずっと継続していた
　　状態)が「明日を限度・限界」として終了する、という意味になる。つまり「継続-状態」の存
　　在が前提となる点では上例(1)も同様である。ただ、この(3)では「明日で公演が______」
　　の下線部の空所に生ずる動詞句として「始」と「終」のどちらの概念が自然(または無標識
　　(unmarked))であるかを示そうとしているだけである。

　異言語間に共通する概念研究

できた。換言すれば、前出5.2.2.2.(14)(韓国語を加えて下記(5)として再掲載)

(5) 「に/에・에게」:「存在/位置」概念表示助詞

で論述したように、「に/에・에게」は「存在・位置」概念表示助詞であることから、次の(6)

(6) ① 主体が「存在」するという状態に「到達」する
　　② (その結果)「到達点」に主体が「存在/位置」する

で示されるような概念体系を呈していることが見出される。それに対し、「で/에서・로」は「同一空間領域の利用形式・形態」概念を表示するが、ある場所空間を利用するためには、その前提として主体がその場所に前もって「存在するようになる」必要がある。逆に言えば、主体がある空間に「存在」するように「到達」し、そしてその「到達点」で「存在」して初めて「同一空間領域」の利用が可能になると考えられる。つまり、上出(4)で「で/에서・로」が用いられる事象の前提には、韓国語文を加えた次例(7)

(7) 太郎が屋根の上に居る。そしてそこで逆立ちをしている。
　　타로가 지붕 위에 있다. 그리고 거기에서 물구나무서기를 하고 있다.

が示すように、主体が「存在するようになる」事象が必要であることから、概念的には「で/에서」の前提に上出(6)の「存在・位置」概念を表示する「に/에」が含まれていることが導き出される。

(8) 「で/에서・로」⊃「に/에・에게」
　　(=主体が存在するようになる事象を表示)

したがって、上出(1)

(9) (=(1)) $\begin{cases}$ そして明日で公演が終わりだ。

그리고 내일로 공연은 끝이다. $\end{cases}$

が表す抽象的事象にも(8)の含意関係が想定されることから、次の(10)

(10) $\begin{cases}$ 公演が一週間前に始まった。明日でその公演が $\begin{cases}$ 終わりだ。

*始まりだ。 $\end{cases}$

공연이 일주일 전에 시작되었다. 내일로 그 공연은 $\begin{cases}$ 끝이다.

*시작된다. $\end{cases}$ $\end{cases}$

が示すように、前提に「公演が存在するようになる」事象が時間表示名詞句に付着する「に/에」によって表示され、その「存在」し続ける「公演/공연」が「明日/내일」という「限度・限界・最終」時点において「存在しなくなる」事象を表していることが理解できる。換言すれば、「存在するようになる」概念を表示する「に/에」に対して、「で/로」は「既に存在し終わったものが新しく別の事象を起こす」概念を表示するため、(10)においては「始まる/시작되다」を用いると非文と見なされるのである。それ故、このような「に/에・에게」、「で/에서・로」の対立する概念はそれぞれ、次の(11)

(11) 「に/에・에게」： 新情報[＋ある空間に(何かが存在するようになる)]
「で/에서・로」： 旧情報[＋存在し終えた空間で(別の事象を起こす)]

で示されるような意味素性の「新情報」・「旧情報」で捉えることができる。この(11)が表示する対立概念に従えば、これまで論述してきた「ところ/곳」と「に/에」・「で/에서」との概念的結びつきがより一層明確になる。次の(12)-(13)

(12) $\left\{\begin{array}{l}\text{太郎が勉強している}\underline{\text{ところに}}\text{、}\left\{\begin{array}{l}\text{花子が（初めて）やって来た。}\\ \text{*花子が逆立ちをしていた。}\end{array}\right.\\ \text{타로가 공부하고 있는 }\underline{\text{곳에}}\left\{\begin{array}{l}\text{하나코가 （처음으로） 들어왔다.}\\ \text{*하나코가 물구나무서기를 하고 있었다.}\end{array}\right.\end{array}\right.$

(13) $\left\{\begin{array}{l}\text{太郎が勉強している}\underline{\text{ところで}}\text{、}\left\{\begin{array}{l}\text{*花子が（初めて）やって来た。}\\ \text{花子が逆立ちをしていた。}\end{array}\right.\\ \text{타로가 공부하고 있는 }\underline{\text{곳에서}}\left\{\begin{array}{l}\text{*하나코가 （처음으로） 들어왔다.}\\ \text{하나코가 물구나무서기를 하고 있었다.}\end{array}\right.\end{array}\right.$

が示すように、「に/에」には「花子が(初めて)やってきた/하나코가 (처음으로) 들어왔다」が後続するのに対し、「で/에서」には「花子が逆立ちをしていた/하나코가 물구나무서기를 하고 있었다」が選ばれる。勿論、この(12)-(13)が示す共起関係は、第1章で述べたような「に/에・에게」、「で/에서・로」各々が表示する「無指定の場所」、「同一空間領域の利用形式・形態」概念[22]によっても説明可能である。後述する、ある英語の構文との概念的並行性を論ずる目的のため、ここでは「新情報・旧情報」という用語を続けて用いることにする。(12)の「に/에」は「新情報」に関わる事象を表示することから、帰結節には「何かが新しく存在するようになる」事象を示す節が必要となる。それに対し、「で/에서」は「旧情報」に関わる事象を表示することから、「花子が(初めて)やって来た/하나코가 (처음으로) 들어왔다」という「新しく存在するようになる」事象とは概念的に整合しないと考えられる。また、(14)

(14) 君が練習をギブアップと言った<u>時</u>でこの契約は<u>終わりだ</u>。

が示す「時」に関しても、「で」が表示する「旧情報」、つまり、[＋練習の継続という状態がなくなる]概念が活きていることが理解できる。つまり、帰結節には

---

22)「同一の空間」とは「初めて存在するようになった空間(＝新情報空間)」、その空間を次に別の事象生起に利用することによって旧情報空間にするという意味である。

ある「限度・限界・最終」時点において今まで存在していたものがなくなる事象が示されているのである。その結果、次の(15)

(15) ??君が練習をギブアップと言った<u>時</u>でこの契約は<u>始まりだ</u>。

が示すように、[＋新しく存在するようになる]事象を示す「始まりだ」を帰結節に用いるとやはり不自然な表現になってしまう。このような上出(11)が示す「に/에」、「で/에서」各々が示す「新情報[＋新しく存在するようになる]」、「旧情報[-新しく存在するようになる]」概念は英語の'There'存在構文においても見出すことができる。まず、'There'存在構文の本質を理解するために、Kimballの'The Grammar of Existence'「'There'存在構文の本質」の分析(筆者要約)に着目する。

(16) **a.** There rose a green monster from the lagoon.

    b. *There sank a green monster into the lagoon.

    c. There began a riot.

    d. *There ended a riot.

(c)が正文で(d)が非文である原因は、各々の文の主動詞の意味の違いに関係する。'begin'は「何かが新しく存在するようになる」を、'end'は「すでに進行中の(＝すでに存在している)事柄がその状態で無くなる」を意味している。このことから'There'は「何かが新しく存在するようになる(come into being/existence)」の意味を持つ語であることがわかる。<u>この分析を(a)、(b)に適用すると、両文の話し手(または、その事象の観察者。以下「話し手で代表が地上にいる場合、怪物が沼の中から水面上に現れた(＝rose)時点で初めてその存在が視界に入るのであり(＝(a))、怪物が水中に姿を消した(＝(b))場合は、その存在がそれまでに話し手の視界に入っていたことを意味する(蛇足ながら、'the'は話し手、聞き手の両者の心の中に</u>

存在する同一の指示物を指すが、(b)の'a'は、あくまでも話し手だけにとっ
ての既知物を示す特定的[＋SPECIFIC]な用法)。当然のことながら、(a)、(b)
の状況で話し手が水中にいる場合は、各々の文法性の判定結果は逆にな
り、(a)が非文で(b)が正文となる。以上のことから、*There is the book on
the desk.の非文の理由は、'There'の持つ'come into being/existence'(何
かが初めて存在するようになる)と'the'の持つ「話し手、聞き手の両者の
心の中に既存する同一の指示物」とが、「初めて存在する」対「既に存在
している」という意味の対立を起していることに求められる。

－J. Kimball(1973: 262-270)

　この(16)の記述に従えば、'There' 存在構文の本質は 'There' が持つ 'come
into being/existence' の意に拠っていることが理解できる。すなわち、'There' が
[＋何かが初めて存在するようになる]概念を持つからこそ、(16)の(a)-(b)

(17) (＝(a)) There rose a green monster from the lagoon.

(18) (＝(b))*There sank a green monster into the lagoon.

が表す事象においては、(17)-(18)の話者が地上 (や水面上などの、「水中」のそ
と) にいるというコンテキストが前提にある場合、前者は 'a green monster' の
指示物が水面上に現れた時点で話者の視界に「初めて存在するようになる」事
象を表すため、自然な表現であると判断されるのに対し、後者はそれまで存在
し続けていた怪物が話者の視界から消え、「存在しなくなる」事象を表すことか
ら、'There' と概念的に整合せず、不自然な表現であると見なされる。つまり、こ
れまで論述してきたように、次の(19)

(19) ┌ 太郎が勉強している ┌ ところ ┐ に、花子が ┌ やって来た。
    │   └ 時   ┘   └ *去って行った。
    └ 타로가 공부하고 ┌ 있는 곳 ┐ 에 하나코가 ┌ 들어왔다.
                   └ 있을 때 ┘   └ *나갔다.

で示される「に/에」はあくまでも「新しく存在するようになる」という新情報概念を包含することから、英語の 'There' 存在構文の 'There' が表示する概念に並行する。また、蛇足ながら「*去って行った/*나갔다」は旧情報の場所を前提としている。逆に、上出(14)

(20) (=(14)) 君が練習をギブアップと言った<u>時で</u>この契約は終わりだ[23]。

においては、既に存在していたものが「時」によって指示された時点で「存在しなくなる」事象を表すことから、「で」は 'There' とは対極に位置する概念を表示することに加えて、その存在場所の利用形式・形態が導き出されるのである。

　詰まるところ、「ところで」・「時で」どちらにおいても「で」本来の概念が活きており、空間表示の格助詞「で/에서・로」は「同一空間の利用形式・形態」概念を包含、つまり[＋存在し終えた空間で別の事象を起こす]概念を表示するからこそ、帰結節の「主体が「ところ」によって表示される、ある「状況・場面」を「制限利用」する」概念メカニズムを生み、更には、帰結節にはそれまで存在していたものがなくなる事象を示す節もしくは、別の新しい事象が生起することを示す節が選択されるのである。

---

23) 日常的表現としては次例のように、
　　君がギブアップした<u>時点</u>でこの契約は終わりだ。
　「時で」より「時点で」の方が自然で頻度が高いと思われる。

　異言語間に共通する概念研究

5.2.3.3.「時/때」と「時に/때에」との概念の相違

ここでは、「時/때」と「時に/때에」とを比較分析することによって「時/때」自体が如何なる概念体系を築いているのか、その解明を試みたい。

まず、下例(1)-(3)が表す事象に着目する。

(1) 太郎が帰宅した ｛時 / 時に｝ 花子が訪ねてきた。
    타로가 귀가했을 ｛때 / 때에｝ 하나코가 찾아왔다.

(2) 大学を卒業した ｛時 / 時に｝ 太郎は商社に就職した。
    대학을 졸업했을 ｛때 / 때에｝ 타로는 상사에 취직했다.

(3) 花子が学生だった ｛時 / 時に｝ 兄が結婚した。
    하나코가 학생이었을 ｛때 / 때에｝ 오빠가 결혼했다.

(1)-(3)では、「時/때」と「時に/때에」が交換可能であることから、一見、「時/때」と「時に/때에」は同義であるように思えるかもしれない。しかしながら、次の(4)-(5)

(4) 太郎が5歳だった ｛時 / ??時に｝ 双子の弟も当然5歳だった。
    타로가 5살이었을 ｛때 / ??때에｝ 쌍둥이 동생도 당연히 5살이었다.

(5)
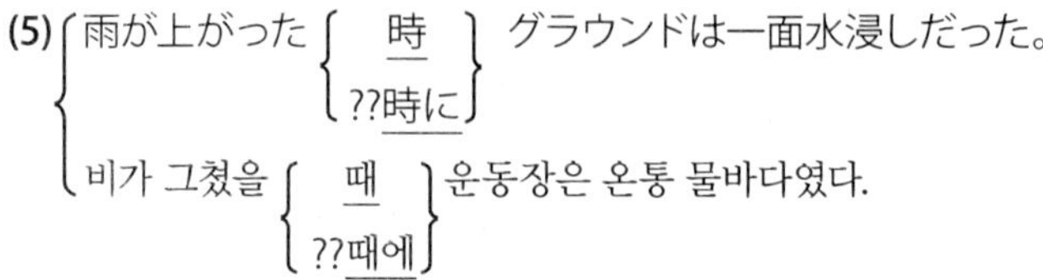

雨が上がった｛時／??時に｝グラウンドは一面水浸しだった。

비가 그쳤을｛때／??때에｝운동장은 온통 물바다였다.

においては、「時に／때에」が選択されると不自然な表現と見なされるため、「時／때」と「時に／때에」は常に交換可能であるとは限らないことが見出される。つまり、上例(4)-(5)の帰結節は上出(1)-(3)のそれとは異なり、[＋状態]の概念を表示することから、「時／때」は[±状態]を示す節を従えることが理解できる。

(6) 「時／때：帰結節に[±状態]を示す節を従える。

それに対し、「時に／때에」の「に／에」はこれまで述べてきたように、「(抽象的)一点」概念を表示することから、やはり[－状態]の概念を示す節を従えると考えられる。

(7) 「時に／때에」： 帰結節に[－状態]を示す節を従える。

それ故、帰結節に[＋状態]を示す節を用いた次の(8)

(8)
車を運転していた｛時／??時に｝花子はずっと興奮状態であった。

차를 운전할｛때／??때에｝하나코는 계속 흥분 상태였다.

においては、「時に／때에」ではなく、「時／때」が自然な表現と判断されるのである。しかしながら、「時／때」と「時に／때에」との差異に関しては、このような帰結節が示す[＋状態]・[－状態]との意味的な共起関係だけではなく、更に根源的な

　異言語間に共通する概念研究

概念的相違に目を向ける必要がある。なぜなら、上出(1)-(3)、(4)-(5)、(8)

(1) 太郎が帰宅した { 時 / 時に } 花子が訪ねてきた。

타로가 귀가했을 { 때 / 때에 } 하나코가 찾아왔다.

(2) 大学を卒業した { 時 / 時に } 太郎は商社に就職した。

대학을 졸업했을 { 때 / 때에 } 타로는 상사에 취직했다.

(3) 花子が学生だった { 時 / 時に } 兄が結婚した。

하나코가 학생이었을 { 때 / 때에 } 오빠가 결혼했다.

(4) 太郎が5歳だった { 時 / ??時に } 双子の弟も当然5歳だった。

타로가 5살이었을 { 때 / ??때에 } 쌍둥이 동생도 당연히 5살이었다.

(5) 雨が上がった { 時 / ??時に } グラウンドは一面水浸しだった。

비가 그쳤을 { 때 / ??때에 } 운동장은 온통 물바다였다.

(8) 車を運転していた { 時 / ??時に } 花子はずっと興奮状態であった。

차를 운전할 { 때 / ??때에 } 하나코는 계속 흥분 상태였다.

が表す事象を文全体の解釈に基づいて分析した場合、「時/때」を用いた現象

においては左節が示す「状況・場面」で「何が起こったのか」が観察者の注意の
的であるのに対し、「時に/때에」を用いた現象においては帰結節が示す事象は
「いつ起こったのか」が観察者の関心ごとであるからである[24]：

    (9) A事象 時 B事象 ＝ A事象の時、何が起こったのか
    (10) X事象 時に Y事象 ＝ Y事象はいつ起こったのか

----

24) 「時/때」と「時に/때에」とが同義ではなく、概念的に相違があることについては、下例(1)-(2)
が表す事象からも支持される。

    (1) { 太陽が昇った時、太郎は目を覚ました。
        { 태양이 떠올랐을 때 타로는 일어났다.
    (2) { 太陽が昇った時に太郎は目を覚ました。
        { 태양이 떠올랐을 때에 타로는 일어났다.

なぜなら、「時/때」を用いた(1)においては、「何が起こったのか」を話題にしているため、
次の(3)

    (3) { 太陽が昇ったとき、[その時]太郎は目を覚ました。
        { 태양이 떠올랐을 때 [그때] 타로는 일어났다.

で示されるように、[その時/그때]が代入可能であるのに対し、(2)においてはそのような操
作ができないことが挙げられる：

    (4) { *太陽が昇った時に[その時]太郎は目を覚ました。
        { *태양이 떠올랐을 때에 [그때] 타로는 일어났다.

このような捉え方をすれば、(1)-(2)が表す事象はそれぞれ、接続詞'when'を用いた次の
(5)-(6)

    (5) The sun rose, *when* Taro woke up.
    (6) *When* the sun rose, Taro woke up.

で示されるような英語表現と概念的に並行しているとも考えられる。また、下例(7)

    (7) { 太陽が昇った時には太郎は既に/とっくに目を覚ました。
        { 태양이 떠올랐을 때에는 타로는 벌써/이미 일어나 있었다.

における「時には/때에는」は、一見、「に/에」を用いた上出(2)の「時に/때에」から派生した
ように思えるかもしれない。しかしながら、この(7)を変化させた次の(8)

    (8) { 太陽が高く昇った時には太郎は既に/とっくに目を覚ました。
        { 태양이 높이 떠올랐을 때에는 타로는 벌써/이미 일어나 있었다.

においては、「高く/높이」といった (場所表示から転用の)「時間の経過」を表示する副詞を
付加することが可能であることから、「時には/때에는」は「「時に/때에」＋「は/는」」ではな
く、「「때에」＋「には/에는」」であると考えられる。

したがって、5.2.3.2.で論じたように、「に/에」は「新情報」概念を表示することから、(10)の「時に/때에」を用いた意味構造においては、「旧情報」であるY事象が「いつ起こったのか」、つまり、「新情報」であるX事象に焦点が当てられていることが導き出される。それ故、田中＆松本が述べている5.2.2.2.の(8)(下記(11)として再掲載)

> **(11)** 「ところに」には時点を場としてとらえ、そこにある出来事が貫入するという意味合いがあるため、「やって来た」はよいが「出て行った」ではうまく整合がとれない。
>
> −田中＆松本(1997: 61)(下線筆者)

で「時に/때에」が「出来事が貫入するという意味合い」を帯びるのは偏に、上記(10)の意味構造に拠っており、(9)-(10)が示す意味構造はそれぞれ、英語では下記(12)-(13)

(12) A 事象 THEN WHAT HAPPENED

(13) WHEN DID Y 事象 HAPPENED

のように表示することができる。その結果、下例(14)

(14) 息子の無事な姿を見た｛時／??時に｝、彼の母は歓喜した/涙ぐんだ。
아들의 무사한 모습을 봤을 ｛때／??때에｝ 그의 어머니는 기뻐했다/눈물을 머금었다.

で示されるような事象は「何が起こったのか」が話題になるため、「時/때」が自然な表現として選択され、更には左節、帰結節が各々「原因」、「結果」の事象を示すと捉えることが可能にもなることから、(14)の「時/때」は「時に/때에」と

異なり、次の(15)

(15) ┌ 息子の無事な姿を見た<u>ので</u>、彼の母は歓喜した/涙ぐんだ。
　　 └ 아들의 무사한 모습을 보았<u>기 때문에</u>/그의 어머니는 기뻐했다/눈물을
　　　 머금었다.

で示されるような「因果関係」概念を表示する「ので/〜き 때문에」と交換され
る場合も生じることになる。

5.2.3.4. 物体表示名詞＋「で」・「로」

5.2.3.2.で分析してきた「で」の「近接」概念を基盤にした「旧情報」概念の見
地に立てば、韓国語格助詞「에서」、「로」各々が表示する概念も同じ捉え方を
することが可能となる。まず、下例(1)-(2)が表す事象に着目する。

(1) ┌ 타로는 <u>집에서</u> 논다.
　　 └ (太郎は家<u>で</u>遊ぶ。)
(2) ┌ 타로는 <u>칼로</u> 연필을 깎는다.
　　 └ (太郎はナイフ<u>で</u>鉛筆を削る。)

上例(1)-(2)が表す事象はそれぞれ「場所」、「手段」概念で捉えることができ
る。しかしながら、(1)-(2)は各々次の(3)-(4)

(3) ┌ 타로는 집 안(=공간)에 <u>위치</u>한다. 그리고 거기(에)서 논다.
　　 └ (太郎は家の<u>中</u>(=<u>空間</u>)に<u>位置</u>する。そしてそこ<u>で</u>遊ぶ。)
(4) ┌ 타로는 칼(이라는 물체)과 동반상태가 된다. 그리고 그것<u>으로</u> 연필을 깎는다.
　　 └ (太郎はナイフ(という<u>物体</u>)と同伴状態になる。そしてそれ<u>で</u>鉛筆を削る。)

が表す事象と意味的に交換可能であると考えれば、同じ「近接」概念という決

まった基準で統一的に捉えることも可能となる。つまり、「で/에서・로」に前置する名詞指示物の特性に従い「そこ/거기」、「それ/그것」という言語表現上の違いはあるが、(3)-(4)はそれぞれ、下記(5)-(6)

   (5) 同一空間領域の利用形式/形態
   (6) 物体の利用形式/形態

で示されるような「利用形式・形態」概念で認識することができるため、主体と名詞指示物が「近接」する事象が表わされていると考えられる。したがって、これまで論述してきたように、韓国語格助詞「에」が日本語格助詞「に」に相当する「無指定の場所」、つまり、[＋何かが新しく存在するようになる] 概念表示助詞であることを重ね合わせて考えるのであれば、(1)、(3)で用いられている「에서」は「에(新情報)＋서(旧情報)」の結合体であると解釈できる:

   (7) 「에서」は「에(新情報)＋서(旧情報)」

では、もう一方の「로」は如何なる概念で捉えることができるのであろうか。結論から言えば、「에」と「에게」の違いは前者が「無生物」、後者は「生物」を指すにすぎず、概念的には「一点的場所」を共有するのと同じように、表記上は異なる「에서」と「로」も同一概念を共有するのではないかと考えれば、概念的には「「에서」＝「로」＝「で」」と主張することができる。言い方を変えると、言語それ自体は一種の記号体系であることから、表現上の相違はあっても、それを用いる人間に関しては、同じ五感・自身の生身の肉体を通して外界を認識しており、言語に反映される「概念」が並行するのは至極自然な結果であると言える。なぜなら、第2章の2.1.-2.2.で論述したように、「主体」/「手段・道具」/「対象物」の関係はそれぞれ、「主体」/「経由地」/「目的地」との関係に並行し、主体の到達点への物理移動に関わる事象においては「経由地」それ自体は移動することがないが、上例(4)においては「主体」と「手段・道具」が「同伴」して目的行

為に「移動」する事象が表されるためである。換言すれば、(4)が表す事象は「主体」と「手段・道具」が「同伴」移動して目的行為を行うための対象物に「近接」し、そしてその対象物に「状態変化」を引き起こす概念で捉えることが可能となる。つまり、2.3.でも論じたが、「手段」概念は、下例(8)

(8) アインシュタインの理論を応用するという方向 { で / へ } 行けば、

　必ず新しい理論の完成に至る。

　아인슈타인 이론을 응용하는 방향 { 으로 / 으로 } 가면

　반드시 새로운 이론을 완성할 것이다.

で示されるように、「方向」概念と密接な関係を持っている。それ故、上出(4)が表す事象は、次の(9)

(9) 太郎はナイフ(という物体)と 同伴関係 になる。
　　　　　　　　　　　　　　　　旧情報

　そしてそれと同伴して 対象物に至る 。
　　　　　　　　　　　　新情報

　타로는 칼(이라는 물체)와 동반관계가 된다.
　　　　　　　　　　　　　　旧情報

　그리고 그것과 동반해서 대상물에 이른다 .
　　　　　　　　　　　　　新情報

が表す事象と概念的に交換可能であると考えるのであれば、「로」は「旧情報」概念を表示しているという見方もありうるのである。

附錄

參考文獻

参考文献

青木三郎(編著) (2000)『空間表現と文法』くろしお出版. 東京.

言語学研究会 (1983)『日本語文法・連語論』(資料編). むぎ書房. 東京.

郡司隆男(他編)(1998)『意味』(岩波講座言語の科学4)岩波. 東京.

池上嘉彦 (1981)『「する」と「なる」の言語学–言語と文化のタイポロジーへの
　　　　試論–』大修館書店. 東京.

池上嘉彦 (1983)『意味論』大修館書店. 東京.

池上嘉彦 (1985)『意味論・文体論』(英語学コース第４巻) 大修館. 東京.

池上嘉彦 (1991)『＜英文法＞を考える』 筑摩書房. 東京.

池上嘉彦(他訳) (1998)『認知言語学入門』 大修館書店. 東京.

影山太郎・由本陽子 (1997)『語形成と概念構造(日英語比較選書8)』
　　　　研究社出版. 東京.

河上誓作(編著) (1996)『認知言語学の基礎 -An Introduction to Cognitive
　　　　Linguistics-』研究社出版. 東京.

北林利治 (2001)『英語における省略現象』英宝社. 東京.

小西友七 (1955)『前置詞(下)』研究社. 東京.

小西友七 (1976)『英語の前置詞』大修館書店. 東京.

小西友七 (1996)『英語シノニムの語法』大修館書店. 東京.

日下部徳次 (1955)『前置詞(上)』 研究社. 東京.

巻下吉夫・瀬戸賢一 (1997)『文化と発想とレトリック(日英語比較選書１)』
　　　　研究社出版. 東京.

三上章 (1999)『象は鼻が長い』くろしお出版. 東京.

中桐謙一郎・李潤玉 (1999)「受動表現の諸相（その1）–認知言語学的アプ
　　　　ローチ–」(『紀要』第二巻 一号, 南大阪大学)

中桐謙一郎・李潤玉 (2000)「受動表現の諸相(その2) −認知言語学的アプローチ−」(『紀要』第二巻 二号, 南大阪大学)

中野幸次 (1991)『人と思想⑤ プラトン』 清水書院. 東京.

中右実・西村義樹 (1998)『構文と事象構造(日英語比較選書5)』研究社出版. 東京.

西光義弘(他編) (1999)『日英語対照による 英語学概論』くろしお出版. 東京.

坂原茂(他編) (2000)『認知言語学の発展』ひつじ書房. 東京.

坂原茂(他訳) (2000)『思考と言語におけるマッピング-メンタル・スペース理論の意味構築モデル-』岩波書店.東京.

坂原茂(他訳) (2003)『メンタルスペース −自然言語理解の認知インターフェイス-』白水社. 東京.

澤田治美(訳) (2000)『認知意味論の展開 語源学から語用論まで』研究社. 東京.

瀬戸賢一 (1986)『レトリックの宇宙』海鳴社. 東京.

杉本孝司 (1998) 『意味論２−認知意味論-』くろしお出版. 東京.

竹沢幸一(他編) (1999)『空間表現の文法化に関する総合的研究』つくば大学.

田中茂範・松本曜 (1997)『空間と移動の表現(日英語比較選書6)』研究社出版. 東京.

上野義和 (1995)『英語の仕組み−意味論的研究−』英潮社. 東京.

上野義和 (2001)「With、Again、Againstの意味競合の歴史」(SELL 18号, 京都外国語大学英米語学科研究会)

上野義和 (2007)『英語教育における論理と実践 −認知言語学の導入とその有用性-』英宝社. 東京

山梨正明 (1995)『認知文法論』ひつじ書房. 東京.

山梨正明 (2000)『認知言語学原理』くろしお出版. 東京.

山梨正明 (編著) (2001)『認知言語学論考』ひつじ書房. 東京.

구현정 (1996)『은유해석에 있어서의 혼합공간의 역할 −Turner와Fauconnier의 이론을 중심으로−』「紫霞語文論集」11. 祥明語文学会. ソウル.

김미형 (2010)『인지적 대조언어학의 방법론 연구 −한국어와 영어를 대상으로−』 한국문화사. ソウル.

남기심 (1993)『국어 조사의 용법(国語助詞の用法)』서광출판사. ソウル.

남기심 (1997)『표준국어문법론(標準国語文法論)』탑출판사. ソウル.

담화・인지 언어학회 (2002) *Discourse and Cognition* 한국문화사. ソウル.

박영순 (2000)『한국어은유 연구(韓国語隠喩研究)』고려대학교 출판부. ソウル.

서정수 (1996)『현대 한국어 문법 연구의 개관』한국문화사.ソウル.

서정수 (1996)『現代国語文法論』漢陽大学出版院.ソウル.

이기동 (1994)『인지문법(認知文法)』한신문화사.ソウル.

이익섭・임홍빈 (1998)『国語文法論』学研社. ソウル.

이익섭・이상억・채완 (2001)『한국의 언어(韓国の言語)』신구문화사. ソウル.

Anderson, J. M. (1971) *The Grammer of Case* : Toward a Localistic Theory, London : Cambridge University Press.

Anderson, J. M. (1977) *On Case Grammar* : *Prolegomena to a Theory of Grammatical Relations*, London : Croom Helm London Humanities Press.

Fauconnier, G. (1999) *Mappings in Thought and Language*, London: Cambridge University Press.

Fauconnier, G. and M. Turner (2002) *THE WAY WE THINK*, Basic Books, New York.

Goldberg, A.E. (1995) *Construction : A Construction Grammar Approach to Argument Structure*, U.C.P.

Goldberg, A. E. (1996) *Conceptual Structure*, Discourse and Language, CLSI Publications.

Gruber, J. S. (1967) *Lexical Strctures in Syntax and Semantics*, Amsterdam: North Holland.

Jackendoff, R. (1990) *Semantic Structures*, Cambridge, Mass: MIT Press.

Jackendoff, R.(1992) ''Bake Ruth homered his way into the hearts of America'', in Stowel, T. and E. Whehli (eds.) *Syntax and Semantics* 26 : *Syntax and Lexicon*, 155-178, Academic Press, San Diego.

Kimball, J.P. (1973) *The grammar of existence*, CLS9.

Lakoff, G. and M, Johnson. (1980) *Metaphors We Live By* : University of Chicago press. (노양진・나익주(訳) (1995) 『삶으로서의 은유』 서광사. ソウル.)

Lakoff, G. (1987) *Women, Fire, and Dangerous Things: What Categories Reveal about the Mind* : University of Chicago Press. (이기우(訳) (1995) 『인지 의미론 −언어에서 본 인간의 마음−』 한국문화사. ソウル.)

Lakoff, G. and M, Turner. (1989) *More than Cool Reason: A Field Guide to Poetic Metaphor* : University of Chicago Press.

Lakoff, G. and M, Johnson. (1999) *Philosophy in The Flesh −The Embodiment Mind and Its Challenge to Western Thought−* : Basic Books, New York.

Langacker, R. W. (1991) *Concept, Image, and Symbol: The Cognitive Basis of Grammar* : Mouton de Gruyter: Berlin/New York.

Lee, Yoon-ok (1999) *Passive Constructions and Their Cognitive Concept in English, Japanese and Korean*, MA dissertation, Osaka University of

Foreign Studies.

Leech, G. N.(1969) *Towards a Semantic Description of English*, Longman, London.

Leech, G. N.(1971) *Meaning and the English Verb*, Longman, London.

Leech, G. N.(1974) *Semantics*, Penguin Books Ltd., England.

Levin, B. (1993) *English Verb Classes and Alternations* : The University of Chicago Press.

Levin, B. & T. Rappaport (1988) *Lexical Subordination*, CLS 24, Part 1, 275-289.

Lindner, S. (1981) *A Lexico-Semantic Analysis of Verb-Particle Constructions With Up and Out*. Ph.D. dissertation: University of California, San Diego.

Lyons, J. (1977) *Semantics* 1, 2., Cambridge University Press, Cambridge.

Mark, L. J. (1987) *The Body in the Mind, —The bodily Basis of Meaning, Imagination, and Reason* – Chicago and London: The University of Chicago Press. (이기우(역)(1992)『마음 속의 몸 –의미・상상력・이성의 신체적 기초-』) 한국문화사.ソウル.

Quirk, R. et al. (1972) *A Grammar of Comtemporary English*, Longman. London.

Talmy, L. (1978) "Figure and Ground in Complex Sentences." In Joseph H. Greenberg, ed., *Universals of Human Language*, vol.4, Syntax, (625-629). Stanford: Stanford University Press.

Talmy, L. (2000) *Toward a Cognitive Semantics* vol.1-2: MIT Press.

参考辞書

荒木一雄(他編) (1985) 『英語表現辞典』研究社. 東京.

井上義昌(編) (1968) *A Dictionary of English Synonyms (＝DES)* 開拓社. 東京.

岩崎民平(他編) (1977) *Kenkyusha's New Collegiate English-Japanese Dictionary (＝KCED)* 研究社. 東京.

小川芳男(編) (1990) *Webster's Essential English Dictionary (＝WEED)*. ブリタニカ. 東京.

勝俣吉郎(編) (1980) *Kenkyusha's New Dictionary of English Collocation (＝KDEC)* 研究社. 東京.

金田一京助(他編) (1989) 『新明解国語辞典』三星堂. 東京.

木塚晴夫(編) (1995) *A Compact Dictionary of Verb-Noun Collocations (＝CDVC)*. ジャパンタイムズ. 東京.

言語学研究(編) (1983) 『日本語文法・統語論』(資料編)むぎ書房. 東京.

小島義郎(他編) (1995) *Kenkyusha College Lighthouse English-Japanese Dictionary (＝KCLEJ)*. 研究社. 東京.

小西友七(編) (1994) *Taishukan's Genius English-Japanese Dictionary (＝TGEJD)* 大修館. 東京.

小西友七(他編) (1994) *Shogakukan Progressive English-Japanese Dictionary (＝SPEJD)* 小学館. 東京.

近藤いね子(他編) (1993) *Shogakukan Progressive Japanese-English Dictionary (＝PJED)*. 小学館. 東京.

民衆書林編集局 (1994) 『엣센스韓英辞典』民衆書林. ソウル.

西尾実(他編) (1971) 『岩波国語辞典』岩波書店. 東京.

日本大辞典刊行会 (1975) 『日本国語大辞典』第十四巻. 小学館. 東京.

日本語教育学会 (1995) 『日本語教育事典』縮約版. 大修館. 東京.

茂木勇(他編) (1968)『数学小辞典』共立出版. 東京.

新村出(編) (1985)『広辞苑』第三版 岩波書店. 東京.

新村出(編) (1991)『広辞苑』第四版 岩波書店. 東京.

新村出(編) (1998)『広辞苑』第五版 岩波書店. 東京.

寺澤芳雄 (1999)『英語語源辞典』研究社. 東京.

藤堂明保 (1991)『漢字源』学習社. 東京.

山岸徳平(編) (1981)『清水漢和辞典』清水書院. 東京.

安田吉美・孫洛範 (1992)『日韓辞典』民衆書林. ソウル.

安田吉美・孫洛範 (1998)『韓日辞典』民衆書林. ソウル.

국어국립연구원 (2000)『표준 국어 대사전』(주)두산동아. 소울.

신기철・신용남 (1990)『새 우리말 큰 사전』三星出版社. 소울.

이희승(편) (1961)『국어대사전(国語大辞典)』民衆書林. 소울.

Bosworth, J. and Toller, T. N. (eds.) (1954) *An Anglo-Saxon Dictionary (=ASD)*: Oxford University Press, London.

Crowther, J. (ed.) (1995) *Oxford Advanced Learner's (=OALD)*: Oxford University Press, London.

Gove, P. B. et al. (eds.) (1961) *Webster's Third New International Dictionary of the English Language Unabridged(=WDEL[1])*. G&C. Merriam, U.S.A.

Leech, G. N. (ed.) (1989) *An A-Z of English Grammar&Usage (=AEGU)*. Thomas Nelson and Sons Ltd, New York.

McKechnie, J. L. (ed.) (1968) *Webster's New Twentieth Century Dictionary of the English Language Unabridged(=WDEL[2])*. World, Cleveland/ New York.

Murray, J. A. H. et al. (eds.) (1989) *The Oxford English Dictionary(=OED)*.

 異言語間に共通する概念研究

Clarendon, Oxford.

Procter, P. (ed.) (1978) *Longman Dictionary of Contemporary English (=LDCE$_1$)*. Longman, London.

Quirk, R. (ed.) (1991) *Longman Dictionary of Contemporary English (=LDCE$_2$)*. Longman, London.

Samuel, E. M. & Y. H, Lee. & S. U, Chang. (1975) *A Korean-English Dictionary*. Yale University Press, New Haven and London.

Wyld, H. C. (ed.) (1961) *The University Dictionary of the English Language (=UDEL)*. Routledge & Kegan Paul, London.